河北经贸大学学术著作出版基金资助

河北省高校人文社会科学重点研究基地"河北经贸大学现代商贸服务业研究中心"项目

中国外汇市场压力波动及其影响因素研究

郭立甫　著

中国社会科学出版社

图书在版编目（CIP）数据

中国外汇市场压力波动及其影响因素研究／郭立甫著 . —北京：中国社会科学出版社，2019.9

ISBN 978-7-5203-4546-0

Ⅰ.①中… Ⅱ.①郭… Ⅲ.①外汇市场–研究–中国 Ⅳ.①F832.52

中国版本图书馆 CIP 数据核字（2019）第 104912 号

出 版 人	赵剑英
责任编辑	李庆红
责任校对	杨 林
责任印制	王 超

出　　　版	中国社会科学出版社
社　　　址	北京鼓楼西大街甲 158 号
邮　　　编	100720
网　　　址	http://www.csspw.cn
发 行 部	010-84083685
门 市 部	010-84029450
经　　　销	新华书店及其他书店

印刷装订	北京明恒达印务有限公司
版　　　次	2019 年 9 月第 1 版
印　　　次	2019 年 9 月第 1 次印刷

开　　　本	710×1000　1/16
印　　　张	14.25
插　　　页	2
字　　　数	212 千字
定　　　价	69.00 元

凡购买中国社会科学出版社图书，如有质量问题请与本社营销中心联系调换
电话：010-84083683

前　言

开放经济下，外汇市场压力（Exchange Market Pressure，EMP）指数测度了一国货币真实的外部失衡程度，国际货币基金组织把该指数作为衡量一国经济健康状况的重要指标之一。外汇市场压力对于均衡状态大幅、持久的偏离会对整个宏观经济产生冲击，贬值压力可能诱发货币危机，而持续的升值压力也会产生负面影响。因此，研究外汇市场压力是近年来经济研究的热点之一。

从历史上来看，伴随着布雷顿森林体系的瓦解、金融全球化、资本自由流动，国际货币市场动荡频繁，货币危机在多个国家不断发生：1992 年的欧洲货币危机，1994 年的墨西哥货币危机，1997 年的东南亚货币危机，1994 年和 2000 年的土耳其货币危机，2014 年俄罗斯货币危机等，给正常的生产、贸易带来不利影响。到目前为止，共有三代货币危机理论试图解释上述危机发生的原因。

就我国而言，外汇市场大多数时期面临升值压力，尤其在 2008 年国际金融危机之前的"大缓和"时代，人民币升值压力持续增加，给我国经济带来诸多负面影响：不平衡发展带来的成本增加、宏观调控难度加大、外汇储备猛增导致的美元陷阱等。然而，1997 年和 2008 年的两次金融危机还是给人民币外汇市场带来了一定的贬值压力。随着国际上"大缓和"时代结束，我国经济下行压力加大，国内外经济不确定增加，我国外汇市场贬值压力进一步凸显，足以引起警惕。

因此，有必要系统地对我国外汇市场压力进行研究，具体来说包括以下几个方面：

首先，合理构建外汇市场压力指数，用于测算外汇市场压力。该指标不仅能够为一国货币当局的外汇市场操作提供预警指标，还能为货币政策制定和汇率制度改革提供决策依据。一般来说，外汇市场压力指数可以分为两大类：即模型依赖的外汇市场压力指数和模型独立的外汇市场压力指数。两者的相同点在于：构造形式上接近，都可以表示为汇率变化率和外汇干预变量变化率的某种组合。主要区别在于：模型依赖的外汇市场压力指数构造中没有利率变量，模型独立的外汇市场压力指数构造中可以把利率作为干预工具；模型依赖的外汇市场压力指数中权重系数需要从具体的结构化模型中估计得到，而模型独立的外汇市场压力指数的权重系数依据标准差就可以得到。另外，模型依赖的外汇市场压力指数根据外汇干预种类的不同在设定模型时也存在一定差别，模型独立的外汇市场压力指数则根据是否把利率作为干预变量和是否考虑参照国的有关变量分为四种形式。近年来，外汇市场压力指数在构造方法以及权重估计方法上出现了一些新的进展。这些方法适用性有所不同，因此，有必要系统梳理这些外汇市场压力指数的构造方法，找到能够客观准确测度人民币外汇市场压力的指数构造方法，为有关研究和应用打下基础。

其次，研究人民币外汇市场压力的波动特征及其对货币政策的影响。在合理构建人民币外汇市场压力指数的基础上，研究其波动特征，分为以下几个方面：尽可能构造更长样本期的外汇市场压力指数，从而去观察分析其长期趋势特征。检验人民币外汇市场压力的非线性特征，并采用非线性方法识别其压力特征，分析在不同的压力状态下，对我国货币政策的影响。

再次，分析人民币外汇市场压力的影响因素。我国外汇市场压力的形成机制比较复杂，与多种因素有关。因此，需要系统梳理文献中提出的外汇市场压力的影响因素，从中借鉴吸收，用于分析人民币外汇市场压力，并用于建立人民币货币风险的预警指标体系。在此过程中，应该多角度分析外汇市场压力的影响因素，包括长期基本面因素和短期因素、国内因素和国外冲击、金融渠道和贸易渠道等。此外，不仅要把这些因素进行理论分析，还要辅以新的方法进行实证检验。

在所有人民币外汇市场压力的影响因素中，应该加强对预期因素的分析。第二代货币危机理论认为投机者发起攻击并不是由于基本面恶化，而是由于货币贬值预期的自我实现所导致的。实际上，就我国的情况而言，有关文献资料指出"大缓和"时代我国人民币外汇市场持续的升值压力与自我实现的预期有关。近年来，虽然我国经济增速出现一定下滑，但仍然为全球经济增长做出了重要贡献，在经济基本面仍然较好的情况下，外汇市场出现了相当的贬值压力，与贬值预期不无关系。还需要从以下几个方面分析人民币外汇市场压力与预期因素的关系：分析两者之间的非线性的因果关系；多角度分析即期汇率与无本金交割远期汇率（Non-deliverable Forwards，NDF）之间的影响机制，突出尾部相关关系的分析；在人民币国际化水平提高和离岸市场获得较大发展的情况下，通常来讲，离岸汇率的市场化水平更高，因此有必要分析在岸和离岸人民币汇率之间的影响机制。

最后，把研究目的和研究方法结合进行有效的实证分析。采用非线性方法分析人民币外汇市场压力的非线性特征及其与汇率预期的非线性关系，使用 Copula 函数分析人民币即期汇率与 NDF 汇率以及在岸汇率与离岸汇率尾部的动态、非线性特征，对人民币货币风险进行预警分析时考虑其动态特征，在模型中加入了动态因素。

鉴于人民币外汇市场压力研究的重要性，本书将对上述问题进行系统研究，并详细介绍技术细节。根据笔者现在的了解，国内外还鲜有专著全面和详细地分析与人民币外汇市场压力的有关问题，因而笔者期望本书能使读者了解我国外汇市场压力研究的最新进展。本书可供从事汇率分析和预测以及货币政策研究的人员参考，也可作为研究生进行国际金融有关课程学习的参考书。

由于作者学识有限，书中错误之处在所难免，恳请专家学者和广大读者提出宝贵意见，我也会在今后的学习、教学和科研工作中继续努力钻研。

最后，感谢所有支持和帮助过我的领导、专家和老师！

郭立甫

2019 年 2 月

变量名称表

B_t 本国货币当局的基础货币供给，$b_t = \ln B_t$

F_t 外汇储备增加导致的基础货币供给（外币表示）

D_t 国内信贷扩张产生的基础货币供给，$\Delta d_t = \Delta D_t / B_{t-1}$

P_t 价格水平

Y_t 实际收入，$y_t = \ln Y_t$

i_t 利率水平，i_t^d 为反事实利率水平

R_t 本国的外汇储备存量（本币表示），$\Delta r_t = \Delta R_t / B_{t-1}$

E_t 本国货币对参照国的汇率水平（直接标价法），$e_t = \ln E_t$

$M_t = \mu B_t = \mu (D_t + R_t)$ 表示货币存量，$m_t = \ln M_t$

m_t^d 是对数货币需求量，m_t^s 是对数货币供给量

$rb_t = R_t / B_t$，R_t 是外汇储备余额，B_t 是基础货币

E_ndf_i（$i = 1, 3, 6, 12$） 表示汇率预期，等于即期汇率的对数减去 NDF 汇率的对数

EMP_ERW、EMP_KLR 和 EMP_STV 由模型独立法得到的三种人民币外汇市场压力指数

Y_spot 即期汇率对数收益率

Y_ndf_i（$i = 1, 3, 6, 12$） 分别表示 1 个月、3 个月、6 个月和 12 个月期 NDF 的对数收益率

$d\ln P$ 通货膨胀率

$d\ln M$ 广义货币增长率

FDI/GDP 外商直接投资除以国内生产总值

目　录

第一章　绪论 ……………………………………………………（1）

第一节　选题背景及意义 ………………………………………（1）

一　选题背景 …………………………………………………（1）

二　选题意义 …………………………………………………（5）

第二节　国内外研究动态和文献综述 …………………………（5）

一　国外的研究现状 …………………………………………（6）

二　国内的研究现状 …………………………………………（13）

三　国内外研究现状的评价 …………………………………（23）

第三节　研究思路、方法和结构安排 …………………………（23）

第二章　外汇市场压力的理论模型及指数构建方法 …………（28）

第一节　外汇市场压力的定义 …………………………………（28）

第二节　外汇市场压力的理论模型及模型依赖的外汇市场

压力指数 ………………………………………………（30）

一　Girton 和 Roper 的理论模型及外汇市场压力指数 ………（30）

二　Weymark 的理论模型及外汇市场压力指数 ……………（32）

第三节　模型独立的外汇市场压力指数及其构建 ……………（38）

第四节　外汇市场压力指数构造方法的新发展 ………………（41）

一　与定义一致的外汇市场压力指数构造方法 ……………（41）

二　外汇市场压力指数权重估计的新发展 …………………（44）

本章小结 ………………………………………………………（51）

第三章　人民币外汇市场压力指数的构造及其与汇率预期

关系分析 ………………………………………………（53）

第一节　人民币外汇市场压力指数构造 ………………………（53）

一　模型依赖外汇市场压力指数的主要不足 ………………（54）

　　二　基于模型独立的方法构造人民币外汇市场

　　　　压力指数 ……………………………………………………（55）

　第二节　人民币外汇干预指数分析 ………………………………（59）

　　一　外汇干预指数的定义 ………………………………………（59）

　　二　人民币外汇干预指数的计算结果 …………………………（60）

　第三节　人民币汇率预期的成因、特征以及表示方法 …………（62）

　　一　人民币汇率预期的成因 ……………………………………（63）

　　二　人民币汇率预期的特征分析 ………………………………（68）

　　三　以 NDF 汇率表示人民币汇率预期的可行性 ……………（69）

　第四节　人民币外汇市场压力指数与汇率预期因果

　　　　关系分析 ……………………………………………………（71）

　　一　非线性 Granger 因果检验原理 ……………………………（71）

　　二　基于非线性 Granger 因果检验的人民币外汇市场

　　　　压力指数和汇率预期的因果关系分析 ……………………（73）

　本章小结 ……………………………………………………………（80）

第四章　人民币即期汇率与 NDF 汇率的关系分析 ……………（82）

　第一节　人民币 NDF 市场简介 …………………………………（83）

　第二节　基于 EDCC-MGARCH 模型的即期汇率和汇率

　　　　预期的动态关系 ……………………………………………（85）

　　一　多元 GARCH 模型建模分析 ………………………………（85）

　　二　建立人民币即期市场和 NDF 市场的溢出效应的

　　　　EDCC-MGARCH 模型 ……………………………………（88）

　第三节　基于 Copula 函数的人民币即期汇率和汇率预期的

　　　　尾部相关分析 ………………………………………………（93）

　　一　Copula 理论与相关性分析 …………………………………（95）

　　二　基于时变 SJC Copula 函数的人民币即期汇率和 NDF

　　　　尾部相关分析 ………………………………………………（100）

　第四节　人民币即期汇率与汇率预期的因果关系分析 ………（107）

　　一　线性 Granger 因果检验结果分析 …………………………（108）

　　二　非线性 Granger 因果检验结果分析 ………………………（108）

　第五节　人民币 CNY 与 CNH 汇率的尾部相关性分析 ………（108）

　一　数据说明 ……………………………………………（110）

　二　边缘分布建模及估计结果 …………………………（111）

　三　SJC Copula 建模及参数估计结果 ………………（112）

　四　动态上尾相关关系分析 ……………………………（113）

　五　动态下尾相关关系分析 ……………………………（114）

本章小结 …………………………………………………（114）

第五章　人民币外汇市场压力的波动特征及其与货币政策的

　　　　关系分析 ………………………………………（116）

第一节　人民币外汇市场压力的波动特征分析 …………（117）

第二节　人民币外汇市场升值压力成因及其影响 ………（118）

　一　人民币外汇市场升值压力的形成原因 ……………（118）

　二　人民币升值压力对我国经济的影响 ………………（121）

第三节　人民币外汇市场压力与货币政策关系研究 ……（123）

　一　文献中常用模型简介 ………………………………（123）

　二　使用 MS-VAR 模型对人民币外汇市场压力建模的

　　　原因 …………………………………………………（127）

　三　人民币外汇市场压力的 MS-VAR 模型设定 ………（129）

第四节　人民币外汇市场压力与货币政策关系的实证

　　　　结果 ………………………………………………（137）

　一　数据说明 ……………………………………………（137）

　二　变量的平稳性检验 …………………………………（138）

　三　MS-VAR 模型的选取及估计结果 …………………（138）

本章小结 …………………………………………………（145）

第六章　人民币外汇市场压力的动态预警 ………………（147）

第一节　货币危机理论与预警模型 ………………………（147）

　一　货币危机理论 ………………………………………（148）

　二　国内外货币危机预警模型文献 ……………………（151）

第二节　基于极值分位数的方法识别人民币外汇市场

　　　　风险 ………………………………………………（155）

　一　外汇市场压力指数构建 ……………………………（155）

　二　传统识别外汇市场风险的方法 ……………………（156）

　　　三　识别外汇市场风险的极值分位数估计方法 …………（157）

　　　四　利用极值分位数的估计方法识别人民币外汇市场

　　　　　风险 ……………………………………………………（159）

　第三节　人民币外汇市场风险预警模型 ……………………（163）

　　　一　静态 Logit 模型 ……………………………………（163）

　　　二　动态 Logit 模型 ……………………………………（164）

　第四节　Logit 预警模型在中国的经验分析 ………………（165）

　　　一　人民币外汇市场风险预警指标体系及指标选取 …（165）

　　　二　预警模型经验研究结果 …………………………………（167）

　本章小结 ………………………………………………………（172）

第七章　人民币外汇市场压力的影响因素分析

　　　　　——基于 MIMIC 模型构造外汇市场压力指数 …………（174）

　第一节　MIMIC 模型在经济领域的应用 …………………（175）

　　　一　国外文献综述 ……………………………………………（175）

　　　二　国内文献综述 ……………………………………………（177）

　第二节　MIMIC 模型构建 …………………………………（178）

　　　一　MIMIC 模型设定 …………………………………（178）

　　　二　MIMIC 模型的识别与估计 ………………………（179）

　　　三　MIMIC 模型的评价与修正 ………………………（181）

　　　四　MIMIC 模型的优缺点 ……………………………（183）

　第三节　中国外汇市场压力模型的指标体系 ………………（184）

　　　一　内生变量的选取 …………………………………………（184）

　　　二　外生变量的选取 …………………………………………（185）

　　　三　样本数据说明 ……………………………………………（187）

　第四节　中国外汇市场压力指数模型 ………………………（188）

　　　一　MIMIC 模型估计结果及影响因素分析 …………（188）

　　　二　基于 MIMIC 模型构建人民币外汇市场压力指数 ………（193）

　本章小结 ………………………………………………………（196）

参考文献 …………………………………………………………（198）

后　记 ……………………………………………………………（217）

第一章

绪　论

外汇市场压力（Exchange Market Pressure，EMP）测度了在现行汇率政策所形成的既定预期下，国际市场对一国货币的超额需求，反映了该国货币真实的外部失衡状况。外汇市场压力对于均衡持久、大幅的偏离会对整个宏观经济产生重要影响，当一国的外汇市场面临较强的贬值压力时，该国就会产生爆发货币危机的可能；而当一国的外汇市场面临较强而持续的升值压力时，也会对该国经济产生负面影响，因此对外汇市场压力的研究是近30年来经济研究的热点。

第一节　选题背景及意义

一　选题背景

1994年以来，我国在国际收支中，经常项目、资本和金融项目持续出现"双顺差"，而且经常项目顺差呈现出逐年增大的趋势，2008年达到了4206亿美元的高峰，之后虽然大幅下滑，但仍然呈现较大的顺差，资本和金融项目在2010年达到2869亿美元的高峰。"双顺差"造成我国外汇储备存量持续迅速增加，截至2006年年底我国外汇储备余额达到10663亿美元，超过日本，位居全球第一，2012年年底，达到33116亿美元，这一度成为官、学论证"中国崛起"的绝佳证据。依靠廉价商品、廉价劳动力和优惠的引资政策积累的外汇储备，除了增强我国应付国际收支波动、稳定汇率和抵抗风险的能力外，同时背负着"汇率操纵""输出通缩"的指责，还给国内经济带来一些问题，比如基础货币被动投放过多，低廉扭曲的资源成本、环境成本等。因此巨额外汇储备以及与此有关的人民币升值压力，在要求我国转变经济增长方式的同时，还招致了以美国为首的西方发达国家频繁地对人民币汇率升值施加压力，迫使我国在 2005 年 7 月启动了第二次汇改。

第二次汇率改革以来，人民币汇率制度向着"更富弹性"进行了数次调整。2007 年 5 月 21 日，银行间人民币兑美元即期汇率交易价浮动幅度由 0.3% 上升至 0.5%，2012 年 4 月 14 日进一步将浮动幅度由 0.5% 扩大至 1%，即银行间每日的人民币兑美元即期汇率交易价格可在当日人民币兑美元中间价±1% 的范围内浮动。同时，中国人民银行将外汇指定银行为客户提供当日美元最高现汇卖出价与最低现汇买入价之差不得超过当日汇率中间价的幅度由 1% 调至 2%。这一切都有助于人民币汇率形成机制的进一步完善和市场主体应对汇率风险能力的提升。伴随汇率制度调整过程，人民币兑美元名义汇率持续升值，我国外汇市场仍面临较大的升值压力。2005 年 7 月 21 日人民币第二次汇率改革当日，人民币兑美元名义汇率调整至 8.11 元人民币/美元，升值约 2.1%。自 2005 年第二次汇改以来，人民币兑美元名义汇率持续升值，至 2007 年 12 月 28 日，人民币兑美元名义汇率达到 7.3046 元人民币/美元，与 2005 年第二次汇改当日相比，人民币汇率累计升值约 13.3%。2008 年下半年至 2010 年 6 月，受到金融危机的影响，人民币停止了升值走势。2010 年 6 月 19 日汇改重启。2011 年 6 月 17 日，人民币兑美元汇率中间价报 6.4716，汇改重启一年来人民币兑美元升值 5.2%，相对于 2005 年汇改，人民币升值 21.8%。截至 2013 年 7 月 24 日，人民币兑美元汇率中间价达到 6.1695 元人民币/美元。

传统的国际金融理论指出，增强汇率弹性有助于强化其国际收支的调节作用，人民币汇率升值会有助于经常项目盈余情况的改善；同时，汇率弹性的增强也增加了"投机资本"单向对赌人民币升值的成本。这应该有助于缓解我国外汇储备高速增长的境况。但现实情况是我国外汇储备未明显受到汇率制度调整的影响，仍然保持了持续快速增长，这除了我国经济增长模式以及强制结售汇制度等体制原因外，还与人民币升值预期密切相关。

有关研究指出，人民币升值预期具有"自我强化"和"自我实现"的特征。2005 年的第二次汇率改革实现了人民币升值并且一定范围内的自由浮动，这不但没有弱化升值预期，反而强化了升值预期，因为经济主体把当期的升值看作下一步升值的信号，升值步伐的加快又产生升值进一步加快的预期，一旦升值预期实现，就形成升值惯性。伴随人民币升值不是贸易顺差的消除，而是人民币升值预期抑制了汇率对贸易差额的影响，刺激出口扩大和进口延迟，短期内扩大贸易顺差；人民币升值预期还吸引国际投机资本经过各种途径进入我国，获取人民币升值和利率差额（还可能从资产泡沫中获利，如房地产、股市等）带来的双重利润。这就造成了我国贸易和资本账户的"双顺差"以及外汇储备持续快速增加的局面，又促使人民币升值预期进一步得到强化。因此，人民币汇率预期可能会对外汇市场压力产生重要的影响。

人民币升值压力以及升值预期，致使我国政府的宏观调控陷入困境。从货币政策来看，我国政府主要面临克鲁格曼提出的"三元悖论"的困境。"三元悖论"理论上是指货币当局只能在货币政策独立性、固定汇率制度和资本自由流动中至多三选其二，获得"边角解"，但现实中极少有经济体完全放弃其中的某项政策，只有少数小型经济体获得"边角解"，如香港采取钉住美元和资本自由流动的政策搭配，放弃货币政策的独立性。另外，在"三元悖论"的拓展分析中①，把汇率的稳定改为外部均衡，把独立的货币政策改为内部均衡，就可以得到一个扩展的"三元悖论"，这个新的三元结构指出：国际资本流动一旦不稳定，会使一国内部均衡和外部均衡的同时达成变得越发困难。就现实情况而言，我国 1996 年实现了经常项目可自由兑换，"入世"后资本项目已实现部分开放，2008 年《外汇管理条例》经过修订后，明确规定经常项目下的外汇收入可以自留也可以卖给银行，资

① 姜波克：《国际金融新编》，复旦大学出版社 2012 年版，第 229—230 页。

本流动管制逐步减少；与此同时，我国由单一的、钉住美元的汇率制度转向实行"以市场供求为基础、参考一篮子货币进行调节、有管理的浮动汇率制度"，我国汇率制度经过数次调整，汇率弹性不断增强。因此，我国试图寻找"三元悖论"中的一条"中间道路"，但在人民币升值压力以及升值预期下，国际资本通过各种非正规渠道不断进入，这不仅进一步助长了资产泡沫，还使得人民币升值预期实现自我强化；这使我国政府实现汇率目标和货币政策目标增加了难度，货币政策独立性受到削弱。

虽然人民币升值曾经是国际上的热门话题之一，但同时也要注意到，一旦人民币兑美元名义汇率出现轻微贬值，或人民币 NDF 市场出现贬值预期，总是能够引起人们对人民币资产的担忧。自 1994 年以来，虽然人民币外汇市场整体呈现出升值压力，甚至一些时期升值压力非常强，但这也无法避免在个别时期突现的贬值压力：1995 年年底和 1996 年年初，人民币汇率出现小幅贬值，我国南方有些地区出现了收购外汇抛售人民币现象；1997 年亚洲金融危机期间，人民币汇率产生了贬值压力和较强的贬值预期，主要表现为以下几个方面：我国出口受到金融危机影响，初步估计我国出口减少 200 亿美元左右；外汇储备在 1998 年的 2 月、4 月和 6 月出现了微弱的负增长；我国南方一些地区的黑市汇率贬值达到了 9 元人民币/1 美元；受金融危机和洪涝灾害影响，我国经济发展速度有所放缓。受 2008 年金融危机影响，人民币外汇市场再现贬值压力和贬值预期：2008 年 9 月中旬，人民币 NDF 市场出现人民币兑美元汇率的贬值预期；2008 年 12 月 1 日，人民币兑美元汇率中间价下跌 156 个基点，报收 6.8505 元，创下自 2005 年第二次汇改以来最大的单日跌幅。2008 年金融危机之后，2009 年欧洲债务危机爆发，希腊、西班牙、葡萄牙和爱尔兰等国相继陷入危机，在全球经济危机之下，我国的"出口导向型创汇经济"的发展战略赖以生存的外部环境已经不复存在，我国经济结构升级带来的不确定性使得人民币外汇市场升值压力减小，贬值预期时有出现，例如，2011 年 9 月和 11 月人民币 NDF 市场再次出现自金融危机以来的贬值预期。2015 年"8·11 汇改"以来，在国内外多种因素影响下，人民币外汇市场持续出现较强的贬值压力。

按照第二代和第三代货币危机理论，即使一国经济指标较好，强烈的贬值预期、道德风险和投资者的恐慌情绪都可能导致货币危机的发生。在过去多年我国经济高速增长的情况下，外汇市场还出现了个别时期的贬值压力，那么随着我国经济增长速度放缓和资本账户进一步开放，人民币会面临更多的贬值风险，这就要求我国政府进一步加强金融风险的监测和预警，对货币风险的发生未雨绸缪。

二　选题意义

以上所述问题均与人民币外汇市场压力有关。因此，准确测度人民币外汇市场压力进而计算出外汇市场压力指数成为一项基础性工作，它是研究汇率预期与外汇市场压力的关系、不同压力状态下货币政策效果和外汇市场分析预警的前提条件，是衡量一国经济健康状况的重要指标。而研究汇率预期与外汇市场压力的关系有助于深入了解预期的性质，从而有效管理预期，防止对经济发展不利的预期。分析特定外汇市场压力状态下以及当外汇市场压力发生状态转换时有关宏观经济变量，尤其是与货币政策有关变量的动态性质，对于货币政策的制定与实施具有重要的现实意义。在国际资本流动日益频繁的环境下，找到显著影响外汇市场压力的变量有助于缓解人民币升值压力，而建立有效的外汇风险预警系统则有助于防范金融危机的发生。

当前，我国经济的基本格局是生产能力过剩，总需求相对不足，社会储蓄过剩，外汇储备经历了持续增加后出现大规模下跌。这些问题必须通过体制改革的方式加以解决，体制改革可能涉及金融结构、汇率制度改革以及资本账户的进一步开放等。本书的研究可以为我国的经济体制改革提供一定的决策依据。

第二节　国内外研究动态和文献综述

对外汇市场压力的研究，在理论上和实证分析方面积累了大量的学术成果。外汇市场压力有关的研究是 30 年来经济学研究的热点，在经济全球化、金融一体化和资本大规模频繁流动的背景下，该研究具有重要的现实意义，吸引了众多的学者不断探索其测度方法、波动的特征和影响因素并对极端的压力情形做出预测。伴随着计算机技术的广泛应用、计量经济学以及时间序列分析方法的不断进步，国内外对外汇市场压力的有关研究越来越注重理论和实证分析相结合，并且使用多种计量模型，分析方法也越来越复杂多样。本节分三个方面概括总结国外、国内对外汇市场压力研究的有关文献。

一　国外的研究现状

（一）外汇市场压力指数计算及其与货币政策关系研究

外汇市场压力指数的计算是一项基础性工作，是有关研究的前提；而外汇市场压力与货币政策关系的研究又是这一领域的研究热点，因此积累了大量的文献。外汇市场压力指数的计算主要分为两大类方法，即模型依赖方法和模型独立方法，下面分别予以介绍。

1. 模型依赖的外汇市场压力指数及其与货币政策关系研究

Girton 和 Roper（1977）首先提出了外汇市场压力这一概念，并围绕一国的货币供给和需求构建了货币模型：货币需求设定为指数形式，货币供给由国内信贷扩张和外汇储备两部分组成，均衡方程以对数差分形式表示；用本国的均衡方程减去参照国的均衡方程，并假定参照国货币体系处于主导地位，最终可求得外汇市场压力指数的计算公式，表示为汇率变化率和外汇储备变化率的简单相加。这是最早的模型依赖外汇市场压力指数的计算方法。

众多学者根据 Girton 和 Roper（1977）提出的货币模型，先计算出外汇市场压力指数，然后再使用计量方法研究外汇市场压力指数同主要的宏观经济变量以及货币政策变量之间的关系，所采用的计量方法主要有两种：一种是普通最小二乘法（Ordinary Least Spuare，OLS），早期文献常常采用，如 Girton 和 Roper（1977）以及 Kim（1985）等；第二种是向量自回归（Vector Autoregressive，VAR）方法，在近期的文献中常常为学者所采用，如 Tanner（1999）、Kamaly

和 Erbil（2000）、Garcia 和 Malet（2007）、Gochoco - Bautista 和
Bautista（2005）等。

由于 Girton 和 Roper（1977）的外汇市场压力指数存在不足，此
后学者们对 Girton 和 Roper（1977）的外汇市场压力指数进行了修正。
Roper 和 Turnovsky（1980）在 IS-LM 的模型框架下建立了小国开放经
济模型，并假定资本可以自由流动，模型允许货币当局既可以使用外
汇储备直接干预，也可以通过调整国内信贷间接干预。由该模型得到
的外汇市场压力指数仍然是一个汇率变动率和外汇储备变动率（外汇
储备变动相对于基础货币之比）的线性组合，但相对于 Girton 和
Roper（1977）的外汇市场压力指数，组成外汇市场压力指数的两部
分的权重不再相等。

Weymark（1995，1997）为外汇市场压力理论做出了突出的贡
献，所构造的外汇市场压力指数成为模型依赖外汇市场压力指数最为
典型的代表。一方面，相对于 Girton、Roper（1977）把外汇市场压力
定义为本币在国内市场的超额需求，Weymark（1995，1997）则把外
汇市场压力定义为国际市场对本币的超额需求。另外，Weymark
（1995，1997）提出了一个更加一般化的分析框架，在这个一般框架
下，各种模型都成为特例。例如，Weymark（1997）建立了由 7 个方
程组成的小型开放经济模型，假定产出同未预期到的国内价格水平的
改变是正向关系，国内价格是非贸易品和贸易品的加权平均，国内和
国外资产可以自由交易且完全替代，对未来的预期是理性预期，货币
供给依赖于前一期的货币供给、国内信贷的改变量和外汇储备的改变
量，外汇储备的改变是政策当局对同期汇率的变动的一种响应措施。
借助于该模型，就可以得到汇率变动对外汇储备变动的弹性系数（用
模型中一些参数来表示），使用两阶段最小二乘法估计参数，进而计
算外汇市场压力指数。Weymark（1997）还对以上模型进行了扩展，
主要考虑了冲销干预和间接干预，使用国内信贷作为外汇市场间接干
预的手段时引入了货币政策反应函数。

国外其他的研究人员，大多采用 Weymark（1995，1997）的测算
方法，然后根据所研究经济体的特征对模型稍作修正，便得到模型依

赖的外汇市场压力指数。例如 Spolander（1999）以 Weymark（1995）为基础，在模型中加入了货币当局的政策反应函数，估计了芬兰在1992—1996 年的外汇市场压力指数。Kohlscheen（2000）、Baig 等（2003）也用类似的方法估计了外汇市场压力指数。

Siklos 和 Weymark（2006）提出事前外汇市场压力指数（ex-ante EMP）和事后外汇市场压力指数（ex-post EMP）的概念，并将这两个指数用于测算外汇市场干预的有效性。其中，事前外汇市场压力是假定经济主体具有理性预期，能够预期到货币当局的行为，在货币当局不干预外汇市场的情况下，汇率发生的变动。完全浮动汇率制度下，事前外汇市场压力是汇率的实际变动量，而对于中间汇率制度和固定汇率制度，事前外汇市场压力是反事实假定下的汇率变动。事后外汇市场压力测度了货币当局实行干预下的外汇市场压力，这和 Weymark（1995，1997）关于外汇市场压力的定义一致。在提出这两个定义后，以加拿大为例建立了小型开放经济模型，该模型由菲利普斯曲线、IS 曲线、不完全替代下的非抛补利率平价公式、国内货币需求函数、国内货币供给函数（考虑了货币当局的冲销，采用时变的冲销系数）、货币当局对汇率变动的响应函数组成，采用 OLS 和广义矩方法（generalized method of moments，GMM），分别根据事前外汇市场压力和事后外汇市场压力的定义对模型进行估计，进而计算外汇市场干预的有效性指数。

2. 模型独立的外汇市场压力指数及其与货币政策关系研究

模型独立的外汇市场压力指数只需要根据特定的公式就可以方便地加以计算，而且模型独立的外汇市场压力指数还常用于货币危机的研究。

本书首先给出代表性文献。Eichengreen、Rose 和 Wyplosz（1994，1995，1996）认为除了汇率和外汇储备这两个压力释放途径外，在中间汇率制度下，一国的货币当局可以利用利率干预途径来改变本币和外币的相对供给，从而释放外汇市场压力；以此为出发点所提出的模型独立的外汇市场压力指数由三部分组成：汇率变化率、考虑了参照国的外汇储备变化率和国内外利差的差分，各部分的权重则根据其标准差来构造。Sachs、Tornell 和 Velasco（1996），Kaminsky、Lizondo 和 Reinhart（1998）所提出的模型独立外汇市场压力指数也是由三部分组成：汇率变化率、只考虑了本国的外汇储备变化率和国内外利差的差分，各部分权重则采用相对标准差的形式。

后来的国内外学者大多参考 Eichengreen、Rose 和 Wyplosz（1994，1995，1996），Sachs、Tornell 和 Velasco（1996），Kaminsky、Lizondo 和 Reinhart（1998）来计算模型独立的外汇市场压力指数，主要的变化体现在：若货币当局没有将利率作为外汇市场干预的工具，则在外汇市场压力的计算公式中去掉利率这一项；外汇储备变化率有两种形式，即仅通过外汇储备数据计算的变化率和基础货币调整的外汇储备变化率；外汇市场压力指数计算公式中各组成部分的权重设定的差异。例如 Aizenman 等（2010）计算了三种形式的外汇市场压力指数：第一种形式是汇率变化率和外汇储备变化率的简单相加；第二种形式是汇率变化率和基础货币调整的外汇储备变化率的简单相加，这和 Girton、Roper（1977）的计算相同；第三种形式也是由两部分组成，汇率变化率去均值化后的序列和外汇储备变化率去均值化后的序列，两部分的权重分别是其标准差的倒数。

以下两篇文献给出了国外模型独立外汇市场压力指数的最新进展。Klaassen（2011）认为之前的外汇市场压力指数和 Weymark（1995，1997）给出的定义存在不一致，并给出了修正后的与定义一致的外汇市场压力指数测算方法。该文根据典型的货币模型、反事实的外汇储备水平以及反事实利率水平，推导出了新的、与定义一致的外汇市场压力指数，该指数由汇率变化率、外汇储备变化率和利差（实际利率减去反事实利率）组成；在模型独立的情况下，也可以得到类似的和定义一致的外汇市场压力指数。Klaassen（2012）认为构造外汇市场压力指数的关键在于识别外汇市场干预工具（外汇储备、利率等）的权重，并利用外汇市场压力具有持续性特点，使用工具变量回归来估计外汇市场压力指数各部分的权重。

（二）汇率预期与即期汇率、外汇市场压力的关系研究

国外学者对于汇率预期与外汇市场压力关系的研究较少。Wey-

mark（1997）通过一个小型开放经济模型，推导出外汇市场压力的
数理表达式，在这个表达式中已经含有汇率预期的形式，这说明汇
率预期会对外汇市场压力产生影响，但 Weymark 没有明确强调这一
点。国外学者对这一问题的研究主要集中于汇率预期对于货币危机
（外汇市场较强的贬值压力）的影响。基于第二代预期自致的货币
危机理论，国外学者进行了较多的实证研究，例如 Tamgac（2011）
分析了土耳其在 1994 年和 2001 年货币危机期间，经济的基本面和
自我实现预期（self-fulfilling expectations）对危机的爆发所起的作
用，核心问题是货币危机（外汇市场极端的贬值压力）的爆发多大
程度上归因于市场预期，多大程度上归因于经济基本面。使用马尔
科夫转移的分析框架来估计模型，并且在该分析框架下由三种不同
的设定来考察预期对货币危机的影响。研究结果表明：考虑到太阳
黑子冲击（Sumspot）的分析框架比单纯的基于经济基本面的模型表
现更好；除了经济的基本面，代理人贬值预期的改变起到了关键的
作用；具有不变转移概率的马尔科夫转换模型为土耳其的货币危机
给出了更好的估计。关于自我实现预期在货币危机爆发中所起作用
的研究还有 Obstfeld（1996）、Jeanne（1997）、Jeanne 和 Masson
（2000）、Boinet 等（2002）、Guimaraes 和 Morris（2004）以及
Keister（2009）。

　　关于汇率预期与即期汇率的关系，本书主要关注以 NDF 表示的
汇率预期与即期汇率的报酬溢出关系和波动溢出关系。国外早期的
研究主要集中于线性价格溢出，例如 Callen 等（1989）使用传统的
线性 Granger 因果检验分析了远期汇率和即期汇率之间的关系。为了
防止简单线性回归可能出现的伪回归问题，Zivot（2000）、Kutan 和
Zhou（2003）分别使用协整理论和线性 Granger 因果检验研究了远
期汇率和即期汇率之间的关系。另外一些文献则同时从价格溢出和
波动溢出两个方面对远期汇率和即期汇率之间的关系进行了研究，
例如 Park（2001）研究了韩国 1997 年 12 月汇改前后韩元 NDF 汇
率和即期汇率之间的关系，使用增广的广义回归条件异方差（Gen-
ralized Auto Regressive Conditional Heteroskedasticity，GARCH）模型

发现：汇率改革前存在从即期市场到 NDF 市场的单向均值溢出效应，波动溢出效应是双向的；汇率改革后，单向的均值溢出效应变为从 NDF 市场到即期市场，波动溢出效应变为从 NDF 市场到即期市场，而且是单向的；说明汇率改革影响了两个市场之间的信息流动。王凯立和吴军奉（2006）研究发现新台币 NDF 汇率和即期汇率之间存在显著的双向报酬溢出效应，1998 年禁止台湾法人参与新台币 NDF 市场后，NDF 市场对即期汇率的波动溢出效应不显著，说明该政策有利于新台币的稳定。

（三）外汇市场压力的影响因素和外汇风险预警研究

1. 外汇市场压力的影响因素研究

本书在使用多指标多原因（Multiple Indicators Multiple Causes，MIMIC）模型测算人民币外汇市场压力和进行外汇风险预警研究时，参考了两类文献：一类是专门研究外汇市场压力影响因素的文献；另一类是研究货币危机（外汇市场呈现较强的贬值压力，从而导致货币危机）预警指标的文献。

专门研究外汇市场压力影响因素的文献相对较少，例如，国外学者 Aizenman、Lee 和 Sushko（2012）研究了新兴市场国家外汇市场压力的影响因素，以模型独立法得到的外汇市场压力指数为被解释变量，以代表宏观经济、金融因素和贸易因素的 11 个指标为解释变量，面板数据模型的实证结果显示，金融因素和贸易因素对外汇市场压力指数具有显著影响。

研究货币危机预警指标的文献相对较多。国外的研究较早，出现了一些代表性文献。例如，Kaminsky、Lizondo 和 Reinhard（1997）建立了一个包括 103 个指标的指标体系，筛选后选择了 15 个指标，进一步用信号法检验，选取 8 个表现较好的指标。Goldstein、Kaminsky 和 Reinhart（2000）将信号法和 Probit/Logit 模型结合，提出一个包括 25 个变量的指标体系，其中的一些指标对货币危机预警比较有效，还有一些指标对银行危机预警比较有效。Abiad（2003）把金融危机预警指标分为三类：宏观经济指标、金融脆弱性指标和资本流动指标。

亚洲开发银行（2006）[①] 也给出了一个金融危机早期预警指标体系，这个指标体系和上述预警指标多有共同之处。

2. 外汇风险预警研究

1994 年第一次汇率改革以来，我国的外汇市场虽然整体面临升值压力，但是亚洲金融危机和美国次贷危机对人民币外汇市场形成了一定的冲击，我国外汇市场面临一定风险。为了对我国外汇风险建立预警系统，本书借鉴了货币危机预警的有关文献。

20 世纪 70 年代以来，货币危机的频繁爆发促进了该领域的研究，国外学者 Frankel 和 Rose（1996）提出了概率模型，Sachs、Tornel 和 Velasco（1996）提出了横截面模型，Kaminsky、Lizondo 和 Reinhart（1998）提出了信号法等著名的预警模型，但这些模型在预测东南亚金融危机时全部失效，为此学者们开始重新设计新的金融危机预警系统。

Berg 和 Pattillo（1999）提出了一个静态的面板 Probit 模型，该模型无论是样本内还是样本外的预测能力都优于信号法预警模型。类似的静态模型后来又产生了一些新的发展，例如 Kumar 等（2003）使用面板 Logit 模型预测货币危机。Bussiere 和 Fratzscher（2006）把危机变量定义为一个三元变量而不是二元变量，并建立了多元 Logit 早期预警系统。Nag 和 Mitra（1999）应用人工神经网络方法建立货币危机预警系统。这些预警模型属于静态模型。

Berg 和 Coke（2004）的研究表明，预警模型发出的信号要早于危机发生的前一期，静态模型难以复制这一特征。为了克服静态模型的不足，一些国外学者使用马尔科夫区制转换模型构建早期预警系统。例如 Abiad（2003）使用马尔科夫区制转换模型研究了东南亚金融危机。Tamgac（2011）应用马尔科夫区制转换模型，研究了自我实现的预期在货币危机形成中的作用。除了马尔科夫转换模型，国外学者还提出了其他的动态模型，例如 Kauppi 和 Saikkonen（2008）应用

---

① 亚洲开发银行：《金融危机早期预警系统及其在东亚地区的运用》，中国金融出版社 2006 年版。

动态 Probit 模型预测美国经济衰退。

二　国内的研究现状

(一) 外汇市场压力指数计算及其与货币政策关系研究

1. 模型依赖的外汇市场压力指数及其与货币政策关系研究

国内研究人员对人民币外汇市场压力的测算相对较晚。在模型依赖的外汇市场压力指数测算方面,一些学者借鉴了 Girton 和 Roper (1977) 的模型。例如,国内学者卜永祥 (2008) 在 Girton 和 Roper (1977) 的定义和模型的基础上,针对中国的具体情况,对模型作了两处修订:一是把中国人民银行发行票据的冲销干预引入模型;二是设定美国和中国货币市场均衡条件中的利率系数不同。他以 1994 年 1 月至 2008 年 1 月为样本区间,构建了人民币外汇市场压力指数,并利用向量自回归模型进行实证研究,结果发现:中国国内信贷与人民币升值压力呈负向关系,而中国经济增长和国内利率水平与人民币升值压力呈正向关系。张记伟、许少强 (2009) 借鉴 Girton、Roper (1977) 建立货币模型分析了中国和马来西亚外汇市场升值压力的形成和调控,以 1999 年 7 月到 2008 年 4 月为中国的数据区间,模型结果表明:我国经济增长过程中的货币需求在国内市场无法满足的情况下转向国际市场,从而引起国外货币流入,进而导致外汇储备增加或汇率升值;紧缩性货币政策会导致外汇市场压力进一步增加;中国的货币政策独立性在汇改之后进一步降低。许少强、张记伟 (2009) 和张记伟 (2009) 借鉴 Griton 和 Roper (1977) 的货币模型,采用结构向量自回归方法研究人民币外汇市场压力、货币政策和经济增长之间的关系,样本区间为 1994 年第一季度到 2008 年第一季度,实证结果表明:外汇占款增加会导致通胀压力增加,货币当局以紧缩的货币政策来应付,结果导致外汇市场压力变大;货币供给增加显著促进经济增长,利率变化的信号作用明显。

另外一些国内学者借鉴了 Weymark (1995, 1997) 的模型。例如,国内学者朱杰 (2003) 借鉴 Weymark (1995) 提出的外汇市场压力的一般性定义和原始模型,采用人民币名义有效汇率,利用我国

1994—2002 年的季度数据测算人民币外汇市场压力指数，结果表明 1994 年汇率并轨后人民币外汇市场压力以升值压力为主，从干预指数来看，中央银行的外汇市场干预吸收了 85.8% 的外汇市场压力，对人民币汇率稳定起到重要作用。卜永祥（2009）借鉴 Weymark（1997）所提出的外汇市场压力的定义和理论框架，结合中国的实际情况进行修正，在价格方程中引入货币供应量作为解释变量，考虑了中国人民银行的冲销操作，建立了中国的开放经济宏观模型，利用 1994 年 1 月到 2008 年 3 月的数据估计模型参数，利用这些参数值计算人民币外汇市场压力指数和外汇市场干预指数。朱孟楠等（2009）借鉴 Weymark（1995，1997）的模型，结合中国实情作了以下假定：国内价格水平受汇率和国外价格影响，但购买力平价不一定成立；国内产出和国外价格设为外生；资本不完全流动，从而冲销干预能够实现；国外居民持有人民币为了满足投机需求，国内居民持有人民币为满足交易需求；采用 2005 年 7 月到 2008 年 8 月的月度数据，使用 GMM 以及状态空间方法估计参数，从而得到人民币外汇市场压力，然后又使用 VAR 模型研究了外汇市场压力与国内信贷、国内外利率之间的关系，结果表明：国内利率提高是人民币外汇市场压力上升的主要原因。朱孟楠、刘林（2010）借鉴 Weymark（1995）和 Siklos、Weymark（2006）的模型，结合我国的实际情况加以修订，建立了人民币外汇市场干预有效性测算模型，在该模型中假定：国内产出水平是内生变量，由国内经济变量决定；国外价格水平设定为外生；资本不能完全流动，国内外资产不能完全替代，因而冲销干预能够实现；国内居民为了满足交易需求而持有人民币，国外居民为了满足投机需求而持有人民币；模型由 9 个方程组成；然后，再根据 Siklos、Weymark（2006），利用事前外汇市场压力和事后外汇市场压力来定义外汇市场干预有效性指数；再利用最小二乘法、E-G 协整、误差修正模型（ECM）和状态空间模型（State-Space）来估计模型中的结构参数，根据这些参数的估计值计算冲销系数、事前外汇市场压力和事后外汇市场压力，最后计算得到人民币外汇市场干预有效性指数，结果显示我国外汇干预总体有效。

此外，张霖（2005）借鉴 Weymark（1997）的模型，结合我国外汇储备的现实，考虑了中国人民银行在变动外汇储备同时进行冲销干预，计算了 1994 年第二季度到 2003 年第一季度的人民币外汇市场压力。罗春婵（2010）借鉴 Weymark（1995）的方法，以货币理论和购买力平价理论为基础构建模型，以 1999 年第一季度到 2007 年第四季度的季度数据为样本，使用最小二乘法估计模型参数，进而计算人民币外汇市场压力指数。黄驰云、刘林（2011）借鉴 Weymark（1997）的模型，并结合我国实情做出改进：考虑了国际资本流动以及国内货币市场状况；假定国内产出由国内经济变量决定，资本不完全流动，国内外资产不完全替代从而冲销干预能够实现，国内居民持有本币是为满足交易需求，国外居民持有外汇是为满足投机需求；样本数据期间为 2005 年 7 月到 2009 年 9 月，采用最小二乘法、误差修正模型、Johansen 协整和状态空间方法估算了人民币外汇市场压力指数。李晓峰、陈萍和叶文娱（2011）借鉴 Weymark（1995，1997）的方法估计了我国 1994—2011 年的外汇市场压力指数和外汇干预指数，并指出我国面临过度的外汇市场压力。

还有一些国内学者对外汇市场压力有关研究进行了文献综述。例如，魏巍贤（1999）借鉴 Griton 和 Roper（1977）、Roper 和 Turnovsky（1980）使用具有理性预期的小国开放经济模型来说明外汇市场压力指数的构造过程，但没有进行实证分析。李晓峰、陈萍和叶文娱（2010），陈国进和胥爱欢（2010）对国内外有关外汇市场压力的研究进行了总结，包括外汇市场压力指数的测算、外汇市场压力与货币政策关系、利用外汇市场压力指数识别货币危机、对外汇市场压力所采取的措施、汇率制度等。

还有一些硕士、博士学位论文研究了模型依赖的人民币外汇市场压力指数。例如方尤启（2009）借鉴 Girton 和 Roper（1977）、Weymark（1997）以及 Kohlscheen（2000）的方法建立模型来估计汇率变化率对外汇储备变化率的弹性系数，所建模型由国内产品市场方程、价格方程、利率平价方程、货币需求函数、货币供给函数和货币当局的政策反应函数方程组成，在利率平价方程中还考虑了资本市场的开放程度，样本数据区间为 1996 年 1 月到 2008 年 12 月，使用两阶段最小二乘法估计结构参数，进而计算出人民币外汇市场压力指数和外汇市场干预指数。曹清强（2012）借鉴 Weymark（1995）的模型，采用两阶段最小二乘的估计方法估计有关参数，计算了我国从 1996—2011 年的人民币外汇市场压力指数。任安昌（2012）借鉴 Weymark（1999）和 Spolander（1999）的模型计算了模型依赖的人民币外汇市场压力指数，同时又参照 Eichengreen 等（1996）的方法计算了模型独立的人民币外汇市场压力指数，样本期间是 2000 年 1 月到 2011 年 12 月，该文认为模型独立的人民币外汇市场压力指数能更好地描述我国外汇市场压力的状况。何芸（2012）采用以货币理论为基础的 Weymark 指数法估计了 1994 年 1 月到 2011 年 12 月的人民币外汇市场压力指数和中国人民银行的外汇干预指数。

　　2. 模型独立的外汇市场压力指数及其与货币政策关系研究

　　国内学者使用模型独立的外汇市场压力指数进行了有关研究。沈中华（2000）借鉴 Kaminsky 等（1998）的方法测度外汇市场压力，用于研究"双危机"的共生性。黄先开、王振全（2007）参照 Eichengreen 等（1995）和 Kaminsky 等（1998）测度中国外汇市场压力，分别采用名义汇率和利率、实际有效汇率和实际利率计算"名义压力"和"实际压力"。杨超等（2011）在测算新加坡 BBC 汇率制度的有关参数时，在多元线性回归方程中引入模型独立的外汇市场压力指数。陈奉先（2012）借鉴 Weymark（1997）的模型计算了 1996 年以来的人民币外汇市场压力指数以及中国人民银行的外汇干预指数，并和七种模型独立的外汇市场压力指数进行了对比。陈音峰、王东明（2013）借鉴 IMF 的外汇市场压力指数构造方法，采取消除权数以及引入冲销系数方法来测算人民币 2003—2010 年的外汇市场压力指数。

　　国内学者还将模型独立的外汇市场压力指数用于货币政策研究。例如，刘金叶（2010）借鉴 Eichengreen 等（1994，1995）计算了 1996 年 1 月到 2009 年 6 月的人民币外汇市场压力指数，在此基础上使用指数 GARCH（exponential GARCH）模型测度了人民币外汇市场压力的波动性，实证结果表明了其波动具有显著的非对称性，然后使用向量误差修正模型（Vector Error Correction，VEC）研究了外汇市场压力、外汇储备、信贷、广义货币供应量和利率之间的长期均衡关系以及短期动态关系，实证结果表明：在5%的显著性水平下，Johansen检验表明变量间存在两个协整关系，对协整方程施加约束后得到外汇市场压力的长期均衡关系和外汇储备需求的长期均衡关系，从这两个均衡关系来看，外汇储备增长和高利率会导致外汇市场压力升值，而外汇市场压力升值会引致资本内流，引起外汇储备增长，导致货币量扩张，继而引发通货膨胀；短期关系分析表明：紧缩性货币政策能够迅速缓解人民币贬值压力；短期内货币供应量上升和利率上升会对外汇储备变动形成负向冲击；外汇储备高于均衡水平时对信贷规模形成负向冲击；贬值压力会导致广义货币供应量上升，而外汇储备高于均衡水平会使广义货币供应量下降。颜永嘉（2011）按照 Eichengreen 等（1995）的外汇市场压力测度公式，计算了2000—2010年的人民币外汇市场压力指数，并使用 VAR 模型分析了人民币外汇市场压力、国内信贷余额和利率等货币政策指标之间的相互关系。

还有一些国内学者在经典文献的基础上，对模型独立的外汇市场压力指数作了一些修正。例如，万超、靳玉英（2010）依据汇率变化的压力来源，使用包括外汇储备、名义汇率、中美利差、通货膨胀水平差、双边贸易差额和远期升贴水构建人民币外汇市场压力指数，用于分析2000年1月到2008年6月人民币汇率波动的压力来源。唐建军（2011）借助有关文献并结合自己的分析，认为模型依赖外汇市场压力指数存在四个方面的不足，同时认为中国人民银行没有把利率作为间接干预人民币外汇市场的工具，因此最终使用汇率变化率和基础货币调整的外汇储备变化率的线性加权组合来构造人民币外汇市场压力指数，而且汇率采用的是国际清算银行的人民币名义有效汇率而不是中美名义汇率。

（二）汇率预期与即期汇率、外汇市场压力的关系研究

1. 汇率预期与即期汇率关系研究

国内有多位学者探讨了人民币 NDF 市场和即期市场之间的联动关

系。一些学者研究了即期市场和远期市场之间的线性价格溢出关系或报酬溢出关系，例如黄学军、吴冲锋（2006）研究了我国在 2005 年汇率改革前后（汇改前：2003 年 4 月 7 日到 2005 年 7 月 20 日，汇改后：2005 年 7 月 22 日到 2006 年 4 月 26 日）人民币 NDF 汇率与即期汇率之间的价格互动关系，传统的 Granger 因果检验表明：1 月期 NDF 和即期汇率互为因果关系，即期汇率是 1 年期 NDF 的单向 Granger 原因。贺晓博（2009）基于 2006 年 2 月 15 日到 2008 年 12 月 23 日的样本数据，使用 VEC 模型以及线性 Granger 因果检验，实证分析了境内人民币掉期点数和人民币 NDF 隐含掉期点数之间的关系，结果表明：境内人民币掉期点数和人民币 NDF 隐含掉期点数之间存在协整关系，NDF 市场处于主导地位。贺晓博、张笑梅（2012）研究了香港可交割人民币外汇市场、境内人民币可交割市场和 NDF 市场之间的关系，基于 2010 年 7 月 19 日到 2012 年 2 月 20 日的样本数据，使用 VAR 模型和线性 Granger 因果检验方法的实证结果显示：2010 年以来，境内人民币即期价格相对于香港人民币即期价格具有引导作用；香港的可交割远期价格开始对境内远期价格产生影响；NDF 市场对香港和境内人民币价格具有较强的引导作用。代幼渝、杨莹（2007）使用中国工商银行每日公布的远期结售汇汇率数据，研究了 2005 年 7 月 22 日汇改到 2007 年 3 月 30 日人民币即期市场、NDF 市场和境内远期市场之间的价格互动关系，协整和线性 Granger 因果检验表明：国内远期市场是人民币外汇市场的信息中心。

　　国内一些学者还研究了即期市场和远期市场之间的波动溢出关系。徐剑刚等（2007）基于 2005 年 7 月 25 日到 2006 年 6 月 13 日的样本数据，均值方程采用一阶移动平均模型（moving average，AM），方差方程采用 GARCH 模型，即 MA（1）—GARCH（1，1）模型，研究了汇率改革后人民币 NDF 汇率与即期汇率之间的关系，结果发现：人民币 NDF 市场和即期市场之间不存在彼此的波动溢出效应，只存在从 NDF 市场到即期市场的单向报酬溢出效应。陈蓉、郑振龙和龚继海（2009）对人民币不完全关闭 NDF（2006 年 2 月 15 日到 10 月 31 日）和关闭 NDF（2006 年 11 月 1 日到 2008 年 2 月 21 日）、韩元不完全开放 NDF（2003 年 9 月 3 日到 2004 年 9 月 30 日）和开放 NDF（2004 年 10 月 1 日到 2008 年 2 月 4 日）背景下即期市场、NDF 市场和 DF 市场之间的关系进行了实证分析，DCC—GARCH 模型的估计结果表明：开放 NDF 市场会使即期市场、NDF 市场和远期结售汇（Foreign Exchange Forward Contract，OF）市场之间的一体化程度提高，但各市场间波动的相关性提高，且 NDF 市场为波动来源，同时还会降低货币当局干预外汇市场的有效性。严敏和巴曙松（2010）基于 2006 年 11 月 1 日到 2009 年 6 月 5 日的样本数据，使用 DCC—GARCH（动态条件相关多元 GARCH）模型和线性 Granger 因果检验法，对禁止境内机构从事 NDF 交易后的即期汇率、境内远期汇率（DF）、NDF 汇率之间的动态关系进行了实证分析，结果显示：三个市场之间的静态条件相关系数和动态条件相关系数都随合约期限增长而递减；即期汇率和 NDF 汇率的相关性最强，NDF 汇率和 DF 汇率的相关性最弱；存在从即期市场到 NDF 市场的波动溢出效应，但 NDF 汇率的价格引导力量强于即期汇率和 DF 汇率。

2. 汇率预期与人民币外汇市场压力关系研究

关于汇率预期和外汇市场压力的关系，现有文献大多从定性的角度进行了分析，而且国内文献居多。国内学者对这一问题的关注较多，主要是由于人民币汇率升值预期有助于解释现阶段我国众多的宏观经济现象。黄颖和黄志刚（2009）比较分析了人民币境内银行间远期外汇市场、NDF 市场、远期结售汇市场和芝加哥交易所的人民币期货市场，认为 NDF 汇率能够比较合理地反映汇率预期。

万超、靳玉英（2010）借鉴模型独立的外汇市场压力指数构造方法，但根据汇率变动的压力来源来构建人民币外汇市场压力指数。该文作者把汇率预期作为汇率变动的一个重要来源，并选择人民币 NDF 市场中远期汇率升贴水来表示汇率预期的方向和规模。从各个指标（该文共使用六个指标）在所构造的外汇市场压力指数中的贡献来看，汇率预期在人民币升值的影响因素中显得尤为重要。

朱鲁秀（2010）认为由于我国资本与金融项目存在管制，投机资金的流动性受到限制，因此短期的套利机制不存在；与此同时，长线投机资金却可以获得我国经济高速增长所带来的红利，以及获得期望的汇率升水，还可以经 FDI 进入后转向资本市场获得资本收益，因此长期套利机制存在，人民币汇率预期是一种长期预期。代表性个体形成人民币长期汇率预期的信息集由连续几个季度的外汇市场压力构成，根据人民币汇率预期的适应性特点以及我国国情，当几个季度的外汇市场压力之和为正值时，汇率预期为升值预期，反之，汇率预期不变。国外资本为实现资产最大化，根据人民币汇率预期，会做出把资本投向中国的决策，外商直接投资的流入加大了人民币升值压力，使冲销干预难度和成本增加，人民币被迫升值。因此，外汇市场压力是人民币汇率预期的信息集；而人民币汇率预期影响国际资本流动，进而影响人民币外汇市场压力。该文主要从定性和资产优化的角度进行分析，没有进行实证研究。

黄驰云、刘林（2011）建立了 1996 年 1 月到 2009 年 9 月外汇市场压力、国际资本净流动和国内货币市场均衡状况之间的 VAR 模型，动态关系分析显示，国际资本净流入时，我国外汇市场表现为升值压力；同时，该文定性分析指出汇率预期、国内外利差、经济增长状况和国家风险导致了国际资本净流入。实际上，该文间接指出了汇率预期对外汇市场压力的影响。

何芸（2012）定性分析了汇率预期和外汇市场压力的关系，认为汇率预期是影响我国汇率和外汇市场压力变动的重要因素之一，汇率预期通过对外贸易、国际资本投机和国民储蓄投资等途径对人民币外汇市场压力产生影响；目前我国用于化解内外失衡的措施收效甚微，与人民币升值预期的持续存在有关。

蒋先玲等（2012）根据货币需求和货币竞争替代理论，并以企业利润最大化为目标设定境外人民币需求函数，进一步推导出境外人民币需求的主要影响因素。变结构协整和误差修正模型的估计结果显示，以人民币 NDF 表示的汇率预期对境外人民币需求呈现出明显的长短期效应。该文进一步指出，随着我国资本账户进一步开放，汇率预期变化对中国国际收支和境外人民币需求的影响会更显著。该文虽然没有明确指出汇率预期对人民币外汇市场压力的影响，但汇率预期对境外人民币需求的影响，最终会以人民币外汇市场压力的变化体现出来，因此，该文的研究间接指出了汇率预期对人民币外汇市场压力的影响。

（三）外汇市场压力的影响因素和外汇风险预警研究

1. 外汇市场压力的影响因素以及外汇风险预警指标研究

对于外汇市场压力的影响因素，国内文献并不多见，周兵、靳玉英和张志栋（2012）针对两次金融危机（分别是1997年的东亚金融危机和2008年美国次贷危机引发的国际金融危机），对新兴市场国家的外汇市场压力及其影响因素进行了研究，并从贸易渠道和金融渠道入手选择 EMP 的影响因素，共计选取了12个季度频率的数据指标。

国内对货币危机预警指标的研究主要出现在东亚金融危机之后。例如，郑振龙（1998）根据25个国家1970—1996年共计20次金融危机的历史经验，构建了一个包括20个预警指标的金融危机预警系统，这些指标能够比较全面地反映实体部门、金融部门、国际收支部门以及市场预期的情况。陈守东等（2009）建立了包括宏观经济、金融系统、泡沫风险和全球经济共计23个指标的货币危机备选预警指标体系。此外，冯芸和吴冲锋（2002）、徐道宣和石璋铭（2007）等也构建了预警指标体系。

2. 外汇风险预警模型研究

国内有关危机预警的研究开始于20世纪90年代，随着1997年亚洲金融危机的爆发，我国经济学界和金融学界开始着手建立符合中国实际的早期危机预警系统。

国内大部分学者建立的预警模型参考了概率模型、横截面模型、信号法以及 Logit/Probit 模型等静态预警模型。例如冯芸、吴冲锋（2002）在信号法的基础上提出了基于综合指标的多时标预警流程，对亚洲金融危机的5个主要受害国进行的实证分析显示了该流程较好的预警能力。徐道宣、石璋铭（2007）改进了 KLR 信号法的指标体系，构建了中国的货币预警指标体系。史建平、高宇（2009）借鉴 Kaminsky、Lizondo 和 Reinhart（1998）的金融危机预警模型（KLR 信号法），首先以24个新兴市场国家2004—2005年的月度数据为基准，对 2006—2008 年的数据进行分析，修正模型的预警指标；然后以 24 个新兴市场国家 2007—2008 年的月度数据为基准进行预测，结果显示：在未来一段时间内，印度、中国、越南、智利和巴西爆发金融危机的可能性较大。石柱鲜、牟晓云（2005）利用三元 Logit 模型对我国外汇风险预警进行了实证分析。陈守东、杨莹和马辉（2006）运用二元 Logit 模型分别建立宏观经济风险预警模型和金融市场风险预警模型。马德功等（2007）对货币危机预警模型进行了综述，并尝试用因子—Logistic 模型构建中国货币危机预警模型。王雪标等（2009）研究资本控制能否影响货币危机，以 1980—2005 年 15 个亚洲国家的数据为样本建立 Panel Logit 模型，实证结果表明：当期资本控制不能抑制货币危机的发生，而前一期资本控制可以显著抑制货币危机的发生。简永军（2010）采用随机效应 Probit 模型研究货币危机和银行危机的共生性，以 1990—2003 年 25 个国家数据为样本，实证结果表明：银行危机和货币危机存在一定联系，并且银行危机可以看作货币危机发生的信号。

　　国内学者还建立了其他的静态预警模型，并对各种模型进行了归纳比较。例如南旭光、罗慧英（2006）应用等比例危险模型（PHM）构建了金融危机预警模型。乔桂明（2006）从理论和实证角度比较了概率模型、横截面回归模型、信号法、冯芸和吴冲锋（2002）的多时标货币危机预警模型以及 Logit 模型，并选用 Logit 模型应用于中国的货币危机预警。韩振国（2008）基于资本流动的宏观效应，使用数理模型分析了货币危机发生的机制，并建议货币当局把资本流动控制在临界值以内以防范货币危机。陈虹和彭大为（2009）实证分析了 2006 年 10 月到 2008 年 9 月中国货币危机和银行危机，并研究了两者之间的关系。陈秋玲等（2009）基于 BP 人工神经网络建立我国金融风险预警模型，并对我国 2008 年进行预警分析。杨君慧（2010）将模糊数学方法用于货币危机预警。石晓烽（2010）对货币危机预警的主要模型进行了归纳，包括信号法、离散选择模型、马尔科夫状态转换模型、人工神经网络模型，还包括 DCSD 模型、费舍尔判别分析（FDA）模型、Duration 模型、极值理论中的 POT 模型。

在动态预警方面，国内文献集中于马尔科夫转换模型。张伟（2004）利用马尔科夫区制转换模型建立了包括中国在内的 12 个国家的货币危机预警模型。陈守东等（2009）应用具有马尔科夫区制转换的向量自回归模型（Markov - Switching Vector Autoregressive，MS - VAR）构建了货币危机预警模型。陈娟等（2011）采用马尔科夫三区制转换模型对人民币外汇市场压力进行了区制识别。

三　国内外研究现状的评价

国内外学者对外汇市场压力有关的研究已经取得了丰硕的成果，现有文献对外汇市场压力的测度方法、影响因素和波动特征形成了一定的认识，但就研究问题、方法和工具而言，还存在一些缺陷和不足，主要体现在以下几个方面：第一，利用现有测度方法所计算的外汇市场压力指数还没有达成一致，甚至存在较大的差异，有进一步研究的必要。第二，对汇率预期和人民币外汇市场压力关系的研究，现有文献多以定性分析为主，缺少定量研究。第三，对于以 NDF 汇率表示的汇率预期和即期汇率之间的报酬溢出关系多以线性 Granger 因果检验方法来分析，未考虑其非线性特征；对于两者之间的相关性，涉及尾部相关的研究较少。第四，在研究人民币外汇市场压力与货币政策关系时，较少考虑汇率预期的影响。

第三节　研究思路、方法和结构安排

外汇市场压力有关问题是国际金融学的重要问题，是 30 年来经济研究中的热点问题，对于外汇市场压力研究文献较多。本书的研究基于汇率决定理论以及外汇市场压力的相关理论，并运用计量经济学模型和统计学方法，充分借鉴国内外学者对外汇市场压力有关问题的研究成果，对人民币外汇市场压力指数的构造方法、影响因素和波动特征进行定量分析和定性总结，并对人民币外汇市场风险的预警方法进行了研究。从研究思路上，首先对外汇市场压力有关的国内外文献进行了系统的梳理，并对具有代表性的基础理论以及最新的研究进展进行了比较全面的介绍。然后结合中国的具体情况构造了人民币外汇市场压力指数，并以此为基础使用最近发展起来的非线性 Granger 因果检验方法，研究了人民币外汇市场压力与汇率预期之间的非线性因果关系，并与传统线性 Granger 因果检验的结果进行了对比分析。接着又从微观市场的角度分析了汇率预期对即期汇率的影响，即采用金融时间序列模型分析了 NDF 汇率和即期汇率之间的动态相关关系，NDF 汇率和即期汇率之间尾部的相关关系。此后对人民币外汇市场压力的波动特征和非线性特征进行了定性分析，并采用非线性计量模型分析了人民币外汇市场压力指数、汇率预期和货币政策变量之间的动态关系，并得出了有现实意义的结论。鉴于我国经济开放程度的提高、资本在世界范围内流动性的增强以及全球经济形势的不确定性，加强金融风险防范就显得越来越重要，因此本书使用计量模型和统计方法建立了人民币外汇风险的识别和预警系统。然后本书提出了一种构造外汇市场压力指数的新方法，基于此方法构造了人民币外汇市场压力指数并分析了人民币外汇市场压力的影响因素，当然该方法的有效性需要在实践中进一步检验。最后是全书总结和政策建议。基于上述研究思路，本书具体的结构安排如下：

第一章是绪论。本章首先论述了本书的选题背景和研究意义，然后回顾了外汇市场压力问题的相关国内外研究文献，最后阐述全书的研究思路和结构安排。对国内外有关外汇市场压力理论和实证文献的介绍，分为三个方面进行分类回顾，即外汇市场压力指数构造方法及其与货币政策关系的研究回顾、汇率预期对即期汇率和外汇市场压力的研究回顾以及外汇市场压力的影响因素和外汇市场风险预警的研究回顾。

第二章从外汇市场压力的定义开始，对外汇市场压力的理论模型和指数构建方法进行了梳理和总结。外汇市场压力的理论模型主要包括：Girton 和 Roper（1977）围绕一国的货币供给和需求所构建的货币模型和 Weymark（1995，1997）提出的小型开放经济的结构化模型，学者们基于这些理论模型构建模型依赖的外汇市场压力指数。另外还有为数不少的学者根据外汇市场压力的释放途径，构建模型独立的外汇市场压力指数。最后本章对外汇市场压力指数构建方法的最新研究进展进行了介绍。本章的理论模型介绍以及指数构建方法为后续章节的分析打下了坚实的基础。

第三章把外汇市场压力的研究对焦于我国。本章首先分析了模型依赖外汇市场压力指数在构造以及估计上的不足，并使用忽略利率变量的模型独立的指数构造方法计算了人民币外汇市场压力指数，根据对计算结果的比较，本书认为人民币 EMP_ KLR 指数比较符合我国的实际情况。然后以人民币 EMP_ KLR 指数为基础，计算了自 1994 年汇率改革以来的人民币外汇市场干预指数，分析了货币当局对外汇市场干预的程度以及人民币汇率弹性程度的变化。考虑到汇率预期对人民币外汇市场压力可能的影响，本章接下来首先分析了人民币汇率预期的成因和特征，并分析了使用 NDF 汇率表示人民币汇率预期的可行性；然后使用即期汇率和 NDF 汇率的对数差值表示汇率预期变量，实证分析了汇率预期与人民币 EMP_ KLR 指数之间的线性和非线性 Granger 因果关系，这两种检验都证实了汇率预期是人民币外汇市场压力的 Granger 原因，不同之处在于非线性 Granger 检验认为人民币外汇市场压力也影响了汇率预期的形成。

第四章基于微观市场（即期汇率市场、NDF 市场和离岸市场）信息，研究了以 NDF 汇率表示的汇率预期与即期汇率的关系，以及在岸汇率与离岸汇率的关系。本章首先用 EDCC-MGARCH 模型估计了汇率预期与即期汇率之间动态的相关程度，并计算了即期汇率和汇率预期之间的波动溢出效应。然后，作为一个重要的补充，本章还使用动态 SJC-Copula 函数研究了即期汇率和汇率预期之间动态的尾部相关特征，此处的尾部相关特征能够表示即期汇率和汇率预期同时发生较大幅度的升值或贬值的可能性。最后，基于 Copula 函数研究了人民币在岸汇率与离岸汇率之间的尾部相关关系。

第五章首先基于人民币 EMP_ KLR 指数，以两次金融危机（亚洲金融危机、国际金融危机）为界限把人民币外汇市场压力分为五个阶段，分别分析了各阶段特征。然后考虑到自 1994 年汇改以来人民币以升值压力为主，分析了人民币升值压力的形成原因及其对我国经济正、负两面的影响。鉴于人民币外汇市场压力的非线性特征，本章接下来主要运用具有 Markov 转换的 VAR 模型研究人民币外汇市场压力的区制转换和持续特征，并通过特定状态下的脉冲响应分析研究了人民币外汇市场压力、汇率预期、通货膨胀和货币供应量之间的动态关系，揭示了中国外汇市场的波动特征。

第六章基于人民币 EMP_ KLR 指数，使用极值分位数的估计方法识别人民币外汇风险，并使用动态 Logit 模型对人民币外汇风险进行预警。本章首先回顾了具有代表性的第一代、第二代和第三代货币危机理论，从而指出随着金融全球化、自由化的深入，资本自由流动的加速，在错综复杂的国际经济环境下，即使中国宏观经济指标较好，如果对金融风险监管不力，也有可能产生人民币贬值风险，而贬值风险的聚集就可能向货币危机转变。然后，对货币危机预警模型进行了梳理，指出动态性是货币危机预警的重要研究方向。由于传统识别货币风险的方法存在不足，本章使用极值分位数的估计方法确定阈值，进而识别人民币贬值的风险。最后分别使用纯静态 Logit 模型和动态 Logit 模型对样本内的人民币贬值风险进行了预警分析，结果表明动态 Logit 模型样本内的预测能力有一定提高。虽然我国没有发生过事实上的货币危机，但在错综复杂的国际经济环境下，研究分析货币危机的发生机理，研制预警模型仍具有很强的现实意义。

第七章使用结构方程模型中的 MIMIC 模型，研究人民币外汇市场压力的影响因素，同时利用 MIMIC 模型的结构方程测算人民币外汇市场压力指数。本章首先回顾了 MIMIC 模型在经济以及金融领域的应用，然后介绍 MIMIC 模型的建模、估计和模型评价方法。在利用 MIMIC 模型为人民币外汇市场压力建模时，以人民币外汇市场压力作为不可观测变量，以汇率变化和外汇储备变化作为内生的结果变量，而对于可观测的外生原因变量则以文献研究为基础选取了 10 个变量。从实证结果来看，汇率预期、中美利差、贸易顺差/工业增加值和通货膨胀率显著影响人民币外汇市场压力的波动，所构造的人民币外汇市场压力指数比较符合我国的现实国情。除了传统上的模型依赖外汇市场压力指数和模型独立的外汇市场压力指数，本书利用 MIMIC 模型的结构方程所构造的人民币外汇市场压力指数，丰富了文献资料，有利于外汇市场压力指数构造方法的比较。

第二章

外汇市场压力的理论模型及
指数构建方法

以均衡汇率为基础的汇率错位测度一般强调中长期因素的影响，事实上，某些短期因素也会对一国汇率乃至经济产生重要影响，因此，以均衡汇率为基础的汇率错位测算不足以及时、全面地反映汇率变化的压力，而外汇市场压力则能够比较全面地反映长期和短期因素对一国汇率变化的综合影响。外汇市场压力可以反映固定汇率制度、有管理的浮动汇率制度以及完全浮动汇率制度下的货币市场失衡程度。因此，准确客观地测度外汇市场压力，不仅能够为一国货币当局的外汇市场操作提供预警指标，还能为货币政策的制定和汇率制度改革提供决策依据。研究外汇市场压力进而构建外汇市场压力指数，无论对货币当局还是跨国企业来说，都具有重要的现实意义。

本章结构安排如下：第一节由汇率波动引出了外汇市场压力的定义，并分析了该定义的特点；第二节分析了外汇市场压力的理论模型，以及由理论模型推导出的外汇市场压力指数的构建方法；第三节介绍了模型独立的外汇市场压力指数的构建方法；第四节则介绍了外汇市场压力指数构建方法的最新进展；最后是本章小结。

第一节　外汇市场压力的定义

对于一个国家而言，汇率有时剧烈波动，而其他时间的汇率波动则比较平稳。汇率的剧烈波动无疑反映了外汇市场的紧张和压力，但汇率波动比较平稳的时候，却并不意味着外汇市场压力的减弱或消失。而对不同的国家而言，有的国家汇率波动幅度较大，有的国家汇率波动则比较平稳，同样汇率波动平稳的国家所面临的外汇市场压力不一定弱。这与一国的汇率制度的选择以及货币当局对外汇市场的干预有很大关系，而外汇市场压力指数能真实地反映一国货币的外部失衡程度。

（一）Girton 和 Roper 关于外汇市场压力的定义

国内外现有众多文献中，外汇市场压力的定义有多种，但是最常用的定义都是在 Girton 和 Roper 的基础上提出的。Girton 和 Roper（1977）首先提出了外汇市场压力这一概念，并将其定义为必须通过调整本国汇率或外汇储备来消除的一国货币市场失衡程度，可以用汇率变化率和外汇储备变化率的简单加总来表示。Younus（2005）指出外汇市场压力指数可以反映固定汇率制度、有管理的浮动汇率制度以及完全浮动汇率制度下的货币市场失衡程度。

（二）Weymark 关于外汇市场压力的一般性定义

此后，Weymark（1995，1997）认为上述外汇市场压力的定义依赖具体的货币模型，并提出了不依赖于具体模型的一般性定义：外汇市场压力是指在现行货币及汇率政策所形成的既定预期下，国际市场对一国货币的超额需求（可正可负，正值表示对本国货币的超额需求，负值表示对本国货币的超额供给）。它测度的是市场参与者在对现行汇率政策和货币政策形成理性预期的前提下，以汇率水平变动所表示的国际市场上对一国货币的总超额需求，反映了该国货币真实的外部失衡状况；当外汇市场上存在对一国货币的超额需求时，货币价格的提升、货币供给的增加以及两者同时实施都可以使市场重新达到新的均衡。因此，这种一般性定义有两个特点：一是该定义假定预期与当期实施的汇率和货币政策有关，且预期既定，因此市场参与者不需要知道预期的具体形成过程，与预期有关的所有信息都已包含在货币当局用于化解本币超额需求的有关内生变量（汇率、外汇储备及国内信贷等）的可观测变动中。二是该定义适用性广泛，可应用于各种不同的汇率制度中：在完全固定的汇率制度安排下，一国在面临对本币的超额需求或超额供给时，为维持固定汇率而被动地进行外汇市场干预；在浮动汇率制度安排下，一国理论上来说根本无须干预外汇市场，汇率完全由外汇市场上的供求力量来决定，本币任何的超额供给和需求都由汇率变化反映出来；我国近年来实行的是有管理的浮动汇率制度，这意味着外汇市场上本币所面临的超额供给和超额需求会通过官方储备变化和汇率水平变化的某种组合反映出来。

在极端情况下，对本币的超额供给有可能导致本币短时间内快速贬值，对本币持续的超额需求会导致本币过度升值，不管是快速贬值还是持续升值都会对经济系统带来破坏性的影响，也会影响宏观经济政策的效力。这迫使货币当局采取措施抑制本币的升值或贬值，以保持本币币值的稳定，促进经济健康稳定发展。

第二节　外汇市场压力的理论模型及模型依赖的外汇市场压力指数

最常用的定义把外汇市场压力看成国内及国际市场对一国货币的超额货币需求（或供给）所造成的货币外部失衡现象。外汇市场压力指数为零的理想情况比较罕见，但在正常的市场波动情况下，外汇市场压力指数应该在零附近的区间内变动；如果货币失衡比较严重，即外汇市场压力指数超出合理浮动的区间，无论是本币升值还是贬值都会对一国经济造成危害。因此，准确地测度外汇市场压力指数具有重要意义。本节详细阐述了目前最为典型的两种模型依赖的外汇市场压力指数测算方法。

一　Girton 和 Roper 的理论模型及外汇市场压力指数

Girton 和 Roper（1977）围绕一国的货币供给和需求构建了货币模型。基础货币需求设定为指数形式，相应的货币均衡方程为：

$$B_t = R_t + D_t = P_t Y_t^{\beta} \exp(-\alpha i_t) \tag{2.1}$$

其中，B_t 表示本国货币当局的基础货币供给，R_t 表示本国外汇储备增加导致的基础货币供给（本币表示），D_t 为本国国内信贷扩张产生的基础货币供给，P_t 为本国价格水平，Y_t 为本国实际收入，i_t 为本国利率水平，$\beta > 0$ 为本国货币需求对收入的弹性，α 为本国利率系数。

B_t 由国内信贷扩张和外汇储备两部分组成，外汇储备部分由式（2.2）决定：

$$R_t = \int_{-\infty}^{t} E_\tau \Delta F_\tau d\tau \qquad (2.2)$$

其中，F_τ 表示本国 τ 时持有的外汇储备存量（外币表示），ΔF_τ 表示本国 τ 时外汇储备的净增量，E_τ 表示 τ 时本国货币对参照国的汇率水平。

把式（2.2）关于时间 t 的微分形式 $\Delta R_t = E_t \Delta F_t$，代入式（2.1）的对数差分形式中，就可以得到百分比变化的表达式：

$$\Delta b_t = \Delta r_t + \Delta d_t = \pi_t + \beta \Delta y_t - \alpha i_t' \qquad (2.3)$$

这里，$\Delta b_t = \Delta B_t/B_{t-1}$（$b_t$ 近似等于 $\ln B_t$，其他变量类似），$\Delta r_t = E_t \Delta F_t/B_{t-1}$，$\Delta d_t = \Delta D_t/B_{t-1}$，$\pi_t = \Delta P_t/P_{t-1}$，$\Delta y_t = \Delta Y_t/Y_{t-1}$，$i_t' = \Delta i_t/i_t$。$\Delta r_t$ 为名义的外汇储备变动除以基础货币后的实际形式。

为分析两国货币市场之间的关系，用本国的货币市场均衡条件［用式（2.3）表示］减去参照国的货币市场均衡条件［把式（2.3）中的变量加 * 号］得：

$$\Delta r_t - \Delta r_t^* = -\Delta d_t + \Delta d_t^* + \beta \Delta y_t - \beta^* \Delta y_t^* + \pi_t - \pi_t^* - \alpha(i_t' - i_t^{*\prime})$$
$$(2.4)$$

其中，加 * 号的变量以及参数表示参照国，并假定 $\alpha = \alpha^*$。进一步用 Δe_t 表示本国货币对参照国货币汇率的变化率，$\Delta e_t = \Delta E_t/E_t$，$E_t$ 是每单位参照国货币可以换取的本国货币的数量；$\Delta e_t > 0$ 表示本国货币对参照国货币的名义汇率贬值，反之，本国货币对参照国货币的名义汇率升值。用 $\theta_t = \pi_t^* - \pi_t + \Delta e_t$ 表示本国和参照国之间汇率调整后的通货膨胀率。用 $\delta_t = i_t' - i_t^{*\prime}$ 表示两国无抛补的利率差的变化。进一步，式（2.4）可表示为：

$$-\Delta r_t + \Delta r_t^* + \Delta e_t = \Delta d_t - \Delta d_t^* - \beta \Delta y_t + \beta^* \Delta y_t^* + \theta_t + \alpha \delta_t$$
$$(2.5)$$

假定在本国和参照国之间，参照国货币体系处于主导地位。这种极端的非对称性，会使参照国迫使本国承担因为本国货币对参照国货币供求不均衡造成的汇率调整压力。也就是说，表示参照国国际收支不平衡状况的参照国外汇储备的调整指标 Δr_t^* 要从等式的左边移动到右边，这样就得到式（2.6）：

$$- \Delta r_t + \Delta e_t = \Delta d_t - \Delta b_t^* - \beta \Delta y_t + \beta^* \Delta y_t^* + \theta_t + \alpha \delta_t \quad (2.6)$$

其中，$\Delta b_t^* = \Delta r_t^* + \Delta d_t^*$ ［Δr_t^* 和 Δd_t^* 的定义见式（2.3）和式（2.4）］表示参照国的基础货币增加，并可以看成影响本国货币对参照国货币汇率和本国外汇储备变化的外生变量。这样式（2.6）左边就是本国的外汇市场压力指数。

Weymark（1997）认为，Girton 和 Roper 所得到的外汇市场压力指数有以下缺点：依赖于特定的货币模型，不适用于其他模型，所给出的定义也不适用于所有模型的一般的外汇市场压力；从实证经验来看，外汇储备变化率的波动性大大高于汇率变化率的波动性，简单相加的后果是外汇储备变化率主宰了外汇市场压力指数。

二　Weymark 的理论模型及外汇市场压力指数

Weymark（1995，1997）是模型依赖外汇市场压力指数最为典型的代表，在国内外有关模型依赖外汇市场压力指数测算的文献中，学者大多采用 Weymark（1995，1997）的测算方法，然后根据所研究经济体的特征对模型稍作修正，便得到模型依赖的外汇市场压力指数。

（一）Weymark 的理论模型

Weymark（1997）研究的是一个小型开放经济模型，以对数形式设定为：

$$y_t = \bar{y} + \alpha \{ p_t - E[p_t \mid t-1] \} + v_t^y \quad (2.7)$$

$$p_t = a p_t^n + (1-a) p_t^{tr} \quad (2.8)$$

$$p_t^{tr} = p_t^* + e_t \quad (2.9)$$

$$i_t = i_t^* + E[e_{t+1} \mid t] - e_t \quad (2.10)$$

$$m_t^d = p_t + b_1 y_t - b_2 i_t + v_t^m \quad (2.11)$$

$$m_t^s = m_{t-1}^s + \Delta d_t + \Delta r_t \quad (2.12)$$

$$\Delta r_t = - \bar{\rho}_t \Delta e_t \quad (2.13)$$

其中: y_t 是国内实际产出的对数形式, 同时 $\bar{y}$ 是其均值; p_t 是时期 t 的国内价格水平的对数形式, $E[p_t \mid t-1]$ 表示理性经济人基于 $t-1$ 期可获得信息对 t 期的价格 p_t 的条件期望值; 带上标 n 和上标 tr 的 p_t 分别表示国内非贸易品的价格水平和贸易品价格水平的对数形式, p_t^* 表示国外的价格水平的对数形式; i_t 是国内利率水平, i_t^* 表示国外利率水平; e_t 是 t 期的汇率的对数形式, 用直接标价法表示即用本币表示的外币价格, $E[e_{t+1} \mid t]$ 表示理性经济人基于 t 期可获得信息对 $t+1$ 期汇率的条件期望值; m_t 是 t 时期的货币存量的对数形式, 货币存量 $M_t = \mu B_t = \mu(D_t + R_t)$, 其中 μ 是常数货币乘数, 带上标 s 和 d 的 m_t 分别表示货币供给量和货币需求量, Δd_t 是国内信贷的变动, 可以表示为 $\Delta d_t = \Delta D_t / B_{t-1}$, D_t 是国内信贷; Δr_t 是外汇储备的变动, 可以表示为 $\Delta r_t = \Delta R_t / B_{t-1}$, R_t 是外汇储备; v_t 是随机扰动项, 带上标 y 和 m 的 v_t 分别表示产出和货币需求的随机扰动。

式 (2.7) —式 (2.11) 构成了标准的小型开放经济模型。其中, 产出同未预期到的国内价格水平的改变是正向关系, 国内价格是非贸易品和贸易品的加权平均, 国内和国外资产可以自由交易且完全替代, 对未来的预期是理性预期。式 (2.12) 描述了货币供给依赖于前一期的货币供给、国内信贷的改变量和外汇储备的改变量。按照式 (2.13), 外汇储备的改变是政策当局对同期汇率的变动的一种响应措施。式 (2.12) 和式 (2.13) 提供了一个修订的货币供应规则, 常用于开放经济的最优货币政策研究中, 和最优干预文献所使用的货币规则不同, 这个规则并不是把所有的信贷改变作为干预活动的一种形式。式 (2.13) 中的响应系数 $\bar{\rho}_t$ 是时变的, 因此不同于标准的政策反应函数, 这个特征为实证检验所支持。

把式 (2.7) —式 (2.10) 代入式 (2.11) 可以得到经济体的货币需求决定的表达式:

$$m_t^d = a(1+\alpha b_1)p_t^n + (1-a)(1+\alpha b_1)p_t^* + [b_2 + (1-a)(1-\alpha b_1)]e_t -$$
$$b_2 i_t^* - b_2 E[e_{t+1} \mid t] - a\alpha b_1 E[p_t^n \mid t-1] - (1-a)\alpha b_1 E[p_t^* \mid t-1] -$$
$$(1-a)\alpha b_1 E[e_t \mid t-1] + b_1(\bar{y} + v_t^y) + v_t^m \qquad (2.14)$$

假定货币市场在每一期都可以达到均衡, 即货币市场连续出清,这意味着在所有时期 t, 等式 $\Delta m_t^d = \Delta m_t^s$ 成立, 所以从式 (2.12) 和式 (2.14) 可以得到:

$$
\begin{aligned}
\Delta d_t + \Delta r_t = {} & a(1 + \alpha b_1)\Delta p_t^n + (1 - a)(1 + \alpha b_1)\Delta p_t^* + [b_2 + \\
& (1 - a)(1 + \alpha b_1)]\Delta e_t - b_2\Delta i_t^* - b_2\Delta E[e_{t+1} \mid t] - \\
& a\alpha b_1\Delta E[p_t^n \mid t - 1] - (1 - a)\alpha b_1\Delta E[p_t^* \mid t - 1] - \\
& (1 - a)\alpha b_1\Delta E[e_t \mid t - 1] + b_1\Delta v_t^y + \Delta v_t^m \qquad (2.15)
\end{aligned}
$$

把式 (2.13) 代入式 (2.15) 就能求出 Δe_t, 表示为:

$$
\Delta e_t = \frac{1}{\beta_t}\{X_t - b_2\Delta E[e_{t+1} \mid t] - (1 - a)\alpha b_1\Delta E[e_t \mid t - 1]\}
$$

$$(2.16)$$

其中: $\beta_t = -[\bar{\rho}_t + b_2 + (1 - a)(1 + \alpha b_1)]$,

$$
\begin{aligned}
X_t = {} & a(1 + \alpha b_1)\Delta p_t^n + (1 - a)(1 + \alpha b_1)\Delta p_t^* - a\alpha b_1\Delta E[p_t^n \mid t - 1] - \\
& b_2\Delta i_t^* - (1 - a)\alpha b_1\Delta E[p_t^* \mid t - 1] + b_1(\Delta v_t^m + \Delta v_t^y) - \Delta d_t
\end{aligned}
$$

式 (2.16) 中大括号这一项就代表超额货币需求 (Excess Demand for Money, EDM_t), 由 t 期外生扰动的组合以及经济代理人对于汇率的预期组成, 即

$$
EDM_t = X_t - b_2\Delta E[e_{t+1} \mid t] - (1 - a)\alpha b_1\Delta E[e_t \mid t - 1]
$$

$$(2.17)$$

当外部扰动发生时, 使货币市场重回均衡状态所需要的汇率改变量取决于货币当局对于响应系数 $\bar{\rho}_t$ 的选择以及 b_2、a、α 和 b_1 的参数取值。就这个模型而言, 对经济体的外部扰动可能来自国内非贸易品价格水平的变化 (Δp_t^n)、国外价格水平的变化 (Δp_t^*)、国外利率的变化 (Δi_t^*)、国内信贷的变化 (Δd_t) 和产出以及货币需求的随机扰动 (Δv_t^m 和 Δv_t^y)。当 $\bar{\rho}_t = +\infty$ 时, $\beta_t = -\infty$ 同时 $\Delta e_t = 0$, 这表明货币当局选择使用直接外汇市场干预来保持汇率固定, 即固定汇率制; 当货币当局不干预外汇市场时, 即 $\bar{\rho}_t = 0$, $\beta_t = -[b_2 + (1 - a)(1 + \alpha b_1)]$, 市场机制能够对本币的超额需求全部吸收, 外汇储备水平保持不变, 即 $\Delta r_t = -\bar{\rho}_t\Delta e_t = 0$, 对本币的超额需求的调整体现在自由浮动汇率制度上; 当 $\bar{\rho}_t$ 介于 0 和 $+\infty$ 之间时, 对应于中间汇率制

度，此时，对本币的超额需求一部分被外汇储备的变动吸收，另一部分被汇率的变动吸收。

然后，把式（2.13）代入式（2.16）可得：

$$\Delta e_t = \frac{-\{X_t - b_2 \Delta E[e_{t+1} \mid t] - (1-a)\alpha b_1 \Delta E[e_t \mid t-1]\} + \Delta r_t}{b_2 + (1-a)(1+\alpha b_1)}$$

$$(2.18)$$

由于构成 X_t 的成分是外生的，因此独立于 Δr；另外由定义，只要式（2.18）用于测度外汇市场压力，预期项 $\Delta E[e_{t+1} \mid t]$ 和 $\Delta E[e_t \mid t-1]$ 就是不变的。因此，通过对式（2.18）关于 Δr 求偏导，就可以得到汇率变动对外汇储备变动的弹性系数，表示为：

$$\eta = -\partial \Delta e_t / \partial \Delta r_t = -[b_2 + (1-a)(1+\alpha b_1)]^{-1} \quad (2.19)$$

根据 Weymark（1995，1997）关于外汇市场压力的定义，外汇市场压力指数可以表示为 $EMP_t = \Delta e_t + \eta \Delta r_t = \Delta e_t (1 - \eta \bar{\rho}_t)$，结合式（2.19）可求得货币当局外汇市场干预指数，以及可观测的汇率变动和外汇市场压力之间的关系。

$$\omega_t = 1 - \frac{\Delta e_t}{EMP_t} = 1 - \frac{1}{1 - \eta \bar{\rho}_t} = \frac{\bar{\rho}_t}{\bar{\rho}_t + b_2 + (1-a)(1+\alpha b_1)}$$

$$(2.20)$$

$$\Delta e_t = \frac{1}{(1 - \eta \bar{\rho}_t)} EMP_t = \frac{b_2 + (1-a)(1+\alpha b_1)}{\bar{\rho}_t + [b_2 + (1-a)(1+\alpha b_1)]} EMP_t$$

$$(2.21)$$

货币当局对外汇市场的干预指数 ω_t 的取值范围是（$-\infty$，$+\infty$）。当汇率自由浮动时，$\bar{\rho}_t = 0$，由式（2.21）得 $\Delta e_t = EMP_t$，再由式（2.20）可以确认汇率自由浮动，即 $\omega_t = 0$。当汇率固定时，$\Delta e_t = 0$，由式（2.20）和式（2.21）可以得到：$\bar{\rho}_t = \infty$，$\omega_t = 1$。在中间汇率制度下，由式（2.21）可得 $\bar{\rho}_t \in (0, \infty)$，由式（2.20）可得 $\omega_t \in (0, 1)$，ω_t 越接近1，固定汇率程度就越高。

当 $\omega_t < 0$ 时，由式（2.20）可得 $-[b_2 + (1-a)(1+\alpha b_1)] < \bar{\rho}_t < 0$，并且可以发现无论升值还是贬值，汇率变动都大于市场要求

的幅度，即 $\Delta e_t / EMP_t > 1$。也可以说，货币当局的干预使得汇率超调。从外汇储备变动来看，当本币超额需求大于 0 时，$\Delta r_t < 0$；而当本币超额需求小于 0 时，$\Delta r_t > 0$。

当 $\omega_t > 1$ 时，由式（2.20）可得 $\bar{\rho}_t < -[b_2 + (1-a)(1+\alpha b_1)]$，这种情况下，当本币的超额需求大于 0 时，货币当局的积极干预使得汇率出现贬值；当本币的超额需求小于 0 时，货币当局的积极干预使得汇率出现升值。就外汇储备的变动而言，当超额货币需求 $EMD_t > 0$ 时，$\Delta r_t > EMD_t$，当 $EMD_t < 0$ 时，$\Delta r_t < EMD_t$，EMD_t 如式（2.17）所示。

（二）Weymark 的理论模型的扩展

前述部分用到的外汇市场压力和汇率干预公式，是以一些相当严格的假定为基础推导出来的，这些假定同外汇市场干预特点密切相关。特别是，假定外汇市场的干预是直接买卖外汇的未冲销干预（unsterilized intervention，又叫未消毒干预）。而实际上，货币当局频繁地对外汇储备的改变进行冲销干预（sterilized intervention，又叫消毒干预），或者也使用国内信贷的改变来间接地干预外汇市场状况。因此，有必要考虑冲销干预和间接外汇市场干预对前述外汇市场压力和外汇干预公式的影响。

完全的资本流动性的假定使得冲销干预不能实现，解决的办法是通过在式（2.10）中引入一个外生的风险溢价冲击考虑资本的不完全流动性。因此，国内外利率间关系表示为：

$$i_t = i_t^* + E[e_{t+1} \mid t] - e_t + \delta_t \tag{2.22}$$

其中，δ_t 是外生冲击。在考虑冲销干预的情况下，货币需求和对冲国内信贷变化后的货币存量之间的关系表示为：

$$\Delta m_t^s - \Delta d_t^s = \Delta m_t^d \tag{2.23}$$

其中，Δd_t^s 表示冲销的国内信贷变化量，亦即 $\Delta d_t^s = (D_t^s - D_{t-1}^s)/B_{t-1}$。当考虑冲销干预对货币供给的影响，式（2.12）变为：

$$\Delta m_t^s = \Delta d_t + \Delta d_t^s + \Delta r_t \tag{2.24}$$

其中 Δd_t 和 Δr_t 分别是自发的信贷变化和外汇储备变化。把式（2.24）代入式（2.23）可得市场出清条件：$\Delta m_t^d = \Delta d_t + \Delta r_t$，然

后结合式（2.7）、式（2.8）、式（2.9）、式（2.13）、式（2.22）
可得：

$$\Delta e_t = \frac{1}{\beta_t}\{X_t^\delta - b_2\Delta E[e_{t+1} \mid t] - (1-a)\alpha b_1\Delta E[e_t \mid t-1]\}$$

$$(2.25)$$

其中 $X_t^\delta = X_t - b_2\Delta\delta_t$，$X_t$ 和 β_t 的含义已经在式（2.16）中给出。
假定 $\Delta\delta_t = k\Delta r_t = -k\bar\rho_t\Delta e_t$，$k \in [0, 1]$ 表示冲销干预的比例，则可得
到式（2.26）：

$$EMP_t^s = \Delta e_t + \eta^s\Delta r_t \qquad (2.26)$$

其中，$\eta^s = (1 + kb_2)\eta$。

当一国系统地使用国内信贷作为外汇市场间接干预的手段时，货
币当局的反应函数应该写作：$\lambda\Delta d_t + \Delta r_t = -\bar\rho_t\Delta e_t$，这里的 λ 表示与间
接干预有关且可观测的国内信贷改变量与基础货币的比率，相应的外
汇市场压力表示为：

$$EMP(\lambda)_t = \Delta e_t + \eta(\lambda\Delta d_t + \Delta r_t) \qquad (2.27)$$

当 $\lambda > 0$ 时，如果用 $EMP_t = \Delta e_t + \eta\Delta r_t$ 测度外汇市场压力就会引
起测度误差，其程度取决于组成外汇市场压力指数成分的符号和相对
大小。当 $\lambda > 0$ 时，外汇市场干预指数表示为：

$$\omega(\lambda)_t = \frac{\eta(\lambda\Delta d_t + \Delta r_t)}{EMP(\lambda)_t} \qquad (2.28)$$

ω_t 和 $\omega(\lambda)_t$ 的差异程度取决于 λ 的大小，而实际中对于 λ 的大小
的估计十分困难。然而，只要货币当局不是唯一依赖于间接干预，就
有可能通过观察 Δd_t 和 Δr_t 的符号获得测度误差潜在严重性的感受。特
别地，如果 Δd_t 和 Δr_t 长时间呈现出相反的符号，就可以合理推断出 λ
统计上无异于零，其背后的逻辑是货币当局不可能使用直接干预抵消
间接干预的影响。若发现 Δd_t 和 Δr_t 长时间呈现出相同的符号，则可能
是国内信贷的变化用于强化直接干预外汇市场的效果。

（三）Weymark 的理论模型在我国的应用

Jie Li（2012）考虑到中国资本管制的现实情况，拓展了 Weymark
（1995）的模型，原模型中的无抛补利率平价条件（UIP）方程：

$$i_t - i_t^* = E[e_{t+1} \mid t] - e_t \qquad (2.29)$$

在式（2.29）中加上了一个资本控制指数 λ_t 后变为：

$$i_t - i_t^* = \lambda_t(E[e_{t+1} \mid t] - e_t) \qquad (2.30)$$

当 $\lambda_t = 1$ 时，表示无资本控制，无抛补利率平价条件（UIP）成立。当 $\lambda_t > 1$ 时，国内外的正利差不能被国内货币的贬值预期完全解释，这可能归因于两种类型的资本控制，一是当期的资本流入被限制使当前的汇率 e_t 升值不足，二是由于未来的资本流出限制使预期的汇率贬值不足。当 $\lambda_t < 1$ 时，国内外正利差被国内货币的贬值预期过度补偿，表明存在当前资本的流出限制使当前汇率 e_t 过度升值，或存在未来资本的流入限制使预期汇率过度贬值。Jie Li（2012）发现相对于考虑资本管制的情况，不考虑资本管制的人民币外汇市场压力指数（样本期为 2001 年 1 月至 2008 年 12 月）高估了 91%。

第三节　模型独立的外汇市场压力指数及其构建

模型依赖的外汇市场压力指数的测算方法严格依赖于具体的模型假定，而且模型在中期和短期解释能力较差，因此存在不符合实际的缺陷。Eichengreen、Rose 和 Wyplosz（1994，1995，1996）首先提出了模型独立的外汇市场压力指数测度方法，这种方法的要点在于寻求外汇市场压力释放的途径。除了汇率的百分比变动和外汇储备百分比变动这两个释放途径外，Eichengreen 等认为，在中间汇率制度下，一国的货币当局可以利用利率干预途径来改变本币和外币的相对供给，从而释放外汇市场压力。

Eichengreen（1994，1995）在研究 20 个工业国的货币危机中，为了捕捉成功和不成功的攻击，首先要构造一个能反映投机压力的指数，该指数在理想情况下是从汇率决定模型中推出的对外汇市场的超额需求（同时可以得到为了稳定汇率货币当局所进行的干预）。这个汇率决定模型理论上是可以得到的，但是必须在汇率和宏观经济变量之间施加很强的假定。为了说明这个问题，首先考察了 Girton 和 Roper（1977）的外汇市场压力指数，该外汇市场压力指数来自一个汇率决定的货币模型框架，他们假定基础货币的百分比变化是由价格水平的百分比变化、实际收入的百分比变化和利率的百分比变化来决定的，而基础货币是信贷和国际储备之和，于是，就可以得到：

$$(\Delta r_t - \Delta r_t^*) + (\Delta d_t - \Delta d_t^*) = (\Delta p_t - \Delta p_t^*) +$$
$$\beta(\Delta y_t - \Delta y_t^*) - \alpha(i_t' - i_t^{*\prime}) \qquad (2.31)$$

在式（2.31）两边同时加上 Δe_t，并整理得：

$$-\Delta r_t + \Delta e_t = (\Delta p_t^* - \Delta p_t + \Delta e_t) - \beta(\Delta y_t - \Delta y_t^*)$$
$$+ \alpha(i_t' - i_t^{*\prime}) - (\Delta d_t^* + \Delta r_t^*) + \Delta d_t \qquad (2.32)$$

其中，$\Delta r_t = \Delta R_t / B_{t-1}$，$\Delta e_t = \Delta E_t / E_t$，$\Delta d_t = \Delta D_t / B_t$，$\Delta y_t = \Delta Y_t / Y_t$，$\Delta p_t = \Delta P_t / P_t$，$i' = \Delta i_t / i_t$，$B_t$ 为基础货币，Y_t 为实际收入，D_t 为信贷水平，β 为货币需求的收入弹性，α 为货币需求的利率的半弹性。* 表示相应的参照国变量，$-\Delta r_t + \Delta e_t$ 被定义为外汇市场压力指数。基于购买力平价理论，Einchengreen（1994）使用 $p_t - p_t^* = e_t$ 对该方程进一步变换，得到：

$$\Delta e_t - (\Delta r_t - \Delta r_t^*) + (i_t' - i_t^{*\prime}) = (1 + \alpha)(i_t' - i_t^{*\prime}) -$$
$$\beta(\Delta y_t - \Delta y_t^*) + (\Delta d_t - \Delta d_t^*) \qquad (2.33)$$

式（2.33）左边是外汇市场压力指数，这意味着外汇储备减少、利率提高和汇率贬值都会增加外汇市场压力，式（2.33）中的参数需要估计。这种方法定义的外汇市场压力指数存在明显的问题：首先，在模型的分析框架内，构成外汇市场压力指数的三个组成部分的权重可以随意设定，因为方程两边可以等价交换。其次，任何一个类似这样的方程都是在将基本经济变量和汇率（而汇率又与利率、国际储备等用于稳定汇率的变量相关）联系起来的特定模型下导出的。除非我们能够建立合理的实证模型将基本经济变量和汇率联系起来，否则就不能使用这样的模型将汇率和类似利率与外汇储备的汇率稳定工具联系起来，或者无法准确导出外汇市场压力指数中各个元素的权重。

为了避免外汇压力指数基于特定的汇率决定模型，Eichenreen 等人考虑了多种不同的权重方案，从所研究国家的样本来看，外汇储备百分比变化的条件波动数倍于汇率百分比变化的条件波动，而汇率百分比变化的条件波动又数倍于利差变化的条件波动，实证研究也表明，简单地加总得到的外汇市场压力指数不能准确识别货币危机的发生。Eichenreen 给出了一个替代办法，即选择合适的权重使得三部分的条件波动相等，构造了如下的外汇市场压力指数：

$$EMP\_ERW_t = \frac{\Delta E_t}{E_{t-1}} - \frac{1}{\sigma_r}(\frac{\Delta rb_t}{rb_{t-1}} - \frac{\Delta rb_t^*}{rb_{t-1}^*}) + \frac{1}{\sigma_i}\Delta(i - i^*)$$

$$(2.34)$$

其中，σ_r 是本国和参照国的外汇储备和基础货币之比的相对变动之差的标准差。σ_i 是本国和参照国利差的差分的标准差。$rb_t = R_t/B_t$，R_t 是外汇储备余额，B_t 是基础货币。加 $*$ 号的变量表示参照国的相应变量。

Sachs 等（1996）在对 22 个新兴经济体的银行危机和货币危机的研究中，也构造了一个外汇市场压力指数。该外汇市场压力指数包含了名义汇率变动率、外汇储备变动率和利率变动三个元素。但外汇市场压力指数中的权重采用"相对标准差"。实证结果表明"相对标准差"的权重构造能够准确捕捉 22 个新兴经济体经历过的银行危机和货币危机。

Kaminsky、Lizondo 和 Reinhart（1998）与 Sachs、Tornell 和 Velasco（1996）后来的测算式完全相同。外汇市场压力指数的计算式为：

$$EMP\_KLR_t = \frac{\Delta E_t}{E_{t-1}} - \frac{\sigma_e}{\sigma_r}(\frac{\Delta R_t}{R_{t-1}}) + \frac{\sigma_e}{\sigma_i}\Delta(i - i^*) \qquad (2.35)$$

其中，σ_r 是本国外汇储备变化率的标准差，σ_i 是本国和参照国利差的差分的标准差。式（2.35）没有使用基础货币对外汇储备进行调整。

Stavarek（2007）借鉴 Sachs 等（1996），为了便于计算，摒弃了本国与参照国之间外汇储备的联系，并重新构造权重以避免外汇压力指数被波动性最大的成分所控制，提出一个改进的外汇市场压力公式，式中字母的含义同前：

$$EMP\_STV_t = \left(\frac{1/\sigma_e}{1/\sigma_e + 1/\sigma_r + 1/\sigma_i}\right)\frac{\Delta E_t}{E_{t-1}} -$$

$$\left(\frac{1/\sigma_r}{1/\sigma_e + 1/\sigma_r + 1/\sigma_i}\right)\left(\frac{\Delta rb_t}{rb_{t-1}}\right) +$$

$$\left(\frac{1/\sigma_e}{1/\sigma_e + 1/\sigma_r + 1/\sigma_i}\right)\Delta(i - i^*) \tag{2.36}$$

为了以后叙述方便，本书分别把式（2.34）、式（2.35）和式（2.36）所定义的外汇市场压力指数称为 EMP_ ERW 指数、EMP_ KLR 指数和 EMP_ STV 指数。

学者们在实证研究中，考虑到各国的实际情况，常常不考虑利率这一项。另外，对于式（2.34）—式（2.36）中关于外汇储备这一项，有的学者直接使用 R_t，有的学者则使用 $rb_t = R_t/B_t$。

第四节 外汇市场压力指数构造方法的新发展

一 与定义一致的外汇市场压力指数构造方法

Klaassen（2011）对外汇市场压力指数测算方法进行了修正，他认为修正后的外汇市场压力指数才能和 Weymark（1995，1997）提出的外汇市场压力的定义保持一致，即之前的外汇市场压力指数和定义存在不一致。

（一）与定义一致的模型依赖外汇市场压力指数

Klaassen（2011）首先给出了一个典型的货币模型，并据此框架推出了现存的外汇市场压力指数已经偏离了其定义，然后给出了自己的外汇市场压力指数的构建方法。假定货币市场均衡方程：

$$b_t = \ln(D_t + R_t) = p_t + \beta y_t - \alpha i_t \tag{2.37}$$

其中，$b_t = \ln B_t$，B_t 是基础货币；p_t 是价格水平的对数形式，y_t 是实际收入的对数形式，i_t 是利率，弹性和半弹性系数 β 和 α 是正值。用相同的模型设置参照国货币市场均衡，相应的变量加 * 号表示。假定购买力平价理论成立，则有 $e_t = p_t - p_t^*$，代入式（2.37）可得常见的汇率模型：

$$e_t = \ln(D_t + R_t) - b_t^* - \beta(y_t - y_t^*) + \alpha(i_t - i_t^*) \quad (2.38)$$

然后，按照文献中常用的方法，对式（2.38）求一阶差分，并使用线性近似技术整理后得：

$$\Delta e_t - \alpha \Delta i_t - \frac{\Delta R_t}{B_{t-1}} = \frac{\Delta D_t}{B_{t-1}} - \Delta b_t^* - \beta(\Delta y_t - \Delta y_t^*) - \alpha \Delta i_t^*$$

$$(2.39)$$

式（2.39）左端就是外汇市场压力指数。但该指数与外汇市场压力的定义并不一致。按照外汇市场压力的定义（即货币当局在不加干预时反事实的货币贬值或升值幅度），这意味着反事实利率值和干预值对于计算外汇市场压力指数至关重要，但却没有出现在式（2.39）中，因为式（2.39）来自式（2.38）的一阶差分而不是反事实值。在 t 期货币当局不加干预的情况下，假设反事实的外汇储备水平为 R_{t-1}，利率水平为 i_t^d，代入式（2.38）可得到 t 期反事实的汇率水平，然后减去 e_{t-1}，可得新外汇市场压力指数：

$$EMP_t = \log(D_t + R_{t-1}) - b_t^* - \beta(y_t - y_t^*) + \alpha(i_t^d - i_t^*) - e_{t-1}$$

$$(2.40)$$

式（2.40）仍然不容易测度。再把式（2.38）代入式（2.40），并利用 $\log(D_t + R_{t-1}) - \log(D_t + R_t)$ 近似等于 $-\Delta D_t / B_{t-1}$，可得与定义一致的外汇市场压力指数：

$$EMP_t = \Delta e_t - \alpha(i_t - i_t^d) - \frac{\Delta R_t}{B_{t-1}} \quad (2.41)$$

（二）与定义一致的模型独立外汇市场压力指数

在模型独立的情况下，也可以得到类似的和定义一致的外汇市场压力指数，概括的推导过程如下：汇率 e_t 除了受到利率 i_t 和货币当局干预变量 c_t 外，还受到其他变量 x_t 的影响，例如：汇率的滞后值、汇率预期、利率预期、国外利率水平、其他期限的利率、国内和国外的收入水平、不以影响汇率为目标的政策措施（如财政紧缩、优化经常账户的政策）、投资者预期等。

假定 (c_t, i_t) 和 x_t 正交，则定义汇率 $e_t = \varphi(i_t, c_t, x_t)$，则

$\varphi(i_t^d,\ 0,\ \boldsymbol{x}_t)$ 就是货币当局不加干预的汇率水平，因此外汇市场压力指数可以用式（2.42）给出：

$$EMP_t = \varphi(i_t^d,\ 0,\ \boldsymbol{x}_t) - e_{t-1} \qquad (2.42)$$

但式（2.42）中函数 φ 和向量 $\boldsymbol{x}_t$ 都不可观测。因此为了使外汇市场压力指数易于测度，把 $\Delta e_t = \varphi(i_t,\ c_t,\ \boldsymbol{x}_t) - e_{t-1}$ 代入式（2.42），可得：

$$EMP_t = \Delta e_t + \varphi(i_t^d,\ 0,\ \boldsymbol{x}_t) - \varphi(i_t,\ c_t,\ \boldsymbol{x}_t) \qquad (2.43)$$

$\varphi(i_t^d,\ 0,\ \boldsymbol{x}_t)$ 和 $\varphi(i_t,\ c_t,\ \boldsymbol{x}_t)$ 都依赖于 $\boldsymbol{x}_t$，两者的区别在于利率和干预变量的不同。假定函数 φ 关于利率和外汇市场干预变量可微，分别用 φ_i 和 φ_c 表示，则根据中值定理可以得到：

$$\varphi(i_t,\ c_t,\ \boldsymbol{x}_t) - \varphi(i_t^d,\ 0,\ \boldsymbol{x}_t) = \varphi_i(\boldsymbol{q}_t)(i_t - i_t^d) + \varphi_c(\boldsymbol{q}_t)c_t$$
$$(2.44)$$

其中，$\boldsymbol{q}_t$ 是 $(i_t,\ c_t,\ \boldsymbol{x}_t)$ 和 $(i_t^d,\ 0,\ \boldsymbol{x}_t)$ 之间的一个向量。把式（2.43）代入式（2.44）得到：

$$EMP_t = \Delta e_t - \varphi_i(\boldsymbol{q}_t)(i_t - i_t^d) - \varphi_c(\boldsymbol{q}_t)c_t \qquad (2.45)$$

进一步假定利率和货币当局的干预变量对于改变汇率的影响近似不变，于是可以在固定点 q 附近线性化函数 φ，则式（2.46）成立：

$$\varphi(i_t,\ c_t,\ \boldsymbol{x}_t) - \varphi(i_t^d,\ 0,\ \boldsymbol{x}_t) \approx \varphi_i(\boldsymbol{q})(i_t - i_t^d) + \varphi_c(\boldsymbol{q})c_t$$
$$(2.46)$$

假定组成外汇市场压力指数的权重为常数，可表示为：

$$EMP_t = \Delta e_t + w_i(i_t - i_t^d) + w_c c_t \qquad (2.47)$$

其中，权重 $w_i = -\varphi_i(\boldsymbol{q})$，$w_c = -\varphi_c(\boldsymbol{q})$ 都是正值，作用类似于方差平滑因子，但其值仍然难以确定。Klaassen（2011）仍然采用样本标准差来构造权重。i_t^d 不可观测，作者采用了三种方法来计算：（1）理想情况是用泰勒规则，数据和方法操作困难；（2）实际利差，即 $i_t - i_t^d = (i_t - i_t^*) - (\pi_t^e - \pi_t^{e*})$；（3）损失信息最多但最容易计算的方法是 $i_t - i_t^d = (i_t - i_t^*)$，即国内外名义利差。$c_t$ 理论上应该等于货币当局在外汇市场上的干预量与外汇市场成交量的比值，由于数据问题，实际计算时可以用外汇储备变动与货币基础的比率近似代替。

Klaassen（2011）利用欧洲货币危机和亚洲货币危机证明了在构

成外汇市场压力指数时，利率用 $i_t - i_t^d$ 表示要优于用 $\Delta(i_t - i_t^*)$ 表示，且新的外汇市场压力指数也要优于原来的外汇市场压力指数。

二 外汇市场压力指数权重估计的新发展

(一) 权重识别问题的提出

无论是模型依赖的外汇市场压力指数，还是模型独立的外汇市场压力指数，都可以认为是汇率变动和货币当局外汇市场干预工具（如外汇储备变动率、利率变动）的加权平均。所以构造外汇市场压力指数的关键在于识别这些权重。Klaassen（2012）发现外汇市场压力具有持续性特点，并使用工具变量回归来估计外汇市场压力指数各部分的权重。

外汇市场压力指数中权重的赋予方法可以分为两类：首先，Girton 和 Roper（1977）使用汇率决定的货币模型，给出了外汇市场压力指数，该指数是汇率变动和外汇储备变动的简单相加，即各自权重是 1。Weymark（1995）对货币模型加以推广，给出外汇储备变动这一项的权重依赖于未知的参数，这些未知的参数可以通过估计得到，并指出权重实际上是干预工具对改变汇率的有效性度量。这些就是通过结构化模型来计算模型依赖外汇市场压力指数的代表。

其次，用结构化汇率模型来估计真实权重存在一些困难，这促使 Eichengreen、Rose 和 Wyplosz（1996）等使用样本标准差来计算外汇市场压力指数的权重。这些模型独立的方法便于应用，计算所得的权重不仅反映了干预工具的有效性，也反映了货币当局对所用干预工具的重视程度，但是不能反映估计权重距离真实权重的偏误程度。

Klaassen（2012）的方法在不使用结构化汇率模型的情况下，能估计出权重的有效性。该方法虽然施加了一些结构化约束，但是这个结构化直接和外汇市场压力指数相关，而且其约束要远小于包含汇率等变量的理论模型。

(二) 外汇市场压力指数权重估计思路

Klaassen（2012）从外汇市场贬值压力的角度进行分析，所用的实证例子是 1992 年欧洲货币危机。Klaassen（2012）考虑了两个国家，即本国和参照国。汇率干预的主要政策工具有：利率、货币当局在外汇市场的干预和资本控制。Klaassen（2012）把外汇市场压力定义为：

$$EMP_t = \Delta e_t + w' x_{2,t} \qquad (2.48)$$

其中，Δe_t 表示名义汇率的变化率（可以取名义汇率的对数差分），其系数是 1，因为外汇市场压力是以汇率贬值或升值的单位计算的；在自由浮动汇率制下，$EMP_t = \Delta e_t$。$x_{2,t}$ 是 $k-1$ 维向量，其元素对应于货币当局所使用的干预汇率的政策工具，$x_{2,t}$ 中各元素的权重形成权重向量 w，每一个元素的权重都衡量了干预汇率的效果（即抵消外汇市场压力的效果）。

式（2.48）所定义的外汇市场压力指数需要设定 $x_{2,t}$ 和 w。假定 $x_{2,t}$ 中元素可观测且合适，那么主要的问题就是找到 w。假定可以从式（2.49）中估计 w：

$$\Delta e_t = \alpha - w' x_{2,t} + \varepsilon_t \qquad (2.49)$$

其中，共有 k 个参数（包括 w 和 α）需要估计，矩条件为 $E\{\varepsilon_t\} = 0$。$x_{2,t}$ 是内生的且与 ε_t 相关，$x_{2,t}$ 的滞后值以及其他的政策变量也和 ε_t 相关，因此这些变量不能充当工具变量。因此，式（2.49）共有 k 个参数需要估计，但 $k-1$ 个不能识别。

若在式（2.49）中增加与 ε_t 不相关的解释变量，则会产生额外需要估计的参数。$x_{2,t}$ 与 ε_t 不相关的必要条件是 ε_t 序列无关，方法是把 EMP_{t-1} 作为解释变量加入式（2.49）中。该方法会增加一个参数，但 Δe_{t-1} 和 $x_{2,t-1}$ 产生了 k 个矩条件，共 $k+1$ 个参数和 $k+1$ 个矩条件，参数正好识别。虽然，EMP_t 的自回归设定需要检验，但该方法揭示了能识别权重 w 的建模方向。

（三）外汇市场压力指数的持续性

有关文献指出外汇市场压力在中间汇率制度下具有持续性，例如国际清算银行 BIS 报告了 1993 年欧洲货币危机外汇市场压力的持续性、BIS 报告了 1998 年东亚货币危机外汇市场压力的持续性、国际货币基金组织 IMF 报告了 2007—2008 年次贷危机金融压力指标中外汇市场压力的持续性。然而，实际的汇率贬值或升值 Δe_t 只呈现弱序列相关或序列无关，因此在浮动汇率制度下，外汇市场压力 $EMP_t = \Delta e_t$，不具备持续性。

1. 货币模型中依赖于汇率制度的外汇市场压力持续性

Klaassen（2012）考虑了一个典型的货币模型，这个模型包括了本国和参照国，假定无抛补利率平价（Uncovered Interest Rate Parity，UIP）和购买力平价（Purchasing Power Parity，PPP）成立，则模型设定如下：

$$\begin{cases} b_t = p_t + \gamma y_t - \iota i_t \\ b_t^* = p_t^* + \gamma y_t^* - \iota i_t^* \\ i_t - i_t^* = E_t\{\Delta e_{t+1}\} \\ e_t = p_t - p_t^* \end{cases} \tag{2.50}$$

其中，$b_t = \log B_t$，B_t 是基础货币供给，$B_t = D_t + R_t$，D_t 是货币当局国内信贷，R_t 是外汇储备。p_t 和 y_t 分别是价格水平、实际产出的对数表示，i_t 是利率，γ 和 ι 分别表示弹性和半弹性，国外变量用 * 号表示，E_t 表示基于 t 期信息的预期算子。

假定货币当局仅使用外汇储备干预汇率，则外汇市场压力中的 $x_{2,t} = -\Delta R_t/B_{t-1}$，式（2.50）意味着其权重 $w = 1$，因此，所得外汇市场压力指数与 Griton 和 Roper（1977）相同，可以表示为：

$$EMP_t = \Delta e_t - \Delta R_t/B_{t-1} \tag{2.51}$$

外汇储备变化 $\Delta r_t = \Delta R_t/B_{t-1}$ 依赖于经济冲击和汇率管理的程度。假定经济冲击仅产生于国内信贷的变化 $\Delta d_t = \Delta D_t/B_{t-1}$，所以国内和国外产出、国外货币供给和利率都不变。货币当局出于汇率干预的目的，用外汇储备变化来抵消一定比例的国内信贷变化，即：

$$\Delta r_t = -\mu \Delta d_t \tag{2.52}$$

如果汇率是自由浮动的，则 $\mu = 0$。如果汇率固定且汇率制度可信，经济冲击小到足以维护汇率制度的可信性，即 $\Delta e_t = 0$ 和 $E_t[e_{t+1}] = e_t$，由式（2.50）以及 $\Delta b_t = \Delta d_t + \Delta r_t$ 就可以得到 $\Delta b_t = 0$ 以及 $\mu = 1$。因此，μ 是汇率管制的程度，$0 < \mu < 1$ 代表中间汇率制度。

按照 Engel 和 West（2005），基础变量的一阶差分实际上可以用一阶自回归模型（autoregressive model，AR）AR（1）过程来描述，于是假设：

$$\Delta d_t = \phi \Delta d_{t-1} + \varepsilon_t \qquad (2.53)$$

其中，$E_{t-1}\{\varepsilon_t\} = 0$ 且 $0 \leq \phi < 1$。问题是式（2.53）对于过去的冲击的持续性是否会对当期的外汇市场压力产生影响，而且这种影响在多大程度上依赖于汇率管制程度 μ。

从式（2.50）可以计算式（2.51）中的 Δe_t：

$$e_t = (1 - \delta)[b_t - b_t^* - \gamma(y_t - y_t^*)] + \delta E_t\{e_{t+1}\} \qquad (2.54)$$

$$= (1 - \delta) \sum_{h=0}^{\infty} \delta^h E_t\{b_{t+h} - b_{t+h}^* - \gamma(y_{t+h} - y_{t+h}^*)\} \qquad (2.55)$$

其中，$\delta = \iota/(1 + \iota)$ 是折现因子，式（2.55）的推导利用了当 $h \to \infty$ 时，$\delta^h E_t\{e_{t+h}\} \to 0$。因此，汇率就是现在和未来经济基础的折现之和。然后，取式（2.55）的一阶差分，并利用 $\Delta b_t = (1 - \mu)\Delta d_t$，用式（2.53）取代 Δd_t，代数变换后得到：

$$\Delta e_t = (1 - \mu)\left[\frac{\phi(1 - \delta)}{1 - \delta\phi}\Delta d_{t-1} + \frac{1}{1 - \delta\phi}\varepsilon_t\right]$$

$$= (1 - \mu)\frac{1}{1 - \phi}\varepsilon_t \qquad (2.56)$$

式（2.56）在 $\mu = 0$ 的情况下，第一行与 Engel 和 West（2005）的推导相同，在 δ 趋向 1 时，Δd_{t-1} 这一项为 0，可得式（2.56）第二行的近似等式。因此，不管 Δd_t 是否具备持续性还是采取何种汇率制度，Δe_t 都序列无关。

最后，把式（2.56）、式（2.52）和式（2.53）代入式（2.51）就可以得到：

$$EMP_t = (1 - \mu)EMP_t^{float} + \mu EMP_t^{fixed} \qquad (2.57)$$

其中，

$$\begin{cases} EMP_t^{float} = \dfrac{1}{1 - \varphi}\varepsilon_t \\ EMP_t^{fixed} = \varphi\Delta d_{t-1} + \varepsilon_t \end{cases} \qquad (2.58)$$

式（2.57）表明，任何一种汇率制度下的 EMP_t 都可以表示为固定汇率制度下的 EMP_t^{fixed} 和浮动汇率制度下的 EMP_t^{float} 的加权平均。由式（2.57）和式（2.58）可以看到，经济冲击对 EMP_t^{float} 没有持续性；而在固定汇率制下（$\mu=1$），Δd_{t-1} 没有被排除掉，即冲击 ε_t 被 Δr_t 抵消，所以当前和未来的经济基础变量 b_{t+h} 没有改变。因此，在 $\varphi \neq 0$ 时，过去的冲击 ε_{t-h} 会影响 t 期的 EMP_t^{fixed}。Engel 和 West（2005）证明了 φ 的值介于 0.3—0.5 之间（基于季度数据分析）、0.669—0.794（基于月度数据分析）和 0.987—0.992（基于日数据分析）。因此，月度 EMP_t^{fixed} 具有持续性，日数据 EMP_t^{fixed} 持续性更强。

从式（2.57）中可以看出，过去的经济冲击对 EMP_t 的影响随着 μ 的增大而变强，在给定基础货币平稳的前提下，EMP_t 平稳；另外，冲击的持续性也受到 φ 的影响。

2. 外汇市场压力持续性模型

EMP_t 的持续性依赖于汇率制度，汇率管制越强，EMP_t 的持续性就越强。因此，忽略汇率制度的纯粹的自回归模型是不合适的，该模型不能捕捉所有 $t-1$ 期压力 EMP_{t-1} 通过实际汇率贬值 Δe_{t-1} 全部释放的情形。考虑到存在外汇市场压力传导到 EMP_t 的情况，设定：

$$EMP_t = \alpha + \rho(EMP_{t-1} - \Delta e_{t-1}) + \varepsilon_t \qquad (2.59)$$

其中，$E_{t-1}\{\varepsilon_t\} = 0$。浮动汇率制度下，$EMP_{t-1} = \Delta e_{t-1}$，$EMP_t$ 不存在持续性。固定汇率制度下，$\Delta e_{t-1} = 0$，模型变为纯自回归模型，能够对外汇市场压力的持续性特点做出解释，预期 $\rho > 0$。中间汇率制度下，汇率管制程度越高，$EMP_{t-1} - \Delta e_{t-1}$ 的值就越大，EMP_t 的持续性就越强。实证分析中，也可以把式（2.59）设定为：

$$EMP_t = \alpha + \rho(EMP_{t-1} - \lambda \Delta e_{t-1}) + \varepsilon_t \qquad (2.60)$$

其中，λ 不等于1，衡量通过 Δe_{t-1} 抵消的外汇市场压力。

3. 权重估计方程的确定以及矩条件分析

把式（2.48）代入式（2.59）中，得到：

$$\Delta e_t = \alpha - w' \Delta x_{2,t} + (\rho - 1) w' x_{2,t-1} + \varepsilon_t \qquad (2.61)$$

其中，ε_t 序列无关，这有助于找到合适的工具变量。这时，共有 $k+1$ 个参数：α、ρ 和 w'。k 个矩条件为：

$$\begin{cases} E\{\varepsilon_t\} = 0 \\ E\{\varepsilon_t x_{2,t-1}\} = 0 \end{cases} \qquad (2.62)$$

这时，还需要其他的识别条件才能达到恰好识别或过度识别。

（四）可能的识别条件分析

Klaassen（2012）给出了一些可能的识别条件，包括三种情况。

1. 隔夜识别条件。虽然 $x_{2,t}$ 理论上来说是内生的，但其某个元素可能是前定的或近似前定的。例如，货币危机期间，贬值或放弃钉住，从而降低利率和停止官方干预的决定常常是前一夜做出的。数据频率越高，这种设定越现实，尤其对日数据而言，使用这种限定是比较合理的。假定在 $t-1$ 期基于政策工具 $x_{2,kt}$ 做出决策，就产生如下的识别条件：

$$E\{\varepsilon_t \Delta x_{2,kt}\} = 0 \qquad (2.63)$$

如果在 $t-1$ 期不知道 $\Delta x_{2,kt}$ 的确切值，但是知道 $\Delta x_{2,kt}$ 的变化方向，就可以得到一个弱化的识别条件。例如，货币当局前一夜决定不再使用利率来维护固定汇率制，而利率的降低又依赖于第二天的市场条件；这时可以定义虚拟变量 a_t，当货币当局在 $t-1$ 期决定调整 t 期的政策时，$a_t = 1$。这时可以设定：

$$E\{\varepsilon_t a_t\} = 0 \qquad (2.64)$$

2. 限定 $\rho = 1$。在日频数据下，式（2.59）中的系数 ρ 可能接近 1，因此 $\rho = 1$ 可能是较为合理的限定，这时式（2.61）简化为：

$$\Delta e_t = \alpha - w' \Delta x_{2,t} + \varepsilon_t \qquad (2.65)$$

使用式（2.62）表示的矩条件，对于式（2.65）是恰好识别，亦即使用 $x_{2,t-1}$ 作为式（2.65）的工具变量。

3. 从货币危机理论中为 Δx_t 寻找工具变量。

首先，Krugman（1979）强调不可持续的经济政策会耗尽货币当局的外汇储备，当外汇储备缩水达到一个门限时，投机攻击就会发生。因此，变量 R_{t-1}/B_{t-1} 和 $\Delta x_{2,t}$ 正相关。为了捕捉门限带来的非线性特征，用 R_{t-1}/B_{t-1} 或其平方来做工具变量。如果把外汇市场干预包含到外汇市场压力的成分中来，与外汇市场干预密切关联的 $-\Delta R_t/B_{t-1}$ 应该是 $x_{2,t}$ 的一个元素。因此，工具变量 R_{t-1}/B_{t-1} 或其平方，与 $\Delta x_{2,t}$ 就有较强的相关性。

其次，Obstfeld（1996）的第二代货币危机模型强调如果经济状况坏到低于一定的门限，政府会选择货币贬值。而经济状况的代理变

量可以是利率、失业和政府财政状况等。Klaassen（2012）认为作为外汇市场压力指数成分的利率 i_t 是经济状况的一个概括，而且其滞后值 i_{t-1} 与 $\Delta x_{2,t}$ 密切相关。也可以用 i_{t-1}^2（是 $i_{t-1} \cdot |i_{t-1}|$ 的简写式）体现门限的想法。

因此，Klaassen（2012）根据货币危机理论，建议可能的矩条件为：

$$
\begin{cases}
E\{\varepsilon_t (R_{t-1}/B_{t-1})\} = 0 \\
E\{\varepsilon_t (R_{t-1}/B_{t-1})^2\} = 0 \\
E\{\varepsilon_t i_{t-1}\} = 0 \\
E\{\varepsilon_t i_{t-1}^2\} = 0 \\
E\{\varepsilon_t R_{t-1}/B_{t-1} i_{t-1}\} = 0
\end{cases}
\qquad (2.66)
$$

（五）工具变量估计法估计权重的特点

Klaassen（2012）的方法有以下特点：

（1）该方法通过施加一些结构性条件和工具变量来估计货币当局干预工具在外汇市场压力指数中的构成权重。这些结构性条件要远弱于完整的结构化汇率模型。

（2）该方法可以考虑数据频率，如日度外汇市场压力指数。外汇市场压力可能具有较强的波动性，日数据能揭示外汇市场压力成分的变化，而在低频数据（如月度数据）下这些变化可能被掩盖。另外，数据加总（高频向低频）容易导致信息丢失，而这些丢失的信息正好反映了 Δe_t 和 x_t 之间的交互作用，这对于准确估计权重 w 至关重要。Weymark（1995）的方法所要求的数据如货币供给、价格水平和产出等只能是低频数据（如月度以及季度数据），不能利用日数据的信息。另外，基于月度数据，该方法提供的设定和分析权重问题的框架也是有效的。

（3）该方法能估计权重的符号及其标准误。Weymark（1995）的方法和样本标准差方法都不能提供权重的标准误。

（4）该方法用标准的计量软件都易于实现。

（六）基于欧洲货币危机的实证分析

Klaassen（2012）基于日数据，以德国为参照国，使用该方法计算了 1992—1993 年欧洲货币危机期间法国、意大利和英国的外汇市场压力指数。选取该样本主要是基于以下考虑：欧洲货币危机期间，欧洲货币体系内不存在资本控制；不存在其他复杂的情形，如政府债务、银行危机；在同一货币危机期间，多个国家受到攻击，这便于比较分析模型的稳健性。

假设外汇市场压力的计算公式为：$EMP_t = \Delta e_t + w i_t$。参考式（2.60）和式（2.61），假设权重估计的方程为：

$$\Delta e_t = \alpha - w\Delta i_t + (\rho - 1) w i_{t-1} + \rho(1 - \lambda)\Delta e_{t-1} + \varepsilon_t \quad (2.67)$$

其中，外汇市场压力指数由汇率变动率 Δe_t 和利率 i_t 构成，汇率 e_t 为各国对德国马克的双边汇率的对数表示，利率 i_t 为实际利率减去反事实利率，实际利率采用隔夜利率。$E_{t-1}\{\varepsilon_t\} = 0$，$w$ 为利率的权重，ρ 表示外汇市场压力的持续性，λ 体现了 Δe_{t-1} 中未完全释放的压力。

以式（2.67）为权重估计的方程，考虑了 5 种工具变量，其中以 i_{t-1}^2（是 $i_{t-1} \cdot |i_{t-1}|$ 的简写式）作为工具变量估计得到的权重 $w = 0.22$ 比较可靠。进而计算得出外汇市场压力，通过和货币危机期间的实际情况相对照，印证了这种方法的可行性。

本章小结

外汇市场压力能够反映一国经济的外部失衡情况。因此，准确客观地测度外汇市场压力指数具有重要意义：它不仅能够为一国货币当局的外汇市场操作提供预警指标，还能为货币政策的制定和汇率制度改革提供决策依据。本书以文献研究为基础，发现外汇市场压力指数可以分为两大类，即模型依赖的外汇市场压力指数和模型独立的外汇市场压力指数。这两类外汇市场压力指数既有相同点，也有不同之处。

这两类外汇市场压力指数的相同点在于：从最终的计算公式来看，这两类外汇市场压力指数在构造形式上接近一致，都可以表示为汇率变化率和外汇干预变量（如外汇储备）变化率的某种组合。

　　这两类外汇市场压力指数的主要区别有：（1）模型依赖的外汇市场压力指数的最终计算公式中没有出现利率变量，而模型独立的外汇市场压力指数则把利率变量作为货币当局干预外汇市场的重要工具，尤其是发生货币危机时。（2）模型依赖的外汇市场压力指数中外汇储备变化率的权重系数需要从具体的结构化模型中估计得到，而模型独立的外汇市场压力指数的各个权重系数直接从各元素的样本标准差就可以得到，两类系数都起到了平滑因子的作用。

　　模型依赖的外汇市场压力指数在模型设定时也存在一定的区别。主要区别在于外汇干预种类的不同，主要有三种：（1）理论模型设定是只考虑直接干预，而且没有冲销干预。（2）不仅考虑外汇储备买卖的直接干预，而且考虑冲销干预。（3）不仅考虑直接干预，还要考虑间接干预。另外一个区别是：在设定理论模型时，是否资本控制。Jie Li（2012）认为考虑资本控制和不考虑资本控制，所计算出的外汇市场压力指数差异较大。

　　模型独立的外汇市场压力指数在具体计算上也存在一些区别。这些区别有三个方面，首先，是否把利率作为一项外汇市场干预变量。其次，是否考虑参照国的有关变量。最后，也是在具体计算时变化较多的外汇市场干预变量，即外汇储备采用哪种形式，具体来说，分为四种情况：（1）最简单情况是直接使用外汇储备的相对变化率作为外汇市场干预变量；（2）用外汇储备绝对变化与上一期基础货币的比值作为外汇市场干预变量；（3）用外汇储备与基础货币比值的相对变动率作为外汇市场干预变量；（4）用货币当局在外汇市场上的干预量与外汇市场成交量的比值来计算。前三种方法数据易得、计算方便，因此被广泛应用；第四种方法数据难获取，因此可操作性较差。

　　近年来，外汇市场压力指数在构造方法以及权重估计方法上有了一些新的进展。Klaassen（2011）给出了与外汇市场压力定义一致的外汇市场压力指数的构造方法，但在具体计算时存在一定的困难。Klaassen（2012）利用外汇市场压力的持续性特点，来设定权重估计的方程，使用工具变量完成权重估计。这些构造外汇市场压力指数的新方法，需要在实践中进一步检验。

第三章

人民币外汇市场压力指数的构造及其与汇率预期关系分析

自 1994 年以来，我国在国际收支中，经常项目、资本和金融项目持续出现"双顺差"，该现象说明国内外市场持续存在对人民币的超额需求，因此，人民币外汇市场压力呈现了以升值压力为主的局面。但是，随着"大缓和"时代的结束，我国经济出现下行压力，国内外经济不确定性不断增加，人民币外汇市场出现了相当的贬值压力。事实上，人民币外汇市场压力具有比较强的波动性，这说明我国外汇市场压力的形成不仅与长期因素有关，而且短期因素也起到了重要作用。有关研究指出，人民币汇率预期对于人民币汇率的变化，以及我国外汇储备的变化都具有重要影响。因此，本书在准确、合理地构建人民币外汇市场压力指数的基础上，尝试研究人民币外汇市场压力和汇率预期之间的因果关系。

本章结构安排如下，第一节以文献研究为基础，结合我国的实际情况，构建了人民币外汇市场压力指数，为后续的研究打下基础；第二节研究了一个与外汇市场压力指数有关的概念，即外汇干预指数；第三节分析了人民币汇率预期形成、性质等；利用传统的线性 Granger 因果检验和近年来发展起来的非线性 Granger 因果检验，分析人民币外汇市场压力和人民币汇率预期之间的因果关系，是本章第四节的主要内容；最后是本章小结。

第一节　人民币外汇市场压力指数构造

本书第二章分析了文献中给出的外汇市场压力指数的构造方法，

并比较分析了各方法的异同。但这些外汇市场压力指数构造方法，在实际使用过程中存在比较明显的差异。因此，本书以有关的文献研究为基础，考虑我国的具体情况，选取了模型独立的外汇市场压力指数构造方法，建立人民币外汇市场压力指数。

一　模型依赖外汇市场压力指数的主要不足

众多国内学者指出，我国具备小型开放经济的特征。比如，内需不足，对外依存度高，同时在国际市场上又缺乏定价权，只能按照国际价格来配置资源等。因此，国内学者在使用模型依赖方法测算人民币外汇市场压力指数时，常基于 Girton、Roper（1977）和 Weymark（1995，1997）给出的小型开放经济模型的框架，只是在模型设定上更加符合中国的实际情况。

本书认为，相对于模型独立的外汇市场压力指数，模型依赖的外汇市场压力主要存在五个方面的不足。

第一，Eichengreen（1994）指出，宏观经济结构化模型在中期和短期的解释能力较差，因此基于特定模型估计出的外汇市场压力指数并不准确。在估计外汇市场压力指数的过程中，学者们通常使用季度或月度数据建模，而且所建模型也常常不考虑基础经济变量的滞后效应，显然，这不利于准确解释外汇市场压力的短期行为。

第二，对经济行为人的预期形成过程了解不足，致使无法准确地对外汇市场压力进行建模，这严重影响了模型依赖的外汇市场压力指数的可靠性。一方面，Weymark（1995）在测算外汇市场压力指数时，假定经济行为人的预期是在现行的汇率政策下形成的，有关预期的形成信息都已包含在汇率变化和外汇储备变化之中，因此，无须考虑经济行为人预期的形成机制。这个假定可能过于严格，因为市场中的经济人在当期并不能事先准确地把握货币当局的政策行为，也无法对货币当局的政策迅速地做出反应。Weymark（1995）在求解汇率变动的外汇储备变动弹性（外汇储备变动率的权重）时，还假定汇率预期为常数，这显然不太合适。另一方面，我国资本和金融项目中还存在较多的管制，因此非抛补的利率平价可能并不适合我国的现实情况。虽然学者们常在模型中加入风险溢价因子，可能也无法弥补非抛补利率平价假定的不足。

第三，基于特定的结构化模型来计算外汇市场压力指数，通常需要寻找工具变量来估计有关参数。如果结构化模型的内生性问题不能得到有效解决，估计结果就会产生一定的偏误。

第四，基于结构化模型来计算模型依赖的外汇市场压力指数，需要相当多的变量和相应的数据。由于我国部分宏观数据缺失严重，尤其是月度数据，学者们不得不采用相关的替代变量，或者若采用样本较短的季度数据，这些都会造成模型依赖外汇市场压力指数计算过程中参数估计的偏误。

第五，目前我国还存在较多的资本管制，而多数国内学者在设定结构化模型时，并不考虑资本控制，这也会对外汇市场压力指数的测算造成影响。Jie Li（2012）认为考虑资本控制和不考虑资本控制所计算出的模型依赖的外汇市场压力指数差异较大。

二　基于模型独立的方法构造人民币外汇市场压力指数

鉴于模型依赖外汇市场压力指数构造方法的不足，本书拟采用模型独立的外汇市场压力指数构造方法，测算人民币外汇市场压力指数。由于模型独立的外汇市场压力指数测算方法从压力释放渠道（例如汇率渠道、利率渠道和外汇储备渠道）的角度考虑问题，而且经这几个渠道释放压力能够在货币市场和外汇市场瞬间完成，因此通过该方法所构造的外汇市场压力指数会更可靠，也会更加符合实际的经济直觉。Klaassen（2011）提出的外汇市场压力指数是在资本自由流动的条件下得到的，而且中国人民银行在外汇市场的成交量数据不易获取，因此本书没有采用这种测算方法。事实上，在我国实行的结汇制下，外汇储备变动应该接近于中国人民银行在外汇市场上的成交量。

（一）人民币模型独立的外汇市场压力指数计算公式

根据 Eichengreen（1994），外汇市场压力指数测算的是事后外汇市场压力，而且外汇市场压力的释放途径是货币当局设定的，如果某个变量未被货币当局设定为压力释放途径，就不应该包括在外汇市场压力指数的公式中。鉴于目前我国人民币利率还未实现市场化，以及我国对人民币国际收支账户下的资本账户的严格管制，所以中国人民银行还没有把利率作为干预外汇市场的工具。因此，在模型独立的外汇市场压力指数的计算中，本书忽略利率变量，即假定我国外汇市场压力被名义汇率变动和外汇储备变动所吸收。那么，本书第二章第三节所给出的模型独立的外汇市场压力指数测算式（2.34）、式（2.35）和式（2.36），在去掉利率这一项后，分别变为：

$$EMP\_ERW_t = \frac{\Delta E_t}{E_{t-1}} - \frac{1}{\sigma_r}\left(\frac{\Delta rb_t}{rb_{t-1}} - \frac{\Delta rb_t^*}{rb_{t-1}^*}\right) \tag{3.1}$$

其中，以美国为参照国，E_t 是以直接标价法表示的中美名义汇率，$rb_t = R_t/B_t$，R_t 是外汇储备余额，B_t 是基础货币。加 * 号的变量表示美国相应的变量。σ_r 是本国和美国的外汇储备和基础货币之比的相对变动的差的标准差。

$$EMP\_STV_t = \left(\frac{1/\sigma_e}{1/\sigma_e + 1/\sigma_r}\right)\frac{\Delta E_t}{E_{t-1}} - \left(\frac{1/\sigma_r}{1/\sigma_e + 1/\sigma_r}\right)\left(\frac{\Delta rb_t}{rb_{t-1}}\right)$$

$$\tag{3.2}$$

$$EMP\_KLR_t = \frac{\Delta E_t}{E_{t-1}} - \frac{\sigma_e}{\sigma_r}\left(\frac{\Delta R_t}{B_{t-1}}\right) \tag{3.3}$$

式（3.2）和式（3.3）中的变量含义同式（3.1），σ_e 和 σ_r 分别是汇率变化率和相应式中外汇储备变化率的标准差。

（二）人民币模型独立的外汇市场压力指数的数据说明及计算结果

对于式（3.1）和式（3.2），本书所用数据的样本区间是 1994 年 1 月至 2012 年 12 月，对于式（3.3）本书所用数据的样本区间是 1994 年 1 月至 2018 年 10 月，数据频率是月度数据。其中，中美名义汇率、中国外汇储备和中国基础货币来自中经网统计数据库，美国的外汇储备来自国际货币基金组织的 IFS（International Financial Statistics，国际金融统计）数据库，美国的基础货币来自美联储网站。其中，1994 年 1 月至 1999 年 5 月的中国基础货币只有季度数据，本书采用插值方法将季度数据转化为月度数据。

由式（3.1）计算得到的人民币外汇市场压力指数，即人民币

EMP_ ERW 指数如图 3-1 所示。在计算人民币 EMP_ ERW 指数时，参照国是美国，由于数据限制，该指数只计算到了 2012 年 7 月。图 3-1 中的 EMP_ ERW_ TC 是季节调整后的数据序列（移动平均趋势线）。由于式（3.1）、式（3.2）和式（3.3）所用的汇率都是直接标价法表示，因此图 3-1、图 3-2 和图 3-3 中的外汇市场压力指数大于零时，表示外汇市场面临贬值压力，当外汇市场压力指数小于零时，表示外汇市场面临升值压力。

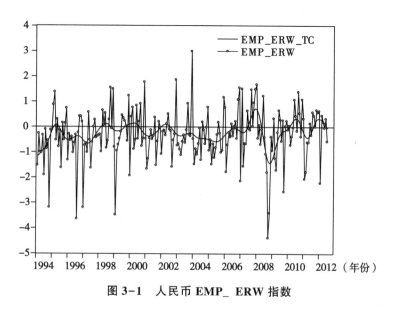

图 3-1　人民币 EMP_ ERW 指数

由式（3.2）计算得到的人民币外汇市场压力指数，即人民币 EMP_ STV 指数如图 3-2 所示。图 3-2 中的 EMP_ STV_ TC 是季节调整后的数据序列（移动平均趋势线）。由式（3.3）计算得到的人民币外汇市场压力指数，即人民币 EMP_ KLR 指数如图 3-3 所示。图 3-3 中的 EMP_ KLR_ TC 是季节调整后的数据序列（移动平均趋势线）。

（三）人民币模型独立的外汇市场压力指数计算结果的比较分析

从图 3-1 的整体来看，以 EMP_ ERW 指数表示的人民币升值压力和贬值压力交替出现，只是升值压力稍多一些。这和现实的经济感受不同，因为从 2003 年以来，人民币升值压力不断增加，只是少数

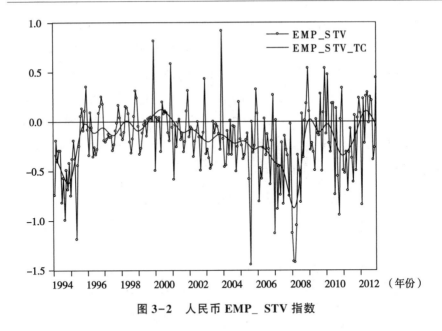

图 3-2　人民币 EMP_ STV 指数

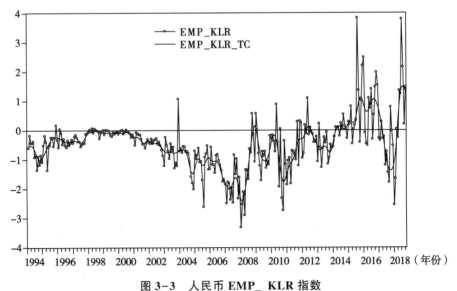

图 3-3　人民币 EMP_ KLR 指数

时期出现短暂的贬值压力。因此，用式（3.1）计算的人民币 EMP_
ERW 指数没有反映出我国实际情况。图 3-2 表示的人民币 EMP_
STV 指数虽然趋势上和图 3-3 表示的人民币 EMP_ KLR 指数比较接
近，但 EMP_ STV 指数出现了太多的贬值压力，和现实的经济感受不同。而图 3-3 表示的人民币 EMP_ KLR 指数比较恰当地反映了我国的现实情况，所以本书使用该指数来测度人民币外汇市场压力。

第二节　人民币外汇干预指数分析

一　外汇干预指数的定义

外汇市场干预指数是指货币当局对外汇市场的直接及间接干预在整个外汇市场压力中所占比重。以 $EMP_t = \Delta e_t + \eta \Delta r_t$ 为例，外汇市场干预指数就可以表示为：

$$\omega_t = 1 - \frac{\Delta e_t}{EMP_t} = \frac{\eta \Delta r_t}{EMP_t} = \frac{\eta \Delta r_t}{\Delta e_t + \eta \Delta r_t} \qquad (3.4)$$

其中，$\Delta e_t = \Delta E_t / E_t$，$\Delta r_t = \Delta R_t / B_{t-1} = E_t \Delta F_t / B_{t-1}$。

类似可得其他情况下（冲销干预以及间接干预）的外汇市场干预指数表达式。理论上来说 $\omega_t \in (-\infty, +\infty)$，实际中常见这几种情况：当 $\omega_t = 1$ 时，汇率固定不变，代表着固定汇率制；当 $\omega_t = 0$ 时，汇率完全自由浮动，代表浮动汇率制；而当 $0 < \omega_t < 1$ 时，则表示中间汇率制度，而且货币当局对外汇市场干预程度越大，干预指数越接近于 1。

ω_t 的取值也可以在 $(-\infty, 0)$ 之间。此时，$\Delta e_t / EMP_t$ 大于 1，当外汇市场面临升值压力时，$EMP_t < 0$，$\Delta e_t < EMP_t$，汇率升值，且升值幅度大于外汇市场要求的幅度；当外汇市场面临贬值压力时，$EMP_t > 0$，$\Delta e_t > EMP_t$，汇率贬值，且贬值幅度大于外汇市场要求的幅度；亦即，若一国货币存在超额需求，应该升值，但货币当局的干预政策使得一国货币汇率比市场自发调节下升值更多；若一国货币存在超额供给，应该贬值，但货币当局的干预政策使得一国货币汇率比市场自发调节下贬值更多。货币当局"顺市场风向行事"，放大了市场力量。

ω_t 的取值也可以在 $(1, +\infty)$ 之间。此时，$\Delta e_t / EMP_t$ 小于 0，当外汇市场面临升值压力时，$EMP_t < 0$，$\Delta e_t > 0$，汇率贬值；当外汇市场面临贬值压力时，$EMP_t > 0$，$\Delta e_t < 0$，汇率升值；亦即，若一国货币存在

超额需求，应该升值，但货币当局的干预却使汇率贬值；若一国货币存在超额供给，应该贬值，但货币当局的干预却使汇率升值。货币当局"逆市场风向行事"，所采取的干预政策与市场力量背道而驰。

二　人民币外汇干预指数的计算结果

式（3.3）以及图3-3表示的人民币 EMP_ KLR 指数比较恰当地反映了我国的现实情况，所以本书使用 EMP_ KLR 指数来计算人民币外汇干预指数，表示为式（3.5）。人民币外汇干预指数的计算结果见图3-4。

$$\omega_t = \frac{-\frac{\sigma_e}{\sigma_r}\left(\frac{\Delta R_t}{B_{t-1}}\right)}{\frac{\Delta E_t}{E_{t-1}} - \frac{\sigma_e}{\sigma_r}\left(\frac{\Delta R_t}{B_{t-1}}\right)} \qquad (3.5)$$

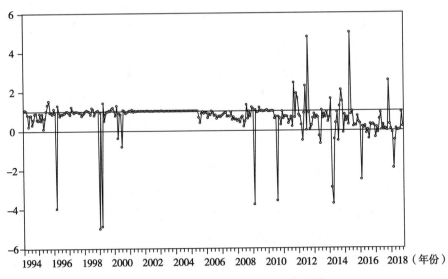

图3-4　人民币外汇市场干预指数①

---

① 个别时期出现了干预指数数值较大的情况，例如：1999年1月干预指数是-20.20，2015年5月是11.92。为了使图表更加清晰，本书把干预指数限定在-5和5之间，超过该区间上限的干预指数，一律取5，超过该区间下限的干预指数，一律取-5。

从图 3-4 可以看出：

（1）从 1994 年第一次汇改开始至 1995 年年底，外汇干预指数在 0—1 之间波动，在此期间外汇干预指数的平均值约为 0.75，这说明 1994 年第一次汇率改革的初期，市场的力量在人民币汇率决定中曾起到一定作用。从 1996 年开始，货币当局加大干预力度，外汇干预指数向 1 趋近，以实现人民币汇率小幅升值。

（2）亚洲金融危机期间，我国几乎未受影响，外汇市场总体呈现轻微升值压力，个别时期出现微小贬值压力。外汇干预指数的平均值为 0.95 且波动幅度较小。有些月份，外汇市场面临升值压力，外汇干预指数却超过 1，例如 1998 年 3 月、7 月、8 月和 12 月分别为 1.04、1.16、1.10 和 1.03；危机后的 1999 年 4 月、9 月、11 月和 12 月分别为 1.41、1.03、1.11 和 1.18；这说明这些月份货币当局 "逆经济风向行事"，即市场自发调节下人民币呈升值压力，但人民币汇率水平贬值；另外，危机后的个别月份出现贬值压力且外汇干预指数为负值，如 1999 年 1 月、3 月分别为 -20.20 和 -4.88，这说明货币当局的干预是 "顺经济风向行事"，人民币汇率贬值的幅度超过市场自发调节下人民币汇率应该贬值的幅度。

（3）亚洲金融危机后至 2005 年第二次汇率改革。人民币外汇干预指数均值为 0.95 且很少波动、十分稳定，这说明人民币汇率基本不变，货币当局采取钉住美元的汇率体制。

（4）2005 年 7 月第二次汇改开始至 2008 年 7 月全球金融危机。在此期间，人民币外汇干预指数均值约为 0.7，最小值为 2008 年 6 月的 0.2；这说明人民币汇率弹性增加，货币当局的干预缓解了 70% 的人民币升值压力，其余的压力则通过汇率升值的市场机制所吸收。

（5）2008 年全球金融危机爆发至 2010 年 6 月汇改重启。在此期间，人民币外汇市场干预指数的平均值约是 0.97，货币当局在金融危机期间收窄了人民币汇率的浮动区间。个别月份外汇市场面临升值压力且外汇干预指数超过 1，例如 2008 年 8 月、12 月分别为 1.32 和 1.19，2009 年 3 月、6 月分别为 1.05、1.17，这些月份货币当局 "逆经济风向行事"，即市场自发调节下人民币呈升值压力，但人民币汇率水平贬值。2009 年 1 月，人民币外汇市场呈现贬值压力且外汇干预指数为 1.12，这说明货币当局"逆经济风向行事"，即市场自发调节下人民币呈贬值压力，但人民币汇率水平升值；2009 年 2 月，人民币呈现升值压力且外汇干预指数为-3.78。

（6）2010 年 6 月第二次汇改重启后至 2015 年"8·11 汇改"。人民币汇率弹性增强，多数月份的人民币外汇干预指数处于 0 和 1 之间且平均值约为 0.6，这说明货币当局的干预缓解了 60% 的人民币压力，其余的压力则通过汇率变化的市场机制来吸收。汇率弹性增强的同时，人民币外汇干预指数的波动增强，2012 年 4 月、2013 年 5 月和 6 月、2014 年 12 月，外汇市场呈现升值压力且干预指数分别为-0.51、-0.29、-0.68、-0.12，说明人民币汇率升值的幅度超过市场自发调节下人民币汇率应该升值的幅度；2010 年 8 月、2014 年 3 月、4 月、5 月、8 月，外汇市场呈现贬值压力且干预指数分别为-3.59、-2.93、-3.75、-0.45、-0.53，说明汇率贬值超过了市场自发调节下应该贬值的幅度；2011 年 9 月、11 月、12 月、2014 年 9 月、10 月、11 月、2015 年 5 月，外汇市场呈现贬值压力且干预指数分别为 2.43、1.89、1.65、1.24、2.06、1.49、11.92；2012 年 6 月、8 月和 2014 年 2 月，外汇市场呈现升值压力且干预指数为 2.27、4.78、1.62，说明货币当局"逆经济风向行事"。

（7）2015 年"8·11 汇改"以来，汇率弹性进一步增强，干预指数大多时期进一步降低。大约一半的时间干预指数小于 0.3，四分之一的时间干预指数处于 0.3 和 1 之间。2016 年 2 月、8 月、2017 年 1 月、2018 年 4 月，外汇市场呈现升值压力且干预指数为 -2.52、-0.44、-0.36、-0.12、-0.50。

第三节　人民币汇率预期的成因、
特征以及表示方法

汇率预期是经济主体对未来汇率在波动方向和波动幅度上所作的

一种事先的判断或主观的预测。就我国而言，1994 年汇率改革之前的固定汇率制度服务于计划经济，市场力量对汇率几乎没有影响，而改革开放后的"双轨制"则服从于外贸政策，在这两种汇率形成机制下，正规市场难以形成汇率预期。1994 年汇率改革之后，我国实行单一的有管理浮动汇率制，汇率形成以市场供求状况为基础，特别是1996 年后人民币经常项目正当条件下的可兑换使人民币汇率形成机制进一步迈向市场化。1997 年亚洲金融危机时人民币汇率先后经历了贬值预期与升值预期的双重冲击，汇率预期才引起我国学者和决策者的重视。

一　人民币汇率预期的成因

从 1994 年汇率并轨至 2008 年 9 月（美国次贷危机爆发后 1 年），人民币汇率持续升值，尤其是 2005 年 7 月 21 日第二次汇率改革后，人民币更是显现出浓厚的升值预期，这段时间出现了两次短暂的贬值预期，分别是 1996 年年初和亚洲金融危机期间。2008 年 9 月突现的人民币贬值预期打破了人民币原有的升值进程，并且直到目前仍阶段性地出现。有关学者指出人民币兑美元汇率已经进入双向波动通道，升值比贬值占据一定优势。本书详细分析了汇率并轨后人民币升值预期和贬值预期的原因，以及人民币汇率预期的特征。

（一）人民币升值预期及成因分析

自 1994 年 1 月 1 日汇率并轨以来，人民币汇率大部分时期呈现出升值态势，并出现持续的升值预期，尤其是 2005 年 7 月第二次汇改启动以来，人民币升值预期更是不断强化。人民币升值预期的产生主要源于经济问题和国外的政治压力，具体表现在以下几个方面。

（1）我国经济的高速增长

开放经济下，一国经济实力的增强会导致国际市场对本币需求的增加，从而形成本币升值的压力。自改革开放以来，我国经济实力不断提高，GDP 持续快速增长。从国家统计局公布的历史数据来看，1978—2017 年的 40 年间，我国 GDP 的平均增长率高达约

9.59%，大大高于 2.93% 的世界 GDP 平均增长率①。我国 GDP 持续
高速增长导致国际市场对人民币需求的增加，进而形成人民币升值压
力，这种升值压力若不能通过汇率升值加以释放，就会形成进一步升
值的预期。

（2）巨大的国际收支顺差

改革开放的实施增强了我国经济活力，再加上出口导向型的发展
战略、低廉的劳动力成本以及对外资的优惠政策，使得我国对外出口
迅速发展，国际收支持续顺差。

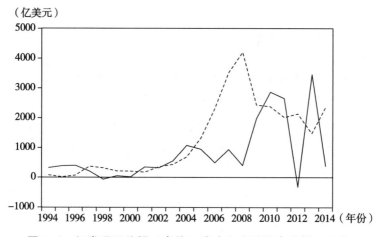

图 3-5　经常项目差额（虚线）资本和金融账户差额（实线）

图 3-5 表明②，1994—2014 年我国在国际收支中，经常项目、资
本和金融项目持续出现"双顺差"（例外情况是，1998 年资本和金融
项目的逆差为 63 亿美元，2012 年资本和金融项目逆差为 318 亿美
元）；而且经常项目呈现出逐年增大的趋势，2008 年达到了 4206 亿
美元的高峰，之后虽然大幅下滑，但仍然呈现较大的顺差；资本和金
融项目在 2010 年达到 2869 亿美元的高峰。这种"双顺差"现象的持
续存在说明国内外市场对人民币的超额需求持续存在，从而形成人民
币升值的压力以及人民币升值预期。

---

① 资料来源：国际货币基金组织 IFS 数据库，http：//www.imfstatistics.org/ifs。
② 资料来源：国家外汇管理局网站，http：//www.safe.gov.cn/。

（3）高额的外汇储备

外汇储备是一国对外汇市场干预的重要手段。当一国外汇市场出现升值压力时，一方面可以通过汇率升值加以调节，另一方面也可以增加外汇储备来吸收外汇市场的升值压力。图3-6表明，我国外汇储备存量持续迅速增加，截至2006年年底我国外汇储备余额达到10663亿美元，超过日本，位居全球第一；2014年年底，达到38430亿美元。外汇储备持续增长除了增强我国综合国力和抵抗风险的能力外，同时也给国内经济带来一些问题，比如基础货币被动投放过多，削弱货币当局的货币政策独立性等，因此不能完全通过增加外汇储备吸收外汇市场的升值压力，这就要求以人民币汇率升值来缓解外汇市场的压力，而汇率升值又形成进一步升值的预期。

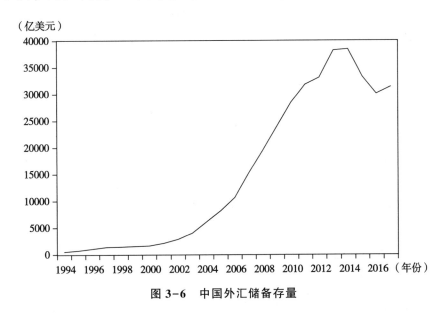

图3-6　中国外汇储备存量

（4）国外的政治压力

以美国为首的部分国家以我国的"双顺差"为借口，高唱"人民币低估"的论调，还通过政治及经济手段向我国政府施加压力，要求人民币大幅升值。在施加政治压力的同时，国外舆论界也配合造势，诱导市场参与者形成对人民币升值的预期。国际游资则根据美国对别国货币施压成功的经验①，借机炒作人民币升值。

（二）人民币贬值预期及成因分析

伴随人民币持续升值以及国内外经济环境的变化，人民币汇率在个别时期也出现贬值现象以及贬值预期。1995 年年底和 1996 年年初，人民币汇率出现小幅贬值和贬值预期②，根据是我国南方有些地区出现了收购外汇抛售人民币现象，1996 年第一季度进出口贸易出现逆差，4 月银行取消了保值储蓄业务，5 月利率降低了 0.9 个百分点，房地产和流动资金贷款有所放松。

1997 年亚洲金融危机期间，国内外对人民币汇率产生了较强的贬值预期，主要原因是金融危机对我国经济产生的负面影响，具体表现有以下几个方面：中国政府承诺人民币不贬值使得我国出口受到较大影响，初步估计中国出口减少 200 亿美元左右；1998 年外汇储备增长缓慢，个别月份如 2 月、4 月和 6 月出现了微弱的负增长。我国南方一些地区的黑市汇率贬值达到了 9 元人民币/1 美元；受金融危机和洪涝灾害影响，我国经济发展速度有所放缓。

2008 年 5 月 14 日，1 个月期人民币 NDF 外汇报价盘中出现高于国内市场即期报价的情形，显示市场预期人民币兑美元 1 个月后会出现贬值。有的学者认为，市场短期内对于人民币汇率预期由升值变为贬值是正常的，原因是我国宏观经济运行的风险有所增加，同时人民币长期升值之后对出口部门产生的负面效应开始释放，市场平衡机制自动启动所产生的结果；也有学者认为，市场不是对人民币出现了贬值预期，而是兑美元的升值预期更加强烈。

2008 年 8 月以来，受美国次级债务危机影响，人民币兑美元汇率几乎没有升值，打乱了人民币升值预期。2008 年 9 月中旬，NDF 市场出现人民币兑美元汇率的贬值预期，以 3 个月期限的 NDF 汇率衡量的贬值预期一直持续到 9 月 25 日。自 2005 年汇率改革以来，这种人民币兑美元的持续贬值预期是首次出现。研究人员对此提出了各自的

①　典型的例子是 1985 年的《广场协议》，日元大幅升值。

②　杨帆：《消除贬值预期 保持汇率稳定——关于 1996 年人民币汇率的分析》，《金融与市场》1996 年第 8 期。

看法，石磊（2008）认为，从 NDF 汇率的期限结构来看，市场预期人民币仅仅在未来一年内兑美元贬值，并不是长期趋势，这是基于我国经济周期以及国际经济形势做出的判断。首先，2009 年中国面临内需不足、外需下降的宏观经济环境，通过人民币升值来降低贸易顺差不再合乎时宜；其次，由于两个原因造成的美元在 2008 年下半年的暂时走强，一是金融市场恐慌引发美元买盘避险，二是全球经济增长恶化触发资本回流美元。

　　2008 年 12 月 1 日，人民币兑美元汇率中间价下跌 156 个基点，报收 6.8505 元，创下自 2005 年第二次汇改以来最大的单日跌幅。此后，现汇交易价连续四个交易日触及"跌停板"。① 对于人民币突然贬值的原因，总结起来有以下观点：首先，人民币贬值是对人民币持续单边升值的技术修正。自 2005 年汇改三年以来人民币累计升值超过 20%，虽然从 2008 年 8 月以来，人民币兑美元汇率基本不变，但人民币有效汇率上扬约 10%。其次，在美元本位制和金融危机在全球扩散这个大背景下，投资者首选仍是美元，同期新兴经济体货币汇率大幅贬值，这对人民币造成一定压力，只有国际社会对中国经济重拾信心，市场对人民币的贬值预期才会逆转。再次，中国人民银行大幅降息 108 个基点，中美利差减小，导致热钱可能流出。最后，有观点认为人民币兑美元跌停不完全是市场力量所为，也可能是中国人民银行释放贬值信号，试探市场对贬值预期的反应，通过贬值来促进出口。对于这次贬值，学界的共识是，短期内人民币兑美元可能贬值，但长期还是以升值为主，并且人民币开始双向波动。

　　从 2008 年 9 月人民币首现贬值预期以来，这种贬值预期并没有消失，反而呈现出阶段性持续的特征。2011 年 9 月，人民币 NDF 市场再次出现自金融危机以来的贬值预期；此后不久的 2011 年 11 月，人民币 NDF 市场显示，未来 1 个月到 2 年的人民币兑美元汇率走低，人民币贬值预期再次出现。

　　人民币贬值预期阶段性出现的原因有：中国经济增速放缓、投资

---

① 杨正莲：《人民币还会继续贬值吗?》，《中国新闻周刊》2008 年第 12 期。

下降使得国际投资者对中国经济前景产生不确定性；在欧债危机未能有效解决的背景下，投资机构出于避险动机买入美元，使得美元指数大幅反弹，导致人民币 NDF 市场产生较大波动。

二　人民币汇率预期的特征分析

（一）预期假说简介

经济学中对于预期理论的研究经历了一个由简单向复杂逐步演变的过程。根据预期形成方式的不同，在静态预期假说的基础上，依次提出了各种预期假说：Metzler（1941）提出外推预期假说，Cagan（1956）引入了适应性预期假说，Muth（1961）提出了理性预期假说。布雷顿森林体系崩溃后，汇率预期对一国的汇率变化、资本流动和金融稳健的影响不断加强，因此 20 世纪 70 年代后，学者们开始把预期理论用于外汇市场和汇率预期的研究。

静态的汇率预期就是简单地把前一期的汇率作为本期的预期汇率，没有考虑汇率的动态变化，形式过于简单。外推型汇率预期认为预期汇率不仅要以汇率过去的水平为基础，还要考虑汇率的未来变化趋势，并且对未来变化的判断主要基于汇率的前两个时期的历史走势。适应性预期认为经济主体应该根据过去的汇率预测误差修正每一期的汇率预期，是一种反馈型和学习型的预期形成机制。而理性预期假说认为，经济主体在对未来的汇率做出预期时，不仅会考虑汇率本身的信息，还能有效利用一切信息对未来的汇率做出最佳预测，这个预测值不断接近未来的实际值。在前几种汇率预期形成方式的基础上，学者们进一步提出了回归预期，该预期假设经济主体假定汇率会逐步回归基本面汇率，并基于当期汇率对基本面汇率的偏离形成汇率预期。

另外，除了研究汇率预期的形成方式外，学者们还对汇率预期是否理性以及汇率预期的异质性等问题展开研究，深化了对汇率预期的认识。国外学者的研究起步较早，Elliott 和 Ito（1998）的研究发现，外汇市场的汇率预期存在显著异质性，得到类似结论的学者还有 Frenkel 等（2009）。Kim（2004）指出，经济主体对潜在经济环境已知的情况下，理性预期无法解释汇率对基本面的偏离，也无法预测偏离的水平，并且认为在复杂环境下，适应性预期是相对合理的解释；得出汇率预期具有非理性的学者还有其他多位学者。

（二）人民币汇率预期特征分析

国内学者对人民币汇率预期的研究起步较晚，主要围绕升值预期的成因、经济后果和应对措施进行了比较深入的研究，而对于人民币汇率预期形成特征的研究较少，还没有达成统一认识，形成了不同的观点：赵伟和杨会臣（2005）认为人民币汇率预期具有回归基本面的特征。王曦等（2007）认为汇率预期是理性的。丁志杰等（2009）利用非抛补利率平价模型，通过实证检验了人民币汇率预期具有适应性预期的特征，陈蓉和郑振龙（2009）也得到了类似结论。李晓峰等（2010）认为人民币汇率预期同时具有回归基本面的特征和延续历史趋势的外推预期的特征。李晓峰等（2011）还利用调查数据发现了人民币汇率预期的非理性和异质性特征。在上述不同的观点中，只有丁志杰等（2009）和李晓峰等（2011）是针对人民币预期特征的实证检验，其他观点只是单纯的假定。

三　以 NDF 汇率表示人民币汇率预期的可行性

人民币汇率预期的研究方法，主要包括远期市场汇率、投资者预期调查和基于利率平价理论研究汇率预期。

（一）基于利率平价理论研究汇率预期

利率平价理论是研究汇率预期的理论基础，但其理论假设要求极其严格。例如，该理论要求利率满足市场化要求、资本能够自由流动和汇率能够自由浮动等。考虑到中国的现实情况，使用利率平价理论研究人民币汇率预期还存在较多的限制，主要原因有：

（1）境内人民币利率形成机制还没有达到市场化要求；国债收益率、央行票据和上海同业拆借利率在不同的情况下都可以形成不同的人民币利率曲线，还没有形成统一。

（2）境内美元的拆借市场还不够成熟，缺少统一的境内美元利率曲线。

（3）我国对于国际收支中资本与金融账户的诸多项目还存在较多的限制。

（4）人民币汇率虽然经历了两次改革，但距离自由浮动还有一定距离。

因此，基于利率平价理论研究人民币汇率预期以及计算人民币远期汇率，还存在不少限制，其研究结果的可靠性也会受到一定的影响。

（二）基于投资者调查数据研究人民币汇率预期

国外学者早在1990年就开始采用调查数据进行汇率预期有关的研究。Ito（1990），MacDonald 和 Marsh（1996），Bénassy-Quéré 等（2003）和 Frenkel 等（2009）基于国外金融机构对汇率预期的调查数据，研究了汇率预期的异质性特征，以及异质性的来源等问题。

国内学者由于数据的缺乏，基于调查数据的汇率预期研究出现较晚。李晓峰、钱利珍和黎琦嘉（2011）首次基于国际知名投资机构的汇率预期调查数据，研究了人民币汇率预期的特征。该方法能够避免代理变量所导致的偏误，更好地反映现实经济中个体的汇率预期状况。但是，由于所用数据的时间跨度、频率以及不同金融机构对于人民币汇率预期看法的不同，该方法也受到一定的限制。

（三）基于 NDF 汇率研究人民币汇率预期[1]

目前能够量化汇率预期的指标主要是双边汇率，核心是人民币兑美元远期汇率。任兆璋、宁忠忠（2005）和李晓峰、陈华（2008）的研究表明，人民币 NDF 汇率能够较好地反映国际金融市场对人民币汇率的预期。丁志杰、郭凯和闻瑞明（2009）指出人民币 NDF 数据是一个能够反映人民币汇率预期的优良指标。

国内众多的学者使用 NDF 汇率作为人民币汇率预期，进行有关的

---

[1]　人民币 NDF 市场的详细介绍见本书第四章。

研究。潘成夫（2006）以人民币 NDF 汇率作为汇率预期指标进行了实证分析，结果表明人民币汇率预期对外汇储备积累起到了重要作用。范言慧、潘慧峰和李哲（2008）以人民币 NDF 交易的 1 年远期报价来刻画人民币升值预期，实证分析了人民币升值预期和贸易顺差之间的关系。蒋先玲、刘微和叶丙南（2012）采用人民币即期汇率和 1 年期人民币 NDF 汇率计算 1 年升贬值率作为人民币兑美元汇率预期，研究了该汇率预期对境外人民币需求的影响。

因此，本书认为，采用人民币 NDF 汇率作为人民币汇率预期指标进行有关的研究，是比较切实可行的办法。

第四节　人民币外汇市场压力指数与汇率预期因果关系分析

由本章第三节的分析可知，人民币汇率预期对人民币汇率波动和外汇储备的变化都产生了深刻的影响，而外汇市场压力指数是汇率变化和外汇储备变化的一种综合表现，因此，有必要考察人民币汇率预期和外汇市场压力之间的因果关系。鉴于传统的线性 Granger 因果检验的不足，本书使用了非线性 Granger 检验分析了人民币汇率预期和外汇市场压力之间的因果关系，并和传统的线性 Granger 因果检验的结果进行了对比分析。

一　非线性 Granger 因果检验原理

传统的 Granger 因果检验是在模型参数不变的线性设定框架下对变量之间的因果关系进行检验，只能检验变量间的线性因果关系，但是当变量呈现出动态非线性的特征时，就无法正确判断变量之间非线性因果关系的存在性。因此，忽略变量间可能存在的动态非线性关系，而直接使用传统的线性 Granger 因果检验可能会导致研究结论出现显著的偏误［Hiemstra 和 Jones（1994）、Huh（2002）、Qiao 等（2009）］。

为了解决传统 Granger 因果检验存在的问题，Diks 和 Panchenko（2006）提出了非参数检验统计量 T_n，用于检验变量之间非线性 Granger 因果关系的存在性。近期，这种非参数 T_n 检验方法得到了国内外学者的广泛重视，并且开始在经济、金融等各有关学科加以应用，成效显著，国外的代表性文献有 Bekiros 和 Diks（2008a，2008b）以及 Chen 和 Shen（2009）等，国内的有关文献有杨子晖（2010）、杨子晖和温雪莲（2010）、赵进文和丁林涛（2012），等等。

本书首先介绍 Diks 和 Panchenko（2006）提出的非线性 Granger 因果检验方法。Granger（1969）给出了变量之间因果关系的定义：假定时间序列 X_t 和 Y_t 严格平稳，若 X_t 当期及过去的观测值有助于预测 Y_t 的未来值，则说 X_t 是 Y_t 的 Granger 原因。从这个定义出发，若 X_t 不是 Y_t 的 Granger 原因，就意味着 X_t 当期及过去的观测值并没有包含着有助于预测 Y_t 未来值的有用信息。这时，对于任意 $k(k \geqslant 1)$ 步预测，式（3.6）成立：

$$(Y_{t+1}, \cdots, Y_{t+k}) \mid (F_{X, t}, F_{Y, t}) \sim (Y_{t+1}, \cdots, Y_{t+k}) \mid F_{Y, t}$$

$$(3.6)$$

其中，$F_{X, t}$ 和 $F_{Y, t}$ 分别表示 t 期以及 t 期之前 X 与 Y 的信息集，符号~表示分布中等价的概念。实际应用中通常考虑 $k = 1$ 时，检验式（3.6）是否成立，即检验 X_t 与 Y_t 之间是否存在 Granger 因果关系。另外，该检验方法还假定条件均值 $E[Y_{t+1} \mid (F_{X, t}, F_{Y, t})]$ 是带有参数的线性时间序列模型。

Diks 和 Panchenko（2006）提出的非参数统计量 T_n 检验方法的基本原理如下所述。设定两个滞后向量矩阵分别为：$X_t^{l_x} = (X_{t-l_x+1}, \cdots, X_t)$ 和 $Y_t^{l_x} = (Y_{t-l_x+1}, \cdots, Y_t)$，$l_x$，$l_y \geqslant 1$；设定原假设为：$X$ 不是 Y 的 Granger 原因，若该原假设成立，则说明 $X_t^{l_x}$ 当期及过去的观测值没有包含有助于 Y_{t+1} 预测的信息，即可以用公式表达如下：

$$H_0 : Y_{t+1} \mid (X_t^{l_x}, Y_t^{l_x}) \sim Y_{t+1} \mid Y_t^{l_x} \qquad (3.7)$$

令随机向量 $W_t = (X_t^{l_x}, Y_t^{l_x}, Z_t)$，其中，$Z_t = Y_{t+1}$。为了便于讨论，本书假定 $l_x = l_y = 1$，并省略时间下标，这时，"X 不是 Y 的

Granger 原因"的原假设意味着：给定 $(X, Y) = (x, y)$ 时，Z 的条件分布和给定 $Y = y$ 时 Z 的条件分布相同。使用联合分布密度函数对式（3.7）重新表述如下：

$$\frac{f_{X, Y, Z}(x, y, z)}{f_Y(y)} = \frac{f_{X, Y}(x, y)}{f_Y(y)}\frac{f_{Y, Z}(x, y)}{f_Y(y)} \qquad (3.8)$$

Diks 和 Panchenko（2006）由式（3.8）推导出了以下关系式，表示如下：

$$q \equiv E[f_{X, Y, Z}(X, Y, Z)f_Y(Y) - f_{X, Y}(X, Y)f_{Y, Z}(Y, Z)] = 0 \qquad (3.9)$$

设 $f_W(W_i)$ 表示向量 W 在值 W_i 处的局部密度函数的估计值，可以表示为：

$$f_W(W_i) = (2\varepsilon_n)^{-d_w}(n - 1)^{-1}\sum_{j, j\neq i} I_{ij}^W \qquad (3.10)$$

其中，ε_n 是与样本有关的带宽参数，$I_{ij}^W = I(\parallel W_i - W_j \parallel < \varepsilon_n)$，$I(\cdot)$ 是指示函数。然后，就可以进一步构造检验统计量 T_n，表示如下：

$$T_n(\varepsilon_n) = \frac{n - 1}{n(n - 2)}\sum_i \begin{pmatrix} f_{X, Y, Z}(X_i, Y_i, Z_i)f_Y(Y_i) \\ - f_{X, Y}(X_i, Y_i)f_{Y, Z}(Y_i, Z_i) \end{pmatrix} \qquad (3.11)$$

Diks 和 Panchenko（2006）进一步证明了由式（3.11）确定的检验统计量 T_n 收敛于正态分布，表达式为：

$$\sqrt{n}\frac{T_n(\varepsilon_n) - q}{S_n} \xrightarrow{D} N(0, 1) \qquad (3.12)$$

其中，$\xrightarrow{D}$ 表示分布收敛，S_n 是 $T_n(\cdot)$ 的渐进方差的估计值。可见，若根据样本计算得到的检验统计量 T_n 服从正态分布，则不能拒绝"X 不是 Y 的 Granger 原因"的原假设，否则，就拒绝"X 不是 Y 的 Granger 原因"的原假设。

二　基于非线性 Granger 因果检验的人民币外汇市场压力指数和汇率预期的因果关系分析

一方面，本书第四章使用动态 Copula 模型研究了人民币即期市场和远期市场 NDF 的报酬溢出效应，结果表明这两个市场之间存在显著的上尾报酬溢出效应和下尾报酬溢出效应；而且非线性 Granger 因果检验表明，这两个市场之间的报酬溢出互为因果关系。另一方面，潘成夫（2006）的研究表明，以 NDF 表示的人民币汇率预期对我国外汇储备变动存在显著的影响。然而，无论是单独考察人民币即期汇率的变化，还是单独考察外汇储备的变化，都不足以全面考察人民币汇率预期对我国外汇市场压力的影响，因此，本书进一步考察了用 NDF 表示的人民币汇率预期和我国的外汇市场压力之间的 Granger 因果关系。

（一）数据说明

人民币外汇市场压力指数采用本书第三章第一节构造的 EMP_KLR 指数，该指数是月度频率的数据。NDF 数据分别考虑 1 个月、3 个月、6 个月和 1 年期限的交易价格，并简单地采用每个月最后一个交易日的数据作为月度数据。用 NDF 表示的汇率预期等于即期汇率的对数减去 NDF 汇率的对数，用 E_ndf_i（$i=1$，3，6，12）的形式表示，如果取值为正，表示升值预期，否则表示贬值预期。由于 NDF 数据的可得性，本研究的样本期间是 1999 年 1 月至 2018 年 2 月。人民币即期汇率月度数据来自中经网统计数据库，NDF 汇率来自彭博数据库。

（二）传统的 Granger 因果检验结果

为了比较分析线性 Granger 因果检验和非线性 Granger 因果检验的不同，本书首先采用传统的 Granger 因果检验方法考察各个期限的汇率预期 E_ndf_i（$i=1$，3，6，12）和人民币外汇市场压力的因果关系。

表 3-1 所列出的检验结果表明，无论是按照不同的滞后阶数还是信息准则，一致认为 E_ndf_1 是 EMP_KLR 的 Granger 原因。按照 SC、HQ、FPE 和 AIC 信息准则，认为 EMP_KLR 是 E_ndf_1 的 Granger 原因，而若按照其他信息准则如 LR 准则，认为 EMP_KLR 不是 E_ndf_1 的 Granger 原因，因此，传统的线性 Granger 因果检验出现自相矛盾的问题。

表 3-1　外汇市场压力和 E_ndf_1 之间的线性 Granger 原因检验结果

原假设	滞后阶数	信息准则	F 值	P 值	结论（5%水平）
EMP_KLR 不是 E_ndf_1 的 Granger 原因	1	SC、HQ			拒绝原假设
	2				接受原假设
	3	LR			接受原假设
	4	FPE、AIC			拒绝原假设
	5				拒绝原假设
	6				接受原假设
E_ndf_1 不是 EMP_KLR 的 Granger 原因	1	SC、HQ			拒绝原假设
	2				拒绝原假设
	3	LR			拒绝原假设
	4	FPE、AIC			拒绝原假设
	5				拒绝原假设
	6				拒绝原假设

表 3-2 所列检验结果表明，无论是按照信息准则还是滞后阶数，一致认为 EMP_KLR 不是 E_ndf_3 的 Granger 原因，而 E_ndf_3 是 EMP_KLR 的 Granger 原因。表 3-3 以及表 3-4 表所列检验结果与表 3-2 的检验结果类似。

由表 3-1 至表 3-4 所列结果，综合分析后，可以得出以下结论：

（1）线性 Granger 因果检验表明，以 EMP_KLR 表示的人民币外汇市场压力指数不是汇率预期 E_ndf_i（$i=3$，6，12）的 Granger 原因；但是，按照 SC 和 HQ 信息准则，认为 EMP_KLR 是汇率预期 E_ndf_1 的 Granger 原因，这说明以 EMP_KLR 表示的人民币外汇市场压力指数和期限较短的汇率预期相互引导、相互加强，期限较短的汇率预期具有一定的向后看的特征。

（2）以 E_ndf_i（$i=1$，3，6，12）表示的汇率预期对于人民币外汇市场压力具有较强的引导作用。从 F 统计量的 P 值来看，期限较短的汇率预期（例如 1 个月期和 3 个月期）对人民币外汇市场压力的引导力量强于期限较长的汇率预期（例如 6 个月期和 12 个月期）。

表 3-2　外汇市场压力和 E_ndf_3 之间的线性 Granger 原因检验结果

原假设	滞后阶数	信息准则	F 值	P 值	结论（5%水平）
EMP_KLR 不是 E_ndf_3 的 Granger 原因	1	SC			接受原假设
	2	LR、HQ			接受原假设
	3	FPE、AIC			接受原假设
	4				接受原假设
	5				接受原假设
	6				接受原假设
E_ndf_3 不是 EMP_KLR 的 Granger 原因	1	SC			拒绝原假设
	2	LR、HQ			拒绝原假设
	3	FPE、AIC			拒绝原假设
	4				拒绝原假设
	5				拒绝原假设
	6				拒绝原假设

表 3-3　外汇市场压力和 E_ndf_6 之间的线性 Granger 原因检验结果

原假设	滞后阶数	信息准则	F 值	P 值	结论（5%水平）
EMP_KLR 不是 E_ndf_6 的 Granger 原因	1	SC、HQ	0.010	0.923	接受原假设
	2	LR、FPE、AIC	1.612	0.203	接受原假设
	3		1.042	0.376	接受原假设
	4		0.654	0.625	接受原假设
	5		0.727	0.604	接受原假设
	6		0.599	0.731	接受原假设
E_ndf_6 不是 EMP_KLR 的 Granger 原因	1	SC、HQ	42.729	8.E-10	拒绝原假设
	2	LR、FPE、AIC	14.723	1.E-06	拒绝原假设
	3		8.212	4.E-05	拒绝原假设
	4		6.198	0.000	拒绝原假设
	5		4.945	0.000	拒绝原假设
	6		4.020	0.001	拒绝原假设

表 3-4 外汇市场压力和 E_ndf_{12} 之间的线性 Granger 原因检验结果

原假设	滞后阶数	信息准则	F 值	P 值	结论（5%水平）
EMP_KLR 不是 E_ndf_{12} 的 Granger 原因	1	LR、SC、HQ			接受原假设
	2	FPE、AIC			接受原假设
	3				接受原假设
	4				接受原假设
	5				接受原假设
	6				接受原假设
E_ndf_{12} 不是 EMP_KLR 的 Granger 原因	1	LR、SC、HQ			拒绝原假设
	2	FPE、AIC			拒绝原假设
	3				拒绝原假设
	4				拒绝原假设
	5				拒绝原假设
	6				拒绝原假设

（三）非线性 Granger 因果检验结果

在对汇率预期和人民币外汇市场压力指数的非线性因果关系展开研究之前，必须进行非线性检验，以考察汇率预期和人民币外汇市场压力指数是否存在非线性动态变化趋势。本书采用 Brock 等（1996）提出的 BDS 检验方法来检验汇率预期和人民币外汇市场压力指数是否存在非线性的动态变化趋势。使用 BDS 方法进行实际检验之前，与大部分研究方法［如 Mougoué（2008）、杨子晖（2010）等］相一致，首先使用恰当的 VAR 模型对以 E_ndf_i（$i=1$，3，6，12）表示的汇率预期和人民币外汇市场压力指数进行估计[①]，从而剔除其相互之间的线性关系；然后，分别针对各 VAR 模型的"残差序列"进行 BDS 非线性检验和非线性 Granger 检验。

表 3-5 的 BDS 检验结果表明人民币外汇市场压力指数方程的残差存在非线性相关，各个期限的 E_ndf_i（$i=1$，3，6，12）方程的残差也存在非线性相关。因此，有必要进一步检验它们之间的非线性

---

① 估计结果没有列出。

Granger 因果关系。

表 3-5 人民币外汇市场压力和汇率预期的非线性检验（BDS 检验）

维度	EMP_KLR 与 E_ndf_1 的 VAR 模型		EMP_KLR 与 E_ndf_3 的 VAR 模型		EMP_KLR 与 E_ndf_6 的 VAR 模型		EMP_KLR 与 E_ndf_{12} 的 VAR 模型	
	EMP_KLR 方程残差	E_ndf_1 方程残差	EMP_KLR 方程残差	E_ndf_3 方程残差	EMP_KLR 方程残差	E_ndf_6 方程残差	EMP_KLR 方程残差	E_ndf_{12} 方程残差
2	4.41 *** (0.000)	6.13 *** (0.000)	3.98 ** (0.000)	3.68 *** (0.000)	4.25 *** (0.000)	4.35 *** (0.000)	4.41 ** (0.000)	3.25 *** (0.001)
3	5.49 *** (0.000)	6.34 *** (0.000)	4.43 *** (0.000)	3.84 *** (0.000)	4.46 *** (0.000)	5.24 *** (0.000)	4.70 *** (0.000)	4.03 *** (0.000)
4	6.38 *** (0.000)	7.19 *** (0.000)	5.38 *** (0.000)	4.36 *** (0.000)	5.47 *** (0.000)	5.70 *** (0.000)	5.75 *** (0.000)	4.46 *** (0.000)
5	7.03 *** (0.000)	8.61 *** (0.000)	6.03 *** (0.000)	5.94 *** (0.000)	6.08 *** (0.000)	7.34 *** (0.000)	6.37 *** (0.000)	5.72 *** (0.000)
6	7.73 *** (0.000)	9.90 *** (0.000)	6.70 *** (0.000)	7.60 *** (0.000)	6.55 *** (0.000)	9.03 *** (0.000)	6.75 *** (0.000)	6.85 *** (0.000)

注：表中统计量是 BDS 统计量，小括号中是统计量对应的 P 值；BDS 非线性检验的原假设是：残差序列满足独立且服从正态分布；各个 VAR 模型根据 SIC 信息准则确定最优滞后阶数。* 、** 和 *** 分别表示在 10%、5% 和 1% 的显著性水平下拒绝"线性"的原假设。

     基于 Diks 和 Panchenko（2006）提出的非参数 T_n 检验方法，人民币外汇市场压力和 E_ndf_i（$i=1$，3，6，12）之间的非线性 Granger 因果关系的检验结果见表 3-6 至表 3-9。表 3-6 所列检验结果表明，在不同的滞后阶数下，人民币外汇市场压力和 E_ndf_1 之间均存在双向的非线性 Granger 因果关系。表 3-7 所列检验结果表明，除了 1 阶滞后外，在其他滞后阶数下，人民币外汇市场压力都和 E_ndf_3 互为非线性 Granger 原因。表 3-8 的检验结果和表 3-9 的检验结果类似，除了 1 阶滞后外，E_ndf_6 和 E_ndf_{12} 都是人民币外汇市场压力的非线性 Granger 原因；而在各个阶数下，人民币外汇市场压力都是 E_ndf_6 和 E_ndf_{12} 的非线性 Granger 原因。

表 3-6   外汇市场压力和 E_ndf_1 之间的非线性 Granger 因果检验结果

滞后阶数：$L_x = L_y$	原假设：外汇市场压力不是 E_ndf_1 的 Granger 原因		原假设：E_ndf_1 不是 外汇市场压力的 Granger 原因	
	T_n 统计量	P 值	T_n 统计量	P 值
1	1.302 *	0.096	1.702 **	0.044

续表

滞后阶数：$L_x = L_y$	原假设：外汇市场压力不是 E_ndf_1 的 Granger 原因		原假设：E_ndf_1 不是 外汇市场压力的 Granger 原因	
	T_n 统计量	P 值	T_n 统计量	P 值
2	1. 302 *	0. 096	1. 550 *	0. 061
3	1. 466 *	0. 071	1. 728 **	0. 042
4	1. 830 **	0. 034	1. 780 **	0. 038
5	1. 630 *	0. 052	1. 800 **	0. 036
6	1. 764 **	0. 039	1. 566 *	0. 059

表 3-7　　外汇市场压力和 E_ndf_3 之间的非线性 Granger 因果检验结果

滞后阶数：$L_x = L_y$	原假设：外汇市场压力不是 E_ndf_3 的 Granger 原因		原假设：E_ndf_3 不是 外汇市场压力的 Granger 原因	
	T_n 统计量	P 值	T_n 统计量	P 值
1	0. 973	0. 165	1. 000	0. 159
2	1. 393 *	0. 082	1. 755 **	0. 040
3	1. 929 **	0. 027	1. 788 **	0. 037
4	2. 257 **	0. 012	1. 956 **	0. 025
5	2. 074 **	0. 019	1. 700 **	0. 045
6	1. 751 **	0. 040	1. 500 *	0. 067

表 3-8　　外汇市场压力和 E_ndf_6 之间的非线性 Granger 因果检验结果

滞后阶数：$L_x = L_y$	原假设：外汇市场压力不是 E_ndf_6 的 Granger 原因		原假设：E_ndf_6 不是 外汇市场压力的 Granger 原因	
	T_n 统计量	P 值	T_n 统计量	P 值
1	1. 645 **	0. 050	1. 200	0. 115
2	2. 087 **	0. 018	1. 803 **	0. 036
3	2. 722 ***	0. 003	2. 140 **	0. 016
4	2. 472 ***	0. 007	2. 595 ***	0. 005
5	2. 142 **	0. 016	2. 513 ***	0. 006
6	1. 473 *	0. 070	2. 375 ***	0. 009

表 3-9　外汇市场压力和 E_ndf_{12} 之间的非线性 Granger 因果检验结果

滞后阶数: $L_x = L_y$	原假设: 外汇市场压力不是 E_ndf_{12} 的 Granger 原因		原假设: E_ndf_{12} 不是 外汇市场压力的 Granger 原因	
	T_n 统计量	P 值	T_n 统计量	P 值
1	1.701 **	0.044	1.158	0.123
2	2.273 **	0.012	1.531 *	0.063
3	2.320 ***	0.010	1.974 **	0.024
4	2.129 **	0.017	2.360 ***	0.009
5	2.396 ***	0.008	2.000 **	0.023
6	2.010 **	0.022	1.801 **	0.036

由表 3-6 至表 3-9 所列结果,综合分析后,可以得出如下结论:总体看来,各个期限以 E_ndf_i($i=1$,3,6,12)表示的汇率预期,都与人民币外汇市场压力指数互为非线性 Granger 因果关系。因此,中国人民银行可以通过外汇市场干预,改变人民币外汇市场压力,进而对汇率预期产生影响。

本章小结

本章以第二章的外汇市场压力指数的构造方法为基础,指出相对于模型独立的外汇市场压力指数,模型依赖的外汇市场压力主要存在五个方面的不足。因此,本章采用模型独立的外汇市场压力指数构造方法,测算人民币外汇市场压力指数。鉴于目前我国人民币利率还未实现市场化,以及我国对人民币国际收支账户下的资本账户的严格管制,所以中国人民银行还没有把利率作为干预外汇市场的工具。因此,在模型独立的外汇市场压力指数的计算中,本章忽略利率变量,即假定我国外汇市场压力被名义汇率变动和外汇储备变动所吸收。本章在上述分析的基础上,以三种比较常用的方法构建了人民币 EMP_ ERW 指数、EMP_ KLR 指数和 EMP_ STV 指数,其中 EMP_ KLR 指数相对于其他两种方法,更适合我国的现实情况。

　　然后，本章使用 EMP_ KLR 指数来计算了 1994 年 1 月至 2018 年 2 月人民币外汇干预指数，分析了我国政府对外汇市场干预政策的变化。

　　最后，考虑到汇率预期对人民币即期汇率和外汇储备可能的影响，本章先分析了人民币汇率预期的成因和特征。然后，分别使用传统的线性 Granger 因果检验方法，和近年来流行起来的非线性 Granger 因果检验方法，分析了人民币外汇市场压力指数和各个期限的汇率预期之间的因果关系。实证结果表明，传统的线性 Granger 因果检验认为：以 $EMP\_ KLR$ 表示的人民币外汇市场压力指数不是汇率预期 $E\_ ndf_i$（$i = 3$，6，12）的线性 Granger 原因；非线性 Granger 因果检验方法认为：各个期限的以 $E\_ ndf_i$（$i = 1$，3，6，12）表示的汇率预期，都与人民币外汇市场压力指数互为非线性 Granger 因果关系。

第四章

人民币即期汇率与 NDF 汇率的关系分析

法国学者阿夫达里昂（A. Aftalion）于 1927 年提出汇兑心理说，后来被演变成为心理预期说。该学说认为外汇市场上人们的心理预期，对汇率的决定产生重大影响，但该学说没有切实地把人们的主观评价建立在实际可测的物质因素基础之上。新汇率学说将预期因素作为汇率决定的重要组成变量，基于新汇率学说的预期分析以实际经济结构为背景，出现在模型之中的预期因素并不是无法计量的；但由于预期的反映往往掺有复杂的经济、政治事件，对预期的计量的确存在较大的困难。

就我国而言，直到 1997 年亚洲金融危机，人民币汇率先后经历了贬值预期与升值预期的双重冲击，汇率预期才引起我国学者和决策者的重视。与此同时，1996 年 6 月人民币 NDF 市场在新加坡诞生，并且随着人民币 NDF 市场交易规模的扩大，人民币 NDF 市场与即期市场联系逐步加强。国内为数不少的学者，认为人民币 NDF 汇率是汇率预期相对较好的代理变量。考虑到人民币汇率变化是外汇市场压力释放的直接途径，因此，本章主要研究了以 NDF 汇率表示的人民币汇率预期与即期汇率之间的关系。此外，鉴于近年来人民币国际化水平的提升以及人民币离岸市场的发展，本章还研究了人民币离岸汇率 CNH 与在岸汇率的相互影响。

本章围绕人民币即期汇率和 NDF 汇率之间的关系，第一节考察了人民币 NDF 市场的发展历程以及市场特征。第二节考察了人民币即期汇率和以 NDF 汇率表示的汇率预期之间的联系，包括动态相关系数和波动溢出效应。第三节则用 SJC‐Copula 函数研究人民币 NDF 汇率和以 NDF 汇率表示汇率预期之间的尾部相关性。第四节使用非线性

Granger 因果检验方法考察了人民币即期汇率和以 NDF 汇率表示汇率预期之间的因果关系。第五节基于 Copula 函数分析了在岸汇率和离岸汇率的尾部相关关系。最后是本章小结和政策建议。

第一节 人民币 NDF 市场简介

中国经济持续快速增长吸引了大量的境外投资者，他们在投资过程中都面临汇率风险的问题，外汇远期合约是规避汇率风险的有效工具。由于我国对远期结售汇的限制，使得人民币远期交易不能满足投资者控制汇率风险的需求。NDF 作为一种衍生金融工具，可以有效规避兑换受到限制的货币的汇率风险。在人民币 NDF 市场日趋活跃的情况下，有必要考察以人民币 NDF 汇率表示的汇率预期对人民币即期汇率的影响。本节先简要介绍人民币 NDF 市场的发展情况，然后通过实证来分析人民币 NDF 汇率对人民币即期的影响，包括人民币 NDF 汇率的报酬溢出效应、波动溢出效应和动态相关性分析。

（一）人民币 NDF 市场的发展历程

1996 年 6 月人民币 NDF 市场在新加坡诞生，香港、台湾和伦敦等地紧随其后。而人民币 NDF 市场产生的重要原因是：中国的高速发展吸引外国直接投资持续增加，这些境外投资者对他们在中国的投资产生规避汇率风险和保值的需求。

从市场规模和市场机制来看，建立之初的人民币 NDF 交易并不活跃。亚洲金融危机爆发的时候，NDF 市场受到了众多跨国公司和银行的青睐，从而也为人民币 NDF 市场的发展提供了契机。随后几年，规避人民币汇率风险的需求不断增长，使得人民币 NDF 市场迅速发展。2006 年，国家禁止国内金融部门参与人民币 NDF 市场交易，此举显著影响了人民币 NDF 市场的交易规模，但是从 2007 年交易规模又开始上升。2010 年 6 月重启汇改，受人民币升值预期的影响，人民币 NDF 市场交易更加活跃。

（二）人民币 NDF 市场的特征

人民币 NDF 价格属于柜台交易（Over The Counter，OTC）产品，

通过金融机构之间的直接询价成交。人民币 NDF 是亚洲地区主要的 NDF 之一①，香港、新加坡和东京是交易最为活跃的人民币 NDF 市场，其主要参与者为做市商和市场需求者，前者主要是欧美国家的大银行和投资机构，后者主要是涉及大量人民币业务的跨国公司和总部在香港的中国内地公司。

人民币 NDF 产品采用双向报价方式，以即期市场的贴水或升水来表示。目前人民币 NDF 市场主要的交易产品为 1 个月期、2 个月期、3 个月期、半年期和 1 年期产品，1 年期以上产品交易量较低。另外，就币种来看，任何自由兑换货币理论上均可作为交易货币，但实际交易产品绝大多数为美元兑人民币合约。

从人民币 NDF 市场交易量来看，市场成立之初交易量较小。根据国际清算银行的统计，1999 年人民币 NDF 的日交易额为 0.5 亿—1 亿美元；随着亚洲金融危机影响的消退，人民币贬值压力逐渐降低，人民币 NDF 市场也趋于冷淡，2001 年 4 月人民币 NDF 的日交易额大约为 0.55 亿美元。接下来的几年时间里，随着人民币升值压力的持续增加，规避人民币汇率风险的需求增加，使得人民币 NDF 市场交易趋于活跃，2003 年人民币 NDF 日交易额达 2 亿美元，2005 年汇改以后，人民币 NDF 市场交易额进一步达到 7 亿美元。2006 年人民币 NDF 的日交易额在 10 亿美元左右，2007 年 NDF 日交易额增至 30 亿美元左右，交易规模远大于国内人民币远期和掉期交易量之和。

随着人民币 NDF 市场交易规模的扩大，人民币 NDF 市场与即期市场联系加强。有关研究指出，人民币 NDF 市场对即期市场同时存在报酬溢出效应和波动溢出效应；人民币 NDF 市场相对于人民币 DF 市场更具价格引导力量；在即期市场、DF 市场和 NDF 市场之间，NDF 市场拥有信息中心的地位。国内学者徐剑刚、李治国和张晓蓉（2007）运用 MA（1）-GARCH（1,1）模型分析了 2005—2006 年的人民币即期汇率和 NDF 之间的关系，其结果发现，存在 NDF 市场

---

① 亚洲的 NDF 货币包括：韩元、新台币、人民币、印度卢比、印度尼西亚卢比和菲律宾比索六种货币。根据 2003 年新兴市场交易协会的测算，亚洲货币的 NDF 交易额占全球新兴市场 NDF 成交额的 70% 左右。

对即期汇率市场的报酬溢出效应，两个市场之间没有波动溢出效应。严敏和巴曙松（2010）运用 DCC-MGARCH 模型研究了人民币即期市场、境内远期市场和 NDF 市场之间的动态关系，所选样本期间是2006 年 11 月至 2009 年 6 月，实证结果发现，即期市场和 NDF 市场间的相关性最强，NDF 市场对即期市场和境内远期市场具有价格引导的作用。

第二节　基于 EDCC-MGARCH 模型的即期汇率和汇率预期的动态关系

本节首先介绍了三种多元 GARCH 模型，包括：常条件相关系数多元 GARCH 模型（Constant Conditional Correlation Multivariate GARCH，CCC-MGARCH）、时变相关系数多元 GARCH 模型（Dynamic Conditional Correlation Multivariate GARCH，DCC－MGARCH）和扩展的时变相关系数多元 GARCH 模型（the Extended Dynamic Conditional Correlation GARCH，EDCC－MGARCH），然后，基于 EDCC-MGARCH 模型分析了人民币即期汇率和汇率预期的动态关系。

一　多元 GARCH 模型建模分析

（一）CCC-MGARCH 模型分析

假定 N 维随机向量 Y_t 可以表示为：

$$Y_t = \mu_t + \varepsilon_t$$
$$\varepsilon_t = H_t^{1/2} z_t$$

$$(4.1)$$

其中，μ_t 表示 N 维条件均值向量，ε_t 是 N 维随机向量，而且可以表示为正定矩阵 $(H_t^{1/2})_{N \times N}$ 和随机向量 z_t 的乘积，z_t 是协方差为单位阵的白噪声向量，那么，Y_t 的条件协方差矩阵为：

$$Var(Y_t \mid \Omega_{t-1}) = Var_{t-1}(Y_t) = Var_{t-1}(\varepsilon_t)$$
$$= H_t^{1/2} Var_{t-1}(z_t)(H_t^{1/2})^T = H_t$$

$$(4.2)$$

Bollerslev（1990）提出的 CCC-MGARCH 模型假定 Y_t 的任意两个分量之间的相关系数为 $\rho_{i,j}$，$\rho_{i,j}$ 可以表示为：

$$\rho_{i,j} = \frac{h_{i,j,t}}{\sqrt{h_{i,i,t}h_{j,j,t}}} \tag{4.3}$$

其中，$h_{i,j,t}$、$h_{i,i,t}$ 和 $h_{j,j,t}$ 分别表示分量 $Y_{i,t}$ 和 $Y_{j,t}$ 在 t 时期的条件协方差和各自的条件方差。假定相关系数 $\rho_{i,j}$ 为常数，则条件协方差矩阵 H_t 可以表示为：

$$H_t = D_t R D_t = (\rho_{i,j}\sqrt{h_{i,i,t}h_{j,j,t}})_{i,j} \tag{4.4}$$

其中，

$$R = \begin{pmatrix} \rho_{11} & \cdots & \rho_{1n} \\ \vdots & \ddots & \vdots \\ \rho_{N1} & \cdots & \rho_{NN} \end{pmatrix} \tag{4.5}$$

$$D_t = \mathrm{diag}(h_{1,1,t}^{1/2}, \cdots, h_{N,N,t}^{1/2}) \tag{4.6}$$

理论上，$h_{i,i,t}$ 可以表示为任意的单变量 GARCH 模型，一般情况下假定 $h_{i,i,t}$ 为 GARCH（p，q）模型：

$$h_{i,i,t} = \omega_i + \sum_{p=1}^{p_i}\alpha_{ip}\varepsilon_{i(t-p)} + \sum_{q=1}^{q_i}\beta_{iq}h_{i(t-q)} \tag{4.7}$$

估计 CCC-MGARCH 通常分两步来实现。第一步是根据每个分量 $Y_{i,t}$ 的特点建立合适的 GARCH 模型。第二步利用各个分量的条件方差序列 $h_{i,i,t}$，通过式（4.3）和式（4.5）计算常相关矩阵 R，再根据式（4.4）计算条件协方差矩阵。

（二）EDCC-MGARCH 模型建模分析

CCC-MGARCH 模型以其可计算性强和待估计参数少等优点，在市场的波动溢出、资产定价等研究中得到广泛应用。但是 CCC-MGARCH 模型的一个不容忽视的缺点是，假定不同分量之间的相关系数不变。为了克服这个缺点，Tse 等（2000）、Engle（2002）和 Christodoulakis 等（2002）各自提出了基于时变相关系数的 DCC-MGARCH 模型。其中，Engle（2002）提出的模型便于实现，因此，本书采用该种模型。

DCC 模型将条件协方差矩阵 H_t 定义为：

$$H_t = D_t R_t D_t \tag{4.8}$$

其中，D_t 的定义同式（4.6）的含义相同。式（4.8）和式（4.4）的差异之处在于条件相关系数矩阵的不同，式（4.8）的条件相关系数矩阵不是静态的而是动态的，其定义为：

$$R_t = \text{diag}(q_{11,t}^{-1/2}, \cdots, q_{NN,t}^{-1/2}) Q_t \text{diag}(q_{11,t}^{-1/2}, \cdots, q_{NN,t}^{-1/2}) \quad (4.9)$$

其中，矩阵 $Q_t = (q_{ij,t})_{N\times N}$ 是对称正定矩阵，该矩阵可以通过式（4.10）得到：

$$Q_t = (1 - \alpha - \beta) \bar{Q} + \alpha u_{t-1} u_{t-1}^T + \beta Q_{t-1} \quad (4.10)$$

其中，u_t 是标准化残差序列向量，即 $u_{it} = \varepsilon_{it}/\sqrt{h_{ii,t}}$；$\bar{Q}$ 是 u_t 的无条件方差阵；参数 α 和 β 是两个大于 0 的标量，且 $\alpha + \beta < 1$。

DCC-MGARCH 模型的估计过程分两步：第一步是估计随机向量各个分量的单变量 GARCH 模型，得到标准化的残差序列。第二步是使用这个标准化残差序列估计有关矩阵。

另外，有关学者对估计条件方差式（4.7）进行了如下的扩展：

$$\begin{pmatrix} h_{11} \\ \vdots \\ h_{NN} \end{pmatrix} = \begin{pmatrix} \omega_1 \\ \vdots \\ \omega_N \end{pmatrix} + \sum_{i=1}^{p} \begin{pmatrix} a_{11} & \cdots & a_{1N} \\ \vdots & \ddots & \vdots \\ a_{N1} & \cdots & a_{NN} \end{pmatrix} \begin{pmatrix} \varepsilon_1^2 \\ \vdots \\ \varepsilon_N^2 \end{pmatrix}_{t-i} + \sum_{j=1}^{Q} \begin{pmatrix} b_{11} & \cdots & b_{1N} \\ \vdots & \ddots & \vdots \\ a_{N1} & \cdots & a_{NN} \end{pmatrix} \begin{pmatrix} h_{11} \\ \vdots \\ h_{NN} \end{pmatrix}_{t-j}$$

$$(4.11)$$

由式（4.1）、式（4.8）、式（4.9）、式（4.10）、式（4.11）组成 EDCC-MGARCH 模型。在实际应用中，ARCH 项和 GARCH 项通常滞后一期，则式（4.11）可简化为：

$$h_t = \omega + A\varepsilon_{t-1}^2 + B h_{t-1} \quad (4.12)$$

（三）EDCC-MGARCH 模型的极大似然估计

假定 $\varepsilon_t \mid \Omega_{t-1} \sim N(0, H_t)$，则以上模型的对数似然函数表示为：

$$L = -\frac{1}{2} \sum_{t=1}^{T} \left[N\log(2\pi) + 2\log|D_t| + \varepsilon_t^T D_t^{-1} D_t^{-1} \varepsilon_t - \right.$$

$$\left. u_t^T u_t + \log|R_t| + u_t^T R_t^{-1} u_t \right] \quad (4.13)$$

结合式（4.10）和式（4.12）可进行估计，待估计参数为 A、B、ω、α 和 β。该模型可以分两步来估计，相应的极大似然函数也可以分成两部分：

$$L(\theta, \varphi) = L_v(\theta) + L_c(\theta, \varphi) \quad (4.14)$$

$$L_v(\theta) = -\frac{1}{2}\sum_{t=1}^{T}\left[N\log(2\pi) + 2\log|D_t| + \varepsilon_t^T D_t^{-1} D_t^{-1} \varepsilon_t\right]$$

$$(4.15)$$

$$L_c(\theta, \varphi) = -\frac{1}{2}\sum_{t=1}^{T}(-u_t^T u_t + \log|R_t| + u_t^T R_t^{-1} u_t) \quad (4.16)$$

其中，参数 θ 是包含在 D_t 中的参数 A、B 和 ω 的集合，φ 是包含在 R_t 中的参数 α 和 β 的集合。首先，利用极大似然估计方法对式（4.15）中的参数进行估计得到：$\hat\theta = \text{artmax}\{L_v(\theta)\}$，然后将 $\hat\theta$ 代入式（4.16），再次利用极大似然估计得到：$\hat\varphi = \max_\varphi\{L_c(\hat\theta, \varphi)\}$。

二　建立人民币即期市场和 NDF 市场的溢出效应的 EDCC-MGARCH 模型

为确保模型有效，建模之前需要对人民币即期汇率和 NDF 汇率进行平稳性检验、自相关检验和异方差检验。

（一）数据说明

考虑到国内学者已经研究了 2005 年汇改至 2009 年的人民币即期市场和 NDF 市场之间的关系，本书选择人民币即期汇率和 NDF 市场汇率，NDF 市场汇率的期限结构为 1 个月、3 个月、6 个月和 1 年期，样本区间为 2010 年 6 月 19 日汇改重启至 2012 年 11 月 16 日，所有数据来源于彭博数据终端。

进行具体分析时，本书采用汇率的对数收益率序列，即 $Y_t = \ln(E_t/E_{t-1})$，其中 E_t 表示汇率，Y_t 表示对数收益率。分别用 Y_spot、Y_ndf_1、Y_ndf_3、Y_ndf_6 和 Y_ndf_{12} 表示即期汇率、1 个月期 NDF、3 个月期 NDF、6 个月期 NDF 和 12 个月期 NDF 的对数收益率，各收益的统计性质见表 4-1。从各序列收益率的均值来看，即期汇率和各期限的 NDF 汇率在样本期间内呈现出升值的趋势。从偏度、峰度来看，各收益率序列呈现高峰厚尾的特点，而 JB 统计量拒绝了正态分布的假定。

表 4-1　即期汇率和各期限 NDF 汇率对数收益率的样本描述性统计

	Y_spot	Y_ndf_1	Y_ndf_3	Y_ndf_6	Y_ndf_{12}
均值	-0.014	-0.014	-0.013	-0.012	-0.010
标准差	0.098	0.134	0.164	0.197	0.231
偏度	-0.057	-0.410	-0.651	-0.812	-0.900
峰度	4.234	7.721	7.633	8.898	9.889
Jarque-Bera	37.753***	564.361***	569.181***	919.950***	1246.412***

注：*、** 和 *** 分别表示在 10%、5% 和 1% 的显著性水平下拒绝原假设。

（二）统计检验[①]

首先，运用 ADF（Augmented Dickey-Fuller）单位根检验来验证数据序列的平稳性，检验结果如表 4-2 所示。单位根检验结果表明各个变量在 1% 显著水平下满足平稳性要求。

表 4-2　　　　即期汇率和各期限 NDF 汇率对数收益率的
ADF 单位根检验结果

变量	检验形式	T 统计量	P 值	单整阶数
Y_spot	(0, nt, c)	-22.320***	0	$I(0)$
Y_ndf_1	(1, nt, c)	-19.100***	0	$I(0)$
Y_ndf_3	(1, nt, c)	-19.131***	0	$I(0)$
Y_ndf_6	(1, nt, c)	-19.523***	0	$I(0)$
Y_ndf_{12}	(1, nt, c)	-19.024***	0	$I(0)$

注：检验形式（n, nt, c）或（n, nt, nc）中 n 表示滞后阶数，nt 表示无趋势项，c 或 nc 表示有截距项或无截距项。滞后阶数是根据 SIC 准则所确定的。*、** 和 *** 分别表示在 10%、5% 和 1% 的显著性水平下拒绝原假设，即所检验的序列是 $I(0)$ 的。

其次，考察变量的序列自相关性。本书采用 Ljung_Box 统计量来检验个变量序列是否存在自相关，检验结果如表 4-3 所示。给定 5% 的显著性水平，各个序列存在不同程度的自相关性。

---

① 高铁梅等：《计量经济分析方法与建模——Eviews 应用及实例》（第二版），清华大学出版社 2009 年版。

表4-3　　　即期汇率和各期限 NDF 汇率对数收益率序列自相关检验结果

滞后	Y_spot		Y_ndf_1		Y_ndf_3		Y_ndf_6		Y_ndf_{12}	
	Q值	P值	Q值	P值	Q值	P值	Q值	P值	Q值	P值
1	3.990	0.046	0.041	0.840	0.218	0.640	0.583	0.445	0.672	0.412
2	4.552	0.103	6.550	0.038	8.829	0.012	7.631	0.022	8.795	0.012
3	4.619	0.202	12.714	0.005	10.237	0.017	8.772	0.032	12.161	0.007
4	5.303	0.258	14.280	0.006	10.475	0.033	9.038	0.060	12.468	0.014
5	5.933	0.313	16.926	0.005	11.799	0.038	10.102	0.072	13.736	0.017

因此使用 AR（p）模型来消除变量的序列自相关，经模型调试后发现，变量序列 Y_spot 选择了 AR（1）过程，其余变量选择了 AR（2）过程，即各序列均值方程作如下设定：

$$Y\_spot_t = \mu_t + \beta_1 Y\_spot_{t-1} + \varepsilon_{1,t}$$

$$Y\_ndf_{i,t} = \mu_{i,t} + \beta_{i,1} Y\_ndf_{i,t-1} + \beta_{i,2} Y\_ndf_{i,t-2} + \varepsilon_{2,i,t}$$

$$(i = 1, 3, 6, 12)$$

$$(4.17)$$

然后对式（4.17）中的残差项序列进行自相关和异方差检验，采用 Breusch-Godfrey LM 检验（Lagrange Multiplier，拉格朗日乘数检验）来检验（滞后阶数为2）变量序列的自相关，采用 Engle（1982）的 ARCH LM 检验来检验（滞后阶数为2）变量序列的异方差，滤波后的变量序列的自相关检验和异方差结果见表4-4；可见，滤波消除了序列自相关，但仍存在 ARCH 效应，因此，通过建立 EDCC-MGARCH 模型消除异方差并得到序列之间的动态关系。

表4-4　　　即期汇率和各期限 NDF 汇率对数收益率滤波后的
序列相关检验和异方差检验结果

变量	Breusch-Godfrey LM 检验				ARCH LM 检验			
	F 统计量	P值	T×R² 统计量	P值	F 统计量	P值	T×R² 统计量	P值
Y_spot	0.207	0.813	0.416	0.812	3.888	0.049	3.876	0.049
Y_ndf_1	0.843	0.431	1.670	0.428	5.283	0.022	5.253	0.022
Y_ndf_3	0.085	0.919	0.171	0.918	4.413	0.013	8.739	0.013

续表

变量	Breusch-Godfrey LM 检验				ARCH LM 检验			
	F 统计量	P 值	T×R² 统计量	P 值	F 统计量	P 值	T×R² 统计量	P 值
Y_ndf_6	0.610	0.544	1.226	0.542	6.129	0.002	12.069	0.002
Y_ndf_{12}	0.296	0.744	0.595	0.743	4.051	0.018	8.032	0.018

（三）EDCC-MGARCH 模型估计

本书分别建立 Y_spot 和 Y_ndf_1、Y_spot 和 Y_ndf_3、Y_spot 和 Y_ndf_6、Y_spot 和 Y_ndf_{12} 之间的 EDCC-MGARCH（1，1）模型，4 个模型设定如下：

$$\begin{pmatrix} h_{11} \\ h_{22} \end{pmatrix}_{i,t} = \begin{pmatrix} \omega_1 \\ \omega_2 \end{pmatrix}_i + \begin{pmatrix} a_{11} & a_{12} \\ a_{21} & a_{22} \end{pmatrix}_i \begin{pmatrix} \varepsilon_1^2 \\ \varepsilon_2^2 \end{pmatrix}_{i,t-1} + \begin{pmatrix} b_{11} & b_{12} \\ b_{21} & b_{22} \end{pmatrix}_i \begin{pmatrix} h_{11} \\ h_{22} \end{pmatrix}_{i,t-1}$$

$$(i = 1, 3, 6, 12) \tag{4.18}$$

$$Q_{i,t} = (1-\alpha_i-\beta_i) \bar{Q}_i + \alpha_i u_{i,t-1} u_{i,t-1}^T + \beta_i Q_{i,t-1} \quad (i=1, 3, 6, 12)$$

$$\tag{4.19}$$

其中，i 表示 NDF 汇率的期限，$h_{11,t}$ 表示 Y_spot 的条件方差，$h_{22,i,t}$ 则分别表示 Y_ndf_1、Y_ndf_3、Y_ndf_6、Y_ndf_{12} 的条件方差；$\varepsilon_{1,t}$ 表示 Y_spot 的残差项，并且不会随 i 的取值不同而改变；而 $\varepsilon_{2,i,t}$ 则表示 Y_ndf_1、Y_ndf_3、Y_ndf_6、Y_ndf_{12} 的残差项。b_{11} 和 b_{22} 分别为即期市场和 NDF 市场的波动持久系数，a_{11} 和 a_{22} 分别表示即期市场和 NDF 市场的 ARCH 项系数。a_{12} 和 b_{12} 表示从 NDF 市场到即期市场的波动溢出系数，a_{21} 和 b_{21} 表示从即期市场到 NDF 市场的波动溢出系数。

本书使用 R 统计软件①估计由式（4.18）和式（4.19）组成的模型系统，波动溢出效应的估计结果见表 4-5，DCC 方程［由式（4.19）表示］系数估计结果见表 4-6，由式（4.19）和式（4.9）可以分别计算各个期限下即期汇率和 NDF 汇率收益率序列的动态相关

---

① R 软件版本是 R2.15.2，所用软件包是 CCGARCH，http：//www.R-project.org。

系数矩阵R_t，计算结果如图4-1所示。

表4-5 波动溢出效应参数估计结果

远期期限		ω_j	a_{j1}	a_{j2}	b_{j1}	b_{j2}
1个月	$h_{11,t}$ ($j=1$)	1.520e-05 (0.008)	0.019 (0.143)	0.243 (0.407)	0.327 *** (6.170)	0.859 *** (7.954)
	$h_{22,t}$ ($j=2$)	0.003 (0.094)	0.143 (0.556)	0.046 *** (42.000)	0.213 *** (3.005)	0.108 (0.635)
3个月	$h_{11,t}$ ($j=1$)	0.003 ** (2.268)	0.030 (0.971)	0.086 (0.985)	0.118 (0.515)	0.146 (0.135)
	$h_{22,t}$ ($j=2$)	2.409e-06 (3.180e-05)	0.362 (1.619)	0.041 *** (12.473)	1.234 *** (18.360)	0.334 (1.040)
6个月	$h_{11,t}$ ($j=1$)	0.003 ** (2.143)	0.047 ** (2.450)	0.061 (1.018)	0.058 (0.154)	0.111 (0.078)
	$h_{22,t}$ ($j=2$)	5.832e-07 (1.000)	0.657 *** (3.276)	0.052 *** (10.981)	1.634 *** (26.483)	0.322 (1.113)
12个月	$h_{11,t}$ ($j=1$)	0.005 *** (3.629)	0.053 *** (4.062)	0.039 (1.228)	2.367e-06 (7.929e-06)	0.038 (0.011)
	$h_{22,t}$ ($j=2$)	1.315e-07 (1.875e-06)	0.356 (1.310)	0.175 *** (10.767)	0.484 *** (4.675)	0.682 *** (3.286)

注：小括号内的值是z统计量；*、** 和 *** 分别表示在10%、5%和1%的显著性水平下显著。当$j=1$时，表示Y_spot的方差方程；当$j=2$时，表示Y_ndf_i的方差方程。

从表4-5的检验结果可以发现，对于各个期限的NDF产品（包括1个月期、3个月期、6个月期和12个月期），系数a_{21}或b_{21}显著，这表明从即期市场到NDF市场存在波动溢出效应，即人民币即期市场是信息波动的来源；这个估计结果与严敏和巴曙松（2010）的结论稍有不同，严敏和巴曙松（2010）利用2006年11月至2009年6月的样本进行估计，结果显示，只有12个月期限的NDF产品不存在从即期市场到NDF市场的波动溢出效应；这个差异说明，我国自2010年6月汇改重启以来，人民币汇率弹性幅度进一步扩大，汇率市场化程度进一步增强，使得人民币即期汇率能够反映更多的市场信息，进而能够对NDF市场产生信息波动溢出效应。另外，只有一个月期限的NDF产品，系数b_{12}显著，表明存在从NDF市场到即期市场的波动溢出效应。

表 4-6　　　　　　　　　　　　　　DCC 方程系数估计结果

	1 个月	3 个月	6 个月	12 个月
DCC α	0.113 *** (4.007)	0.031 (1.337)	8.203e-09 (6.420e-07)	0.005 (0.383)
DCC β	7.657e-07 (2.777e-06)	0.909 *** (9.185)	9.820e-01 (2.344e-05)	0.974 *** (10.652)

注：小括号内的值是 z 统计量；*、** 和 *** 分别表示在 10%、5% 和 1% 的显著性水平下显著。

从表 4-6 所列结果可以看出，除了 6 个月期限的 NDF 产品外，其他的两个 DCC 系数都有一个显著。系数 DCC α 反映了扰动信息对相关系数的影响，而系数 DCC β 则反映了动态相关系数的持续性。

图 4-1 表明，人民币 NDF 市场和即期市场密切相关。NDF 产品的期限越短，它和即期市场的相关程度就越高，这说明短期合约的市场参与者多为套期保值者，而长期合约的市场参与者多为投机者，投机者的增加减弱了由套期保值者建立的市场间关联程度，使得市场间分割程度加大。

本书的实证结果表明，人民币即期汇率的波动会对各个期限的 NDF 汇率产生溢出效应，即期市场和 NDF 市场之间具有较强的相关性，这种相关性随着 NDF 合约期限变长而减弱。众多的研究认为人民币 NDF 是一个能够反映人民币预期的优良指标，从这个角度来讲，本书的研究结论表明，以人民币 NDF 表示的汇率预期具有向后看的特点，即随着即期市场的波动而波动。

第三节　基于 Copula 函数的人民币即期汇率和汇率预期的尾部相关分析

本章第二节利用 EDCC-MGARCH 模型研究了人民币 NDF 市场和即期市场之间的相互关系，实证分析发现，人民币 NDF 市场和即期市场存在较强的相关性，人民币即期市场对各个期限的 NDF 市场之间存

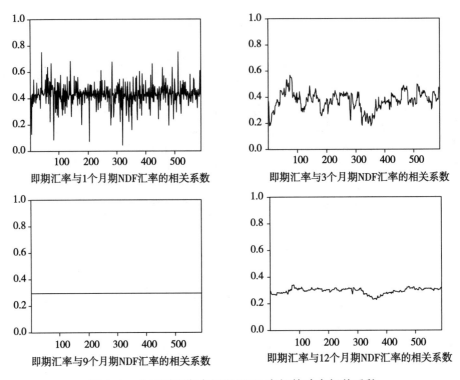

即期汇率与1个月期NDF汇率的相关系数　　　　即期汇率与3个月期NDF汇率的相关系数

即期汇率与9个月期NDF汇率的相关系数　　　　即期汇率与12个月期NDF汇率的相关系数

图 4-1　人民币即期市场和 NDF 市场的动态相关系数

在波动溢出效应。但是，EDCC-MGARCH 模型不能有效刻画变量序列之间尾部的相互关系，而 Copula 理论及 Copula 函数可以有效地弥补这一缺陷。因此，本节首先简要介绍了 Copula 理论以及 SJC Copula（Symmetrized Joe-Clayton Copula）函数，然后运用时变 SJC Copula 函数实证分析人民币即期市场和 NDF 市场在尾部的相互关系，即求得上尾相关系数和下尾相关系数，从而刻画即期市场和 NDF 市场之间的传染效应。[①]

---

① Copula 函数常用于研究金融市场之间的传染效应，即一个市场发生较大的波动时，会不会引起另一个市场发生较大的波动。

一　Copula 理论与相关性分析[①]

（一）Copula 理论

Sklar 定理（1959）指出 Copula 函数能够把多元分布函数与它们各自的边缘分布函数连接在一起。令 $F(x_1, x_2, \cdots, x_n)$ 为具有边缘分布 $F_1(x_1), \cdots, F_n(x_n)$ 的 n 维联合分布函数，那么存在一个 n 元 Copula 函数 $C(u_1, u_2, \cdots, u_n)$，对于所有 n 维空间 $\bar{R}^n$ 中的 x 满足：

$$F(x_1, \cdots, x_n) = C[F_1(x_1), \cdots, F_n(x_n)] \qquad (4.20)$$

其中，$u_i = F_i(x_i)$，$i \in (1, \cdots, n)$。若 $F_1(x_1), \cdots, F_n(x_n)$ 连续，则 Copula 函数 $C(u_1, u_2, \cdots, u_n)$ 唯一确定；反之，若 $F_1(x_1), \cdots, F_n(x_n)$ 为一元分布函数，$C(u_1, u_2, \cdots, u_n)$ 为相应的 Copula 函数，则由式（4.20）确定的函数 $F(x_1, x_2, \cdots, x_n)$ 是具有边缘分布 $F_1(x_1), \cdots, F_n(x_n)$ 的联合分布函数。

Sklar 定理的推论指出，令 $F(x_1, x_2, \cdots, x_n)$ 为具有边缘分布 $F_1(x_1), \cdots, F_n(x_n)$ 的 n 维联合分布函数，$C(u_1, u_2, \cdots, u_n)$ 为相应的 Copula 函数，$F_1^{(-1)}(u_1), \cdots, F_n^{(-1)}(u_n)$ 分别为边缘分布 $F_1(x_1), \cdots, F_n(x_n)$ 的伪逆函数，则对于函数 $C(u_1, u_2, \cdots, u_n)$ 定义域内的任意 $(u_1, u_2, \cdots, u_n)$，都有：

$$C(u_1, u_2, \cdots, u_n) = F[F_1^{(-1)}(u_1), \cdots, F_n^{(-1)}(u_n)]$$

$$(4.21)$$

假设 $F_i(x_i)$，$i \in (1, \cdots, n)$ 是可微的，以及 $C(u_1, u_2, \cdots, u_n)$ 和 $F(x_1, x_2, \cdots, x_n)$ 是 n 阶可微的，那么，由式（4.20）的两边可以派生得到密度函数：

$$\frac{\partial^n F(x_1, \cdots, x_n)}{\partial x_1, \cdots, \partial x_n} = \frac{\partial^n C[F_1(x_1), \cdots, F_n(x_n)]}{\partial u_1, \cdots, \partial u_n}$$

[①] 韦艳华、张世英：《Copula 理论及其在金融分析上的应用》，清华大学出版社 2008 年版，第 6—14 页。Sklar, A., Fonctions de repartitionà n dimensions et leurs marges, Publication de l'Institut de Statistique de l'tUniversité de Paris, 1959, 8：229-231. Nelson, R. B., *An Introduction to Copulas*, New York：Springer, 2006.

$$\times f_1(x_1) \times \cdots \times f_n(x_n) \qquad (4.22)$$

这就是说，$F(x_1, x_2, \cdots, x_n)$ 的密度函数已经表示为 Copula 密度和边缘密度函数 $f_i(x_i)$，$i \in (1, \cdots, n)$ 的乘积。从这个意义上说，Copula 函数具有关于相关结构的所有信息。

由于大多数金融时间序列具有条件异方差特点，Copula 理论能比较容易地推广到条件 Copula 的情况。令 $F(x_1, x_2, \cdots, x_n \mid \Theta)$ 是具有条件边缘分布 $F_1(x_1 \mid \Theta)$，$\cdots$，$F_n(x_n \mid \Theta)$ 的 n 维条件联合分布函数，Θ 为条件集，那么存在一个 n 元条件 Copula 函数 $C(u_1, u_2, \cdots, u_n \mid \Theta)$，对于所有 n 维空间 R^n 中的 x 满足：

$$F(x_1, \cdots, x_n \mid \Theta) = C[F_1(x_1 \mid \Theta), \cdots, F_n(x_n \mid \Theta)]$$

$$(4.23)$$

其中，$u_i = F_i(x_i \mid \Theta)$，$i \in (1, \cdots, n)$。若 $F_1(x_1 \mid \Theta)$，$\cdots$，$F_n(x_n \mid \Theta)$ 连续，则 Copula 函数 $C(u_1, u_2, \cdots, u_n)$ 唯一确定；反之，若 $F_1(x_1 \mid \Theta)$，$\cdots$，$F_n(x_n \mid \Theta)$ 为一元条件分布函数，$C(u_1, u_2, \cdots, u_n \mid \Theta)$ 为相应的条件 Copula 函数，则由式（4.23）确定的函数 $F(x_1, x_2, \cdots, x_n \mid \Theta)$ 是具有条件边缘分布 $F_1(x_1 \mid \Theta)$，$\cdots$，$F_n(x_n \mid \Theta)$ 的联合条件分布函数。

Copula 函数的参数估计常常采用极大似然估计，而极大似然函数需要式（4.23）的密度函数，若 $F_1(x_1 \mid \Theta)$，$\cdots$，$F_n(x_n \mid \Theta)$ 是可微的，$F(x_1, x_2, \cdots, x_n \mid \Theta)$ 和 $C(u_1, u_2, \cdots, u_n \mid \Theta)$ 是 n 阶可微的，那么函数 $F(x_1, \cdots, x_n \mid \Theta)$ 的密度函数容易求得：

$$f(x_1, \cdots, x_n \mid \Theta) = \frac{\partial^n F(x_1, \cdots, x_n \mid \Theta)}{\partial x_1, \cdots, \partial x_n} =$$

$$\frac{\partial^n C[F_1(x_1 \mid \Theta), \cdots, F_n(x_n \mid \Theta)]}{\partial[F_1(x_1 \mid \Theta)], \cdots, \partial[F_n(x_n \mid \Theta)]} \times \frac{\partial F_1(x_1 \mid \Theta)}{\partial x_1} \times \cdots \times$$

$$\frac{\partial F_n(x_n \mid \Theta)}{\partial x_n} = c[F_1(x_1 \mid \Theta), \cdots, F_n(x_n \mid \Theta)] \times f_1(x_1 \mid \Theta) \times \cdots \times$$

$$f_n(x_n \mid \Theta)$$

$$(4.24)$$

令 $u_i = F_i(x_i \mid \Theta)$，$i \in (1, \cdots, n)$，则函数 $F(x_1, x_2, \cdots, x_n \mid \Theta)$ 的密度函数为：

$$f(x_1, \cdots, x_n \mid \Theta) = c(u_1, u_2, \cdots, u_n \mid \Theta) \times$$
$$f_1(x_1 \mid \Theta) \times \cdots \times f_n(x_n \mid \Theta) \qquad (4.25)$$

（二）基于 Copula 函数的相关性测度

Nelson（2006）指出，对随机变量 x_1，x_2，$\cdots$，x_n 作严格的单调变换，相应的 Copula 函数不变，即若：

$$\frac{\partial h_i(x_i)}{\partial x_i} > 0, \ i = 1, 2, \cdots, n \qquad (4.26)$$

则有式（4.27）成立：

$$C_{x_1, x_2, \cdots, x_n} = C_{h_1(x_1), h_2(x_2), \cdots, h_n(x_n)} \qquad (4.27)$$

其中，$h_i(x_i)$ 为随机变量 x_i 的函数，$C_{x_1, x_2, \cdots, x_n}$ 表示连接 x_1，x_2，$\cdots$，x_n 的 Copula 函数，$C_{h_1(x_1), h_2(x_2), \cdots, h_n(x_n)}$ 表示连接 $h_1(x_1)$，$h_2(x_2)$，$\cdots$，$h_n(x_n)$ 的 Copula 函数。因此，基于 Copula 函数的相关性测度反映的是严格单调变换下的相关性，比线性相关系数的适用范围宽泛。

基于 Copula 函数的相关性测度，除了 Kendall 秩相关系数 τ、Spearman 秩相关系数 ρ 和 Gini 关联系数 γ 之外，还有尾部相关系数。令 X 和 Y 为连续的随机变量，具有边缘分布函数 $F(\cdot)$ 和 $G(\cdot)$，相应的 Copula 函数为 $C(\cdot, \cdot)$，分别把上尾相关系数 λ^{up} 和下尾相关系数 λ^{lo} 定义为：

$$\lambda^{up} = \lim_{u \to 1} P\{Y > G^{-1}(u) \mid X > F^{-1}(u)\} = \lim_{u \to 1} \frac{1 - 2u + C(u, u)}{1 - u}$$
$$(4.28)$$

$$\lambda^{lo} = \lim_{u \to 0} P\{Y < G^{-1}(u) \mid X < F^{-1}(u)\} = \lim_{u \to 0} \frac{C(u, u)}{u} \qquad (4.29)$$

若 λ^{up}（或 λ^{lo}）存在且在（0，1］内，则随机变量 X、Y 上尾（或下尾）相关，若 λ^{up}（或 λ^{lo}）等于 0，则随机变量 X、Y 独立。因此，基于 Copula 函数的尾部相关系数易于分析金融市场或金融资产之间的尾部相关性，比如，一个股票市场的暴涨或暴跌是否会传染到其他股票市场。本书将用尾部相关系数研究人民币 NDF 市场和即期市场之间的尾部相关关系。

（三）常用的 Copula 函数及其相关性分析

常用的 Copula 函数大概有三类，即正态 Copula 函数、t-Copula 函数和阿基米德 Copula 函数。正态 Copula 函数在通常情况下能较好地拟合样本数据，因此可以用于分析变量之间的相关关系，但由于正态 Copula 函数具有对称性的特点，因此无法分析非对称的相关关系；另外，变量在正态 Copula 函数分布的尾部渐进独立，因此正态 Copula 函数不能捕捉尾部相关关系的变化。

t-Copula 函数也具有对称性的特点，因此只能分析变量间的对称关系；但与正态 Copula 函数相比，t-Copula 函数具有更厚的尾部，因此能够捕捉变量之间的尾部相关关系。

Gumbel、Clayton 和 Frank Copula 函数是三类常用的阿基米德 Copula 函数。Gumbel Copula 函数的密度函数具有上尾高下尾低的非对称特点，因此能够捕捉上尾相关关系，难以捕捉下尾相关关系。Clayton Copula 函数的密度函数具有上尾低下尾高的非对称特点，因此能够捕捉下尾相关变化，难以捕捉上尾相关关系的变化。Frank Copula 函数的密度函数具有对称性特点，因此只能捕捉变量之间的对称相关关系；另外，变量在 Frank Copula 函数分布的尾部渐进独立，因此 Frank Copula 函数难以捕捉尾部相关关系的变化。另外，阿基米德 Copula 函数中除了 Gumbel、Clayton 和 Frank Copula 函数外，还有一些其他常用的双参数的 Copula 函数形式，现有的软件包已经能够对这些双参数的 Copula 函数进行参数估计和相关系数的计算。[①]

由于现实世界中金融市场之间关系的复杂多变，用简单或单一的 Copula 函数只能反映其中的一个侧面，难以全面刻画这种复杂多变的相关模式。因此，有必要构造更为灵活的 Copula 函数来刻画具有复杂相关模式的相关关系。Hu（2002）利用 Gumbel、Clayton 和 Frank 这

---

① R 软件的 CDVINE 软件包涵盖了三类 Copula 函数：Gaussian copula、t-Copula 和 Archimedean Copula，其中 Archimedean Copula 除了包括 Clayton、Gumbel、Frank、Joe Copula 函数外，还包括 BB1、BB6、BB7 以及旋转 90 度、180 度和 270 度后的 Copula 函数，共 30 多种。

三个 Copula 函数的线性加权组合，构成了一种混合 Copula 函数，该混合 Copula 函数不仅能描述变量之间的下尾相关、上尾相关和尾部对称相关，还可以通过设定不同的权重来描述变量之间尾部的非对称相关。

（四）Copula 模型的构建及估计方法

Copula 模型的构建一般用两个步骤来完成。第一步是确定随机变量的边缘分布；针对金融时间序列波动的时变、群集等特征，常选用自回归移动平均模型（Autoregressive Moving Average Models，ARMA）、GARCH 和随机波动（Stochastic Variance，SV）类模型来描述变量的条件边缘分布。第二步是选取合适的 Copula 函数来有效描述随机变量之间的相关模式。因此，运用 Copula 理论来进行变量之间的相关性分析时，一般将变量的边缘分布和变量的相关模式分开研究，这样有助于问题的理解和处理。

和 Copula 模型的构建过程相对应，Copula 模型的参数估计一般也分两个阶段，通过极大似然估计法来完成。第一步是估计出各个变量的边缘分布的参数值；第二步是将这些边缘分布的参数值作为已知数代入 Copula 函数，进一步估计得到 Copula 函数的参数值。这种两阶段极大似然估计方法简化了参数估计问题。另外，Copula 模型的参数估计也可以使用一步完成的极大似然估计，以及非参数估计方法。

（五）时变相关 Copula 理论

金融市场间的相关关系可能随着外部环境的变化而改变，因此，需要建立动态 Copula 模型来描述金融市场间的动态非线性的相关关系。金融市场间的动态 Copula 模型主要包括两类：一类是参数时变相关的 Copula 模型，另一类是变结构的 Copula 模型，本书主要运用前者研究有关问题。

建立时变相关 Copula 模型的关键是确定 Copula 函数的有关参数的演化方程。一般来说，有两类建立动态参数演化方程的方法：一类是 Engle（2002）提出的 DCC（1，1）模型[1]；另一类则基于以下考虑：

---

[1]　详见本章第二节关于 DCC-GARCH 模型的阐述。

由于很多 Copula 函数的参数都与相关系数或尾部相关系数具有一一对应的关系，因此，可以利用这个特点，通过建立相关系数的演化方程，间接地建立 Copula 参数的动态演化方程；Patton（2001）利用条件尾部相关系数的动态演化方程定义了 Copula 函数的参数的时变性。

二　基于时变 SJC Copula 函数的人民币即期汇率和 NDF 尾部相关分析

（一）SJC Copula 函数

Patton（2006）在 JC Copula（Joe - Clayton Copula）函数的基础上，提出了 SJC Copula 函数，用以描述金融市场之间的相关关系：

$$C_{SJC}(u,\ v) = 0.5[\,C_{JC}(u,\ v) + C_{JC}(1 - u,\ 1 - v) + u + v - 1\,]$$

$$(4.30)$$

其中，$C_{JC}(u,\ v)$ 是 Joe（1997）给出的 JC Copula 的分布函数，其具体形式为：

$$C_{JC}(u,\ v) = 1 - (1 - \{[1 - (1 - u)^k]^{-\gamma} +$$

$$[1 - (1 - v)^k]^{-\gamma} - 1\}^{-1/\gamma})^{1/\kappa},\ k \geqslant 1,\ \gamma > 0 \quad (4.31)$$

JC Copula 函数能够同时刻画上尾相关关系和下尾相关关系，并且尾部相关系数和参数具有一一对应的关系：$\lambda^{lo} = 2^{-1/\gamma}$，$\lambda^{up} = 2 - 2^{1/k}$。JC Copula 函数的不足在于，当刻画上尾相关系数和下尾相关系数相同的相关关系时，JC Copula 函数是非对称的。SJC Copula 函数可以弥补这一不足。

（二）时变 SJC Copula 函数

Patton（2006）建议根据条件上下尾相关系数的时变性来定义 SJC Copula 函数中参数的时变性，从而得到在每一时期与给定的条件尾部相关系数相对应的 SJC Copula 函数的参数值，Patton（2006）假定尾部相关系数按照如下方程动态演变：

$$\lambda_t^{up} = \Lambda\left(\omega_{up} + \beta_{up}\lambda_{t-1}^{up} + \alpha_{up} \cdot \frac{1}{q}\sum_{j=1}^{q}|u_{t-j} - v_{t-j}|\right) \quad (4.32)$$

$$\lambda_t^{lo} = \Lambda\left(\omega_{lo} + \beta_{lo}\lambda_{t-1}^{lo} + \alpha_{lo} \cdot \frac{1}{q}\sum_{j=1}^{q}|u_{t-j} - v_{t-j}|\right) \quad (4.33)$$

其中，$\Lambda(\cdot)$ 为 Logistic 函数，定义为：$\Lambda(x) = 1/(1 + e^{-x})$，它的引入是为了确保 $\lambda_t^{up} \in (0, 1)$ 以及 $\lambda_t^{lo} \in (0, 1)$。其中的 u_t 和 v_t 是对观测序列进行概率积分变换（参数值由极大似然估计得到）后得到的服从 $(0, 1)$ 均匀分布的序列。尾部相关系数的演变方程式（4.32）和式（4.33）类似于 ARMA（1, q）模型，方程右边都包括一个滞后 1 阶的自回归项 λ_{t-1}^{up}、λ_{t-1}^{lo} 和一个外生变量，外生变量使用滞后 q 阶的 u_t 和 v_t 差的绝对值的均值，滞后阶数 q 一般小于等于 10。由于条件尾部相关系数与 JC Copula 函数的两个参数一一对应，因此时变参数 k_t 和 γ_t 可以分别由 $k_t = [\log_2(2 - \lambda_t^{up})]^{-1}$ 和 $\gamma_t = -[\log_2(\lambda_t^{lo})]^{-1}$ 得到。

（三）数据说明

本节意在通过研究人民币即期市场和 NDF 市场的尾部相关关系，弥补（E）DCC-GARCH 模型的不足。因此，数据的选取和本章第二节相同。通过表 4-1 可以发现，较人民币即期汇率的收益率，人民币 NDF 市场的各个期限的汇率的收益率都呈现出明显的高峰厚尾的特征，Jarque-Bera 统计量表明各个收益率都具有明显的非正态性。

（四）边缘分布建模及估计结果

由本章第二节的表 4-3 可见，人民币即期汇率和 NDF 市场各个期限的汇率的收益率都表现出自相关的特点，Y_spot 序列用 AR（1）过程进行了调整，其他序列用 AR（2）过程进行了调整，从表 4-4 可以发现，调整后的各个序列的残差已经消除了自相关，但是仍然存在异方差现象。根据拟合效果，采用 AR（1）-GARCH（1, 1）-t 分布模型作为 Y_spot 序列的边缘分布，其具体形式如下：

$$Y\_spot_t = \mu + \Phi Y\_spot_{t-1} + \varepsilon_t$$
$$\sigma_t^2 = \varphi + G\sigma_{t-1}^2 + A\varepsilon_{t-1}^2 \tag{4.34}$$
$$\sqrt{\frac{v}{\sigma_t^2(v-2)}}\varepsilon_t \sim iid\ t_v$$

统一采用 AR（2）-GARCH（1, 1）-t 分布模型作为 Y_ndf_1、Y_ndf_3、Y_ndf_6 和 Y_ndf_{12} 序列的边缘分布，其具体形式如下：

$$Y\_ ndf_{i, t} = \mu_i + \Phi_i Y\_ ndf_{i, t-1} + \beta_i Y\_ ndf_{i, t-2} + \varepsilon_{i, t}$$

$$\sigma_{i, t}^2 = \varphi_i + G_i \sigma_{i, t-1}^2 + A_i \varepsilon_{i, t-1}^2 (i = 1, 3, 6, 12)$$

$$\sqrt{\frac{v_i}{\sigma_{i, t}^2 (v_i - 2)}} \varepsilon_{i, t} \sim iid \ t_v$$

(4.35)

各汇率收益率的边缘分布的参数估计结果见表4-7。采用 GARCH（1，1）模型过滤后的各序列的异方差检验见表4-8，较小的统计量和较大的 P 值证明已经消除了异方差。

表 4-7　　　　　　　　汇率收益率边缘分布的参数估计

	$Y\_ spot$	$Y\_ ndf_1$	$Y\_ ndf_3$	$Y\_ ndf_6$	$Y\_ ndf_{12}$
μ_i	-0.013 *** (-3.416)	-0.008 ** (-2.097)	-0.006 (-1.243)	-0.004 (-0.770)	-0.0003 (-0.051)
Φ_i	0.104 ** (2.354)	0.013 (0.289)	0.017 (0.376)	-0.039 (-0.936)	0.031 (0.732)
β_i	—	-0.101 ** (-2.416)	-0.099 ** (-2.451)	-0.089 ** (-2.309)	-0.118 *** (-2.904)
φ_i	0.0002 (1.583)	0.001 ** (2.108)	0.001 ** (2.304)	0.001 ** (2.013)	0.002 ** (2.338)
G_i	0.899 *** (32.107)	0.810 *** (14.850)	0.804 *** (16.215)	0.873 *** (25.585)	0.826 *** (20.634)
A_i	0.077 *** (3.258)	0.149 *** (3.143)	0.156 *** (3.275)	0.108 *** (3.170)	0.140 *** (3.518)
v_i	9.50 *** (2.697)	6.053 *** (4.170)	5.345 *** (4.537)	4.010 *** (5.856)	4.433 *** (5.107)

注：小括号中的值是 z 统计量。 * 、 ** 和 *** 分别表示在10%、5%和1%的显著性水平下显著。

最后，还需要对上述的边缘分布模型进行检验和拟合度评价。使用 Diebold 等（1998）提出的基于概率积分变换的评价方法对上述模型进行评价，首先，对原序列作概率积分变换，然后，检验变换后的序列是否服从独立同分布的（0，1）均匀分布，若服从独立同分布的（0，1）均匀分布，则证明边缘分布建模正确。

本书使用经验概率积分变换对式（4.34）和式（4.35）中的标

准化残差进行变换，自相关检验分别使用滞后 5 阶和 10 阶的 Ljung_
Box 统计量，使用 Kolmogorov-Smirnov 统计量（K-S 统计量）检验变
换后的序列是否服从（0，1）均匀分布。独立同分布的（0，1）均
匀分布的检验结果见表 4-9，结果表明概率积分变换后的序列不存在
自相关，且服从（0，1）均匀分布，即 AR（1）-GARCH（1，1）-
t 和 AR（2）-GARCH（1，1）-t 模型较好地描述了各序列的边缘
分布。

表 4-8　　　　　　　　　滤波后各序列的异方差检验结果

变量	ARCH LM 检验			
	F 统计量	P 值	T×R^{2}统计量	P 值
Y_spot	0.080	0.778	0.080	0.777
Y_ndf_1	0.704	0.402	0.706	0.401
Y_ndf_3	0.417	0.519	0.418	0.518
Y_ndf_6	0.043	0.835	0.044	0.835
Y_ndf_{12}	0.010	0.921	0.010	0.920

表 4-9　　　　　　　　　边缘分布模型的评价结果

	Y_spot	Y_ndf_1	Y_ndf_3	Y_ndf_6	Y_ndf_{12}
Ljung_ Box（5）	3.365 (0.644)	5.612 (0.346)	3.679 (0.596)	6.261 (0.282)	5.037 (0.411)
Ljung_ Box（10）	6.532 (0.769)	8.503 (0.580)	6.315 (0.788)	8.177 (0.612)	7.834 (0.645)
K-S 统计量	0.002 (0.997)	0.002 (0.997)	0.002 (0.997)	0.002 (0.997)	0.002 (0.997)

注：括号内是 P 值。

（五）时变 SJC Copula 建模及参数估计结果

在对边缘分布正确建模及估计的基础上，经概率积分变换得到了
服从（0，1）均匀分布的 5 个序列。然后利用式（4.30）至
式（4.33）分别建立 Y_spot 与 Y_ndf_i（i=1，3，6，12）之间的时
变 SJC Copula 函数。

利用极大似然估计方法对如式（4.30）至式（4.33）所示的时

变 SJC Copula 函数的时变参数 ω_{up}、α_{up}、β_{up} 和 ω_{lo}、α_{lo}、β_{lo} 进行估计,同时可以估计出动态的上尾相关系数和下尾相关系数。还利用极大似然估计方法估计了静态 SJC Copula 模型的参数,以便于动态尾部相关系数和静态尾部相关系数的对比分析。参数估计结果以及模型的拟合度指标见表 4-10。

表 4-10　　　动态 SJC Copula 模型和静态 SJC Copula 模型的
参数估计结果

		$Y\_spot\_Y\_ndf_1$	$Y\_spot\_Y\_ndf_3$	$Y\_spot\_Y\_ndf_6$	$Y\_spot\_Y\_ndf_{12}$
动态 SJC Copula 模型	$\omega_{up,\,i}$	0.258 (1.425)	0.959 (2.227)	1.564 (1.521)	1.0232 (1.021)
	$\alpha_{up,\,i}$	-7.476 (5.864)	-9.999 (8.477)	-10.000 (7.596)	-10.000 *** (1.27E-4)
	$\beta_{up,\,i}$	-0.993 *** (0.008)	-0.810 *** 0.148	0.443 (0.435)	0.008 (0.916)
	$\omega_{lo,\,i}$	1.630 (1.574)	0.562 (0.986)	0.524 (2.543)	-0.004 (0.993)
	$\alpha_{lo,\,i}$	-9.999 (7.337)	-10.000 *** (3.617)	-9.999 (8.884)	-9.999 *** (3.103)
	$\beta_{lo,\,i}$	-0.4323 (1.002)	-0.873 *** (0.109)	-0.685 *** (0.202)	-0.7380 *** (0.270)
	AIC_i	-127.171	-91.344	-59.412	-44.413
	BIC_i	-100.890	-65.064	-33.131	-18.132
	$LOGL_i$	69.585	51.672	35.706	28.206
静态 SJC Copula 模型	λ_i^{up}	0.257 *** (0.051)	0.212 *** (0.055)	0.1590 *** (0.059)	0.1248 * * (0.056)
	λ_i^{lo}	0.234 *** (0.059)	0.182 *** (0.059)	0.1255 *** (0.059)	0.1059 * (0.057)
	AIC_i	-121.414	-89.173	-58.195	-45.504
	BIC_i	-112.654	-80.412	-49.434	-36.743
	$LOGL_i$	62.707	46.586	31.097	24.752

注:小括号内的数值是标准差。下标 $i = 1$,3,6,12。*、** 和 *** 分别表示在 10%、5%和1%的显著性水平下显著。

从表 4-10 中可以看到,就静态 SJC Copula 模型而言,各个期限的人民币 NDF 市场和即期市场无论是上尾相关系数还是下尾相关系数都比较显著,只有一年期情况下的下尾相关系数显著性稍弱;人民币 NDF 产品的期限越长,其对于即期市场尾部行为的影响越小;进一步分析可以发现，各期限的上尾相关系数都比下尾相关系数稍大，这说明自 2010 年 6 月人民币汇改重启以来，人民币 NDF 市场和即期市场之间存在显著的贬值尾部相关，而且贬值的尾部相关还略大于升值的尾部相关，背后的原因可能是金融危机后国际市场对中国经济持续高速发展的不确定性造成的。就动态 SJC Copula 模型而言，各个期限的人民币 NDF 市场和即期市场的上尾相关系数和下尾相关系数都显示了一定的动态性。就模型的拟合度指标而言，对数似然值和 AIC 准则都比较一致地选择了动态模型。

（六）上尾相关关系分析

利用式（4.30）至式（4.33）可以计算出动态的上尾和下尾相关系数，各个期限的人民币 NDF 市场和即期市场的动态上尾相关系数见图 4-2。

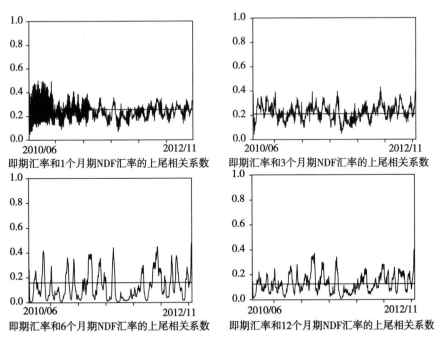

图 4-2　即期汇率和 NDF 汇率的动态上尾相关系数

从图 4-2 中可以看出，各个期限的人民币 NDF 市场和即期市场都呈现出一定的上尾相关性，即人民币 NDF 市场和即期市场同时大幅贬

值以一定的概率出现。就人民币 NDF 市场的各个期限而言，NDF 产
品的期限越长，它和即期市场的动态上尾相关系数就越小；而且可以
发现 6 个月、12 个月期的人民币 NDF 市场和即期市场的动态上尾相
关系数波动性较强，较小的上尾相关系数已经接近于零；相比之下，
1 个月、3 个月期的人民币 NDF 市场和即期市场的动态上尾相关系数
基本上都大于 0.1，呈现出较强的上尾相关性。这个现象说明国际市
场在长期内对人民币的贬值预期具有较大的不确定性，贬值预期多数
时间会消失。另外，注意到 1 个月期的人民币 NDF 市场和即期市场的
上尾相关系数呈现出逐步变小的趋势。

（七）下尾相关关系分析

各个期限的人民币 NDF 市场和即期市场的动态下尾相关系数
见图 4-3。

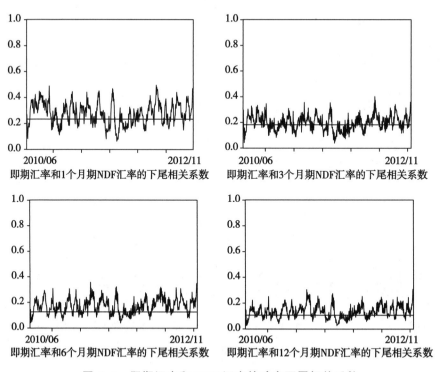

图 4-3　即期汇率和 NDF 汇率的动态下尾相关系数

从图 4-3 中可以看出，各个期限的人民币 NDF 市场和即期市场都

呈现出一定的下尾相关性，即人民币 NDF 市场和即期市场同时大幅升值以一定的概率出现。就人民币 NDF 市场的各个期限而言，NDF 产品的期限越长，它和即期市场的动态下尾相关系数就越小；与上尾相关一个重要的不同是，6 个月、12 个月期的人民币 NDF 市场和即期市场的动态下尾相关系数一般都在 0.05 以上，这个现象说明国际市场长期内仍看好人民币持续升值。

　　与 EDCC-MGARCH 模型相比，Copula 模型能够刻画人民币 NDF 市场和即期市场之间的尾部相关关系，能够有效弥补 EDCC-MGARCH 模型的不足。本书使用静态以及时变 SJC Copula 模型实证分析了人民币即期市场和 NDF 市场在上尾和下尾的相关关系，分别计算了静态和动态的上尾相关系数和下尾相关系数。结果表明，与本章第二节运用 EDCC-MGARCH 模型得出的结论类似，EDCC-MGARCH 模型指出人民币 NDF 产品期限越长，它和即期市场的相关性就越小，SJC Copula 模型也指出人民币 NDF 市场和即期市场的尾部相关系数随着 NDF 产品期限变长而变小。SJC Copula 模型进一步指出，从上尾相关系数来看，国际市场对人民币的贬值预期具有极大的不确定性，而从下尾相关系数来看，国际市场长期内仍看好人民币持续升值。

第四节　人民币即期汇率与汇率预期的
因果关系分析

　　本章第二节研究了人民币即期市场和 NDF 市场之间的波动溢出效应，然而它们之间的报酬溢出效应，即价格引导关系仍然悬而未决。已有的研究［如严敏和巴曙松（2010）、徐剑刚、李治国和张晓蓉（2007）、贺晓博和张笑梅（2012）］指出，人民币 NDF 市场对即期市场具有单向的溢出效应，人民币 NDF 市场对即期市场具有单向的价格引导作用，人民币 NDF 汇率是人民币即期汇率的 Granger 原因，而人民币即期汇率不是 NDF 的 Granger 原因。但是这些研究大多是基于线性 Granger 因果检验或 VAR 模型得出的结论，并未考虑即期市场和

NDF 市场之间的非线性关系，因此，有进一步研究的必要。

因此，本书分别利用线性 Granger 因果检验和第三章第四节介绍的非线性 Granger 因果检验研究 2010 年 6 月至 2012 年 11 月人民币即期市场和 NDF 市场之间的报酬溢出的因果关系，具体的数据说明详见本章第二节，检验结果没有详细列出，分析总结如下。

一　线性 Granger 因果检验结果分析

（1）即期汇率和 1 个月期 NDF 汇率之间的线性 Granger 原因检验结果。对于"即期汇率不是 NDF 汇率的 Granger 原因"的原假设，传统的线性 Granger 因果检验对滞后阶数比较敏感，不同的滞后阶数会导致结论的不同；即使是按照信息准则选取滞后阶数，结论也截然不同：比如按照 SC、HQ 准则选取滞后阶数，结论是接受原假设；按照 LR、FPE、AIC 选取滞后阶数，结论是拒绝原假设。而对于"NDF 汇率不是即期汇率的 Granger 原因"的原假设，不同滞后阶数下一致拒绝原假设。

（2）即期汇率和 3 个月、6 个月、12 个月期 NDF 汇率之间的线性 Granger 原因检验结果。在不同滞后阶数下，一致接受了"即期汇率不是 NDF 汇率的 Granger 原因"的原假设，也一致拒绝了"NDF 汇率不是即期汇率的 Granger 原因"的原假设。

二　非线性 Granger 因果检验结果分析

对检验结果进行综合分析，可以得出如下结论：（1）1 个月期和 3 个月期 NDF 汇率，在各阶滞后下，都是即期汇率的 Granger 原因；6 个月期和 12 个月期的 NDF 汇率，除第 6 阶滞后外，均是即期汇率的 Granger 原因；因此，NDF 汇率期限越长，对即期汇率的影响可能越小。（2）除了第 6 阶滞后外，即期汇率也是各期限 NDF 汇率的 Granger 原因。

第五节　人民币 CNY 与 CNH 汇率的尾部相关性分析

随着 2009 年跨境贸易人民币结算试点的启动，在市场需求及政策层面的推动下，人民币国际化水平不断提升，离岸市场发展迅速。人民币离岸市场迅速发展的同时，境内和境外也形成两个人民币即期汇率，这两个汇率的互动关系如何备受关注，甚至有学者指出当人民币离岸市场达到一定规模时，就有可能对在岸市场汇率的形成机制形成冲击，显然这个问题的答案对于中国的金融监管模式的创新以及进一步的汇率市场改革都具有重要意义。

近年来，国内外学者开始关注境内外人民币即期汇率之间的相互影响关系，主要采用 Granger 因果检验和 ARCH 类模型研究两者之间的报酬溢出关系和波动溢出关系。He Dong（2011）采用 Granger 因果检验对境内人民币市场（CNY）和香港离岸市场（CNH）之间的关系，研究表明样本期内 CNY 汇率仍然起到了"锚"的作用。伍戈和裴诚（2012）运用 Granger 因果检验和 AR-GARCH 模型等计量方法研究了 CNY、CNH 和 NDF 三个不同人民币外汇市场之间的相互联系，估计结果表明：CNY 对 CNH 市场有单向的价格引导作用，CNY 市场仍然占据人民币汇率定价权。刘辉（2014）基于线性 Granger 因果检验和 ARMA-GARCH 模型，探讨了人民币离岸与在岸之间的互动效应，实证结果表明：CNY 汇率对 CNH 汇率存在较强的价格引导能力。

还有学者采用多元 GARCH 模型分析了 CNY 和 CNH 市场之间的关系。Maziad 和 Kang（2012）运用二元 GARCH 模型分析了 CNY 和 CNH 市场之间的联系，结果表明，CNY 市场即期汇率对 CNH 市场即期汇率的形成具有一定影响，离岸市场远期汇率对在岸市场远期汇率具有前瞻性影响，并指出两个市场间的通道会随着离岸市场的发展而增加。修晶和周颖（2013）利用 DCC-MGARCH 模型研究人民币 CNY 市场、CNH 市场及 NDF 市场之间的动态相关关系，样本区间为 2006 年 8 月 23 日至 2012 年 12 月 24 日，结果发现三个市场相关程度不断增强，信息传递较快。CNH 与 CNY 互为 Granger 原因，但 CNY 市场对 CNH 市场的影响更为明显。

此外，还有学者采用其他的模型或研究角度分析 CNY 和 CNH 市场之间的关系。如朱钧钧和刘文财（2012）采用误差修正模型以及高频数据研究人民币 CNY 即期汇率和 CNH 即期汇率之间的价格发现能力。结果表明，境内人民币市场拥有 90% 的价格发现贡献度。而 Craig 等 （2013） 则从 CNY 和 CNH 市场分歧的角度研究两者之间的关系，运用门限自回归模型 （Threshold Autoregressive，TAR） 和 VAR 模型研究了人民币在岸和离岸市场一体化程度，并分析了两个市场之间分歧产生的原因，其中资本账户控制和国际市场情绪的变化解释了两个市场之间大部分的分歧。

以上文献对该问题的研究取得了较大进展，但在研究内容和方法上仍有进一步研究的必要。就研究内容而言，国内外现有的研究主要集中于境内外汇率的报酬溢出和波动溢出效应，没有区分升值和贬值两种不同的情况；考虑到汇率是典型的资产价格，根据金融市场中投资者风险厌恶的一般性假定，升值和贬值在境内外市场之间的传导可能存在一定的非对称性，因此研究境内外市场之间的尾部相关特征就具有重要意义。本书采用 SJC - Copula 函数研究两者之间尾部关联特征。

一　数据说明

本书选择人民币在岸与离岸汇率的样本区间为 2015 年 8 月 10 日至 2017 年 6 月 30 日，进行具体分析时，采用汇率的对数收益率序列，即 $Y_t = \ln(E_t/E_{t-1})$，其中 E_t 表示汇率，Y_t 表示对数收益率。分别用 Y_ CNY 和 Y_ CNH 表示在岸汇率和离岸汇率的对数收益率，各序列的统计性质见表 4-11。从各序列收益率的均值来看，在岸汇率和离岸汇率在样本期间内呈现出贬值的趋势，离岸汇率相对于在岸汇率贬值趋势更强。从偏度、峰度来看，各收益率序列呈现高峰、厚尾的特点，而 JB 统计量拒绝了各序列服从正态分布的假定。

表 4-11　　在岸汇率和离岸汇率对数收益率的样本描述性统计

	均值	标准差	偏度	峰度	Jarque-Bera
Y_ CNY	0.0080	0.1314	1.0470	20.8421	6306.587 ***
Y_ CNH	0.0081	0.0911	0.9587	17.8380	4374.272 ***

注： * 、 ** 和 *** 分别表示在 10%、5% 和 1% 的显著性水平下拒绝原假设。

二　边缘分布建模及估计结果

本书根据试验拟合效果，采用 ARMA（1，1）-GARCH（1，1）-t 分布模型作为 Y_ CNY 序列的边缘分布，采用 MA（1）-GARCH（0，1）-t 分布模型作为 Y_ CNH 序列的边缘分布。对上述模型中的残差项序列进行自相关和异方差检验，采用 Breusch-Godfrey 拉格朗日乘数检验（Lagrange Multiplier，LM 检验）来检验变量序列的自相关，采用 Engle（1982）的 ARCH LM 检验来检验变量序列的异方差，滤波后的变量序列的自相关检验和异方差结果见表 4-12。可见，滤波消除了序列自相关和异方差。

表 4-12　　　　　在岸和离岸汇率对数收益率滤波后的序列

相关检验和异方差检验结果

变量	Breusch-Godfrey LM 检验				ARCH LM 检验			
	F 统计量	P 值	$T \times R^2$ 统计量	P 值	F 统计量	P 值	$T \times R^2$ 统计量	P 值
Y_ CNY	0.259	0.772	0.000	1	0.076	0.926	0.154	0.926
Y_ CNH	2.079	0.126	2.700	0.259	0.058	0.944	0.116	0.944

然后，还需要对上述的边缘分布模型进行检验和拟合度评价。使用基于概率积分变换的评价方法对上述模型进行评价，首先，对原序列作概率积分变换，然后，检验变换后的序列是否服从独立同分布的（0，1）均匀分布，若服从独立同分布的（0，1）均匀分布则证明边缘分布建模正确。本书使用经验概率积分变换对 Y_ CNY 序列和 Y_ CNH 序列的标准化残差进行变换，自相关检验使用滞后 Ljung_ Box 统计量，使用 K-S 统计量检验变换后的序列是否服从（0，1）均匀分布。独立同分布的（0，1）均匀分布的检验结果表明概率积分变换后的序列不存在自相关，且服从（0，1）均匀分布，即 ARMA（1，1）-GARCH（1，1）-t 和 MA（1）-GARCH（0，1）-t 模型较好地描述了各序列的边缘分布。

表 4-13　　　　　　　　　边缘分布模型的评价结果

	Ljung_ Box (2)	Ljung_ Box (4)	Ljung_ Box (6)	Ljung_ Box (8)	K-S 统计量
Y_ CNY	1. 240 (0. 538)	2. 673 (0. 614)	3. 667 (0. 596)	4. 858 (0. 773)	0. 002 (0. 995)
Y_ CNH	2. 339 (0. 311)	6. 429 (0. 169)	8. 048 (0. 235)	9. 068 (0. 337)	0. 002 (0. 995)

注：括号内是 P 值。

三　SJC Copula 建模及参数估计结果

在对边缘分布正确建模及估计的基础上，经概率积分变换得到了服从（0，1）均匀分布的 2 个序列。然后利用式（4.30）至式（4.33）分别建立 Y_ CNY 与 Y_ CNH 之间的静态以及时变 SJC Copula 函数。

首先，利用极大似然估计方法估计了静态 SJC Copula 模型的参数，然后利用极大似然估计方法对式（4.30）至式（4.33）所示的时变 SJC Copula 函数的时变参数 ω_{up}、α_{up}、β_{up} 和 ω_{lo}、α_{lo}、β_{lo} 进行估计，同时可以估计出动态的上尾相关系数和下尾相关系数。参数估计结果以及模型的拟合度指标见表 4-14 和表 4-15。

表 4-14　　　　　　静态 SJC Copula 模型的参数估计结果

λ^{up}	λ^{lo}	AIC	BIC	LOGL
0. 479 *** (0. 044)	0. 434 *** (0. 050)	−250. 498	−242. 197	127. 249

注：括号内的数值是标准差。*、** 和 *** 分别表示在 10%、5% 和 1% 的显著性水平下显著。

表 4-14 的数据可以揭示两个问题：（1）人民币在岸与离岸汇率的上尾相关系数和下尾相关系数都非常显著而且数值较大，说明在岸与离岸市场一体化程度显著增强，两岸之间汇率波动风险传染的可能性较强；（2）进一步分析发现，上尾相关系数大于下尾相关系数，意味着在岸与离岸市场之间贬值波动的传染性显著大于升值波动的传染

性，两个市场之间对汇率贬值较为敏感和恐慌。

表 4-15　　　　　　　　　　**动态 SJC Copula 模型参数估计结果**

ω_{up}	α_{up}	β_{up}	ω_{lo}	α_{lo}	β_{lo}	AIC	BIC	LOGL
2.473 ***	-10.000 ***	0.185	2.312 ***	-9.999 ***	-0.999 ***	-252.765	-227.861	132.383
(0.413)	(0.000)	(0.419)	(0.486)	(0.071)	(0.004)			

注：括号内的数值是标准差。 * 、 ** 和 *** 分别表示在10%、5%和1%的显著性水平下显著。

　　由表 4-15 可以看出，就动态 SJC Copula 模型而言，人民币在岸和离岸汇率的上尾相关系数和下尾相关系数都显示了一定的动态性，就模型的拟合度指标而言，动态模型拟合效果更好。

四　动态上尾相关关系分析

　　人民币在岸与离岸汇率的动态上尾相关系数如图 4-4 所示。均值为 0.49，中位数为 0.51，说明在岸与离岸汇率之间呈现出较强的上尾相关性，即人民币在岸汇率和离岸汇率同时大幅贬值以较大的概率出现。最大值达 0.70，最小值为 0.09，方差为 0.12，这说明上尾相关系数的波动性要强于下尾相关系数，当离岸与在岸市场对人民币的贬值预期一致时，汇率风险的传染性极强，样本期内约五分之四的时间处于这样的状态；但有时也会产生不一致的看法，大约五分之一的时间内上尾相关系数值小于 0.4。

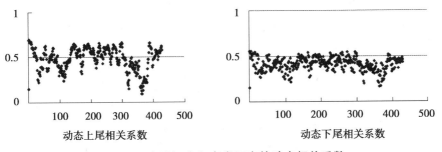

动态上尾相关系数　　　　　　　　　　　动态下尾相关系数

图 4-4　在岸汇率和离岸汇率的动态相关系数

五　动态下尾相关关系分析

人民币在岸与离岸汇率的动态下尾相关系数如图 4-4（右）所示。均值为 0.40，说明人民币在岸与离岸汇率同时大幅升值以一定的概率出现，但相比上尾相关系数要小很多。最大值 0.55，最小值 0.15，方差 0.07，这说明下尾相关系数波动性较低，基本上围绕 0.4 小幅波动，这与上尾相关较强的波动性形成对比，上尾相关和下尾相关呈现出明显的非对称特征。

本章小结

本章首先对人民币无本金交割远期（Non-Deliverable Forward，NDF）市场的发展历程和交易特征进行了系统的分析，并回顾了有关研究人民币即期市场和 NDF 市场联系的文献。然后，按照文献通行做法，利用 NDF 汇率作为人民币汇率预期的代理变量，基于 EDCC-MGARCH 模型分析了人民币 NDF 汇率和即期汇率的相互关系，估计结果表明：人民币即期汇率的波动会对各个期限的 NDF 汇率产生溢出效应；只有一个月期限的 NDF 产品存在从 NDF 市场到即期市场的波动溢出效应；即期市场和 NDF 市场之间具有较强的相关性，这种相关性随着 NDF 合约期限变长而减弱。

其次，还利用 SJC-Copula 函数研究了人民币 NDF 汇率和即期汇率在尾部的相关性特征。静态的 SJC-Copula 函数研究结果表明，人民币 NDF 汇率和即期汇率之间存在显著的下尾相关性和上尾相关性，而且随 NDF 合约期限变长，上、下尾相关性降低。这个发现背后的含义是，即期汇率和 NDF 汇率同时大幅升值或同时大幅贬值以一定的概率出现。动态 SJC-Copula 函数研究结果表明，即期汇率和 NDF 汇率之间的上尾相关性和下尾相关性均显现出一定的波动特征，而一个显著的不同在于：上尾相关性（表示同时大幅贬值的概率）波动较大，而且常常接近于零；而下尾相关性（表示同时大幅升值的概率）波动相对较小，而且在 0.05 以上。

再次，本章还利用线性和非线性 Granger 因果检验的方法，研究了人民币 NDF 汇率和即期汇率之间的因果关系。传统的线性 Granger 因果检验认为：人民币 NDF 汇率对即期汇率具有单向的 Granger 因果关系，这个发现和人民币汇率预期的性质不符，因为有关文献指出人民币汇率预期具有向后看的特点，即人民币汇率预期会受到即期汇率的影响。已有的研究表明，传统的线性 Granger 因果检验在处理非线性时间序列时，可能会出现检验结果的偏误；因此，本章还使用近期流行的非线性 Granger 因果检验方法，检验发现人民币 NDF 汇率和即期汇率互为 Granger 因果关系，这个发现对于货币当局具有重要的政策意义，即人民币即期汇率并不是完全被动地受汇率预期的影响，货币当局对即期汇率恰当地干预也会影响汇率预期的形成。

最后，本章还基于 Copula 函数研究了人民币在岸汇率与离岸汇率之间的尾部相关关系，估计结果表明上尾相关系数和下尾相关系数呈现出明显的非对称特征。其中上尾相关系数均值较高、波动性较强，而下尾相关系数均值较小，波动性较弱。这说明境内外人民币市场一体化程度显著提高，同时也表明境内外市场对人民币贬值更为敏感，在岸市场容易受到离岸市场的冲击，对中国经济和金融安全产生不利影响。

第五章

人民币外汇市场压力的波动特征
及其与货币政策的关系分析

改革开放以来，我国经济持续快速增长，经济实力及综合国力不断提高，这就形成了人民币升值的内在基础。而我国实行的出口导向发展战略，鼓励出口、限制进口、吸引外资，形成了"出口导向型创汇经济"的增长模式，该经济模式导致了1991年以来我国国际收支的"双顺差"格局，这种"双顺差"本质上就是对人民币的超额需求，进而形成人民币外汇市场持续的升值压力，本书第二章构造的人民币外汇市场压力指数，即 EMP_ KLR 指数清晰地刻画了这一特征。同时，需要注意到人民币外汇市场并不总是表现为升值压力，1997年的亚洲金融危机和2008年的国际金融危机期间人民币外汇市场就出现了贬值压力，2015年"8·11汇改"后贬值压力增强。另外，即使是升值压力，也表现出了较大的波动性。因此，有必要使用非线性方法研究人民币外汇市场压力的波动特征，并试图考虑货币政策对外汇市场压力的影响。

本章内容安排如下，第一节分析了人民币外汇市场压力的波动特征。第二节着重分析了人民币外汇市场升值压力的形成原因及其对我国经济的影响。鉴于人民币外汇市场压力的非线性特征，第三节介绍了非线性向量自回归模型的一种特殊形式——MS-VAR 模型。第四节使用 MS-VAR 模型对人民币外汇市场压力的区制特征及其与货币政策关系进行了实证分析。最后是本章小结。

第一节　人民币外汇市场压力的波动特征分析

本书第三章第一节构造的 EMP_ KLR 指数能够恰当地表示人民币外汇市场压力，该指数清晰地描述了自 1994 年第一次汇率改革以来人民币外汇市场压力的整体特征：以升值压力为主，两次金融危机期间出现了贬值压力，国际金融危机后又现贬值压力，三次显现强升值压力，即 1994 年年底、2007 年年底和 2010 年汇改重启后。为了透彻分析人民币外汇市场压力的特征，本书从阶段划分的角度进行了研究。

为了清晰直观地解释人民币外汇市场压力指数的波动特征，本书把第三章第一节构造的人民币 EMP_ KLR 指数的示意图进行了简单处理，见图 5-1。图 5-1 中的阴影分别表示亚洲金融危机和国际金融危机期间人民币显现贬值压力，这两个阴影把人民币外汇市场压力的波动情况分成五个阶段。

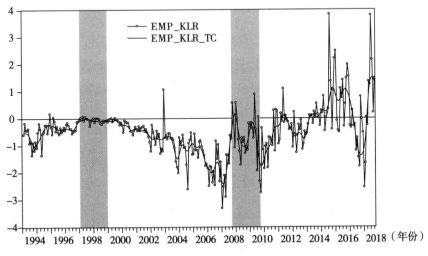

图 5-1　人民币外汇市场压力的阶段划分

第一个阶段是 1994 年汇改开始至 1998 年亚洲金融危机。1994 年汇改以来，人民币升值压力不断加大，1994 年年底图 5-1 中的

EMP_ KLR_ TC 曲线达到一个谷底，亦即到达升值压力的一个峰值；1995 年升值压力得以缓解，甚至在 1995 年年底出现贬值压力；然后，人民币保持适度的升值压力直到 1998 年亚洲金融危机影响到我国经济。

第二个阶段是 1998 年亚洲金融危机期间。亚洲金融危机期间，人民币外汇市场压力出现贬值压力。

第三个阶段是 1999 年亚洲金融危机结束至 2008 年国际金融危机爆发。在此期间，人民币外汇市场压力呈现出缓慢升值的趋势，直到 2005 年人民币启动第二次汇率改革；此后，人民币外汇市场压力升值速度加快，2007 年年底图 5-1 中的 EMP_ KLR_ TC 曲线又达到一个谷底，亦即达到升值压力的峰值，然后突然贬值。

第四个阶段是 2008 年国际金融危机期间。在此期间，人民币出现贬值压力。

第五个阶段是国际金融危机后时代。2010 年 6 月人民币汇率改革重启后，外汇市场升值压力变强，然后又显现贬值压力，继而又升值，出现双向波动的可能。2015 年 "8·11 汇改" 后，升贬交替的波动性进一步增强。

第二节　人民币外汇市场升值压力成因及其影响

人民币升值进程虽然被两次金融危机所干扰，但总体来说主要呈现升值的趋势。因此，本节主要分析人民币升值压力的形成原因及其对我国经济各方面的影响。

一　人民币外汇市场升值压力的形成原因

人民币升值压力的形成与国际经济环境以及我国采取的经济发展战略有直接的联系，具体来讲，有以下几个方面。

（一）国际经济环境

20 世纪 30 年代，经济 "大萧条" 时代来临，1939 年至 1945 年爆发第二次世界大战，直到"二战"之后，相对和平的发展环境和战后经济重建的开启，世界经济才步入了长期的增长。20 世纪 70 年代，先后爆发了两次石油危机[1]，世界经济进入"大滞胀"，"里根主义""撒切尔夫人主义"盛行，西方发达国家通过改革度过了滞胀。

自 20 世纪 80 年代中期以来，伴随着低油价周期的到来，世界经济进入"大缓和"（Great Moderation）时期[2]，经济发达国家表现为高产出、低通胀，经济波动下降，经济危机基本发生在新兴市场国家。Aizenman 等（2010）认为，在"大缓和"20 年左右的时间内，新兴市场国家的发展可以分为两个独立的阶段，第一个阶段是 20 世纪 90 年代的 10 年，第二个阶段是 21 世纪初到 2008 年金融危机爆发。在第一个阶段，新兴市场国家加深了金融一体化改革，使用弹性更强的汇率制度，然而这些举措却使新兴市场国家爆发了一系列的金融危机，首先是 1994—1995 年的墨西哥货币危机，紧接着是 1997 年的亚洲金融危机，然后是 1998 年的俄罗斯货币危机和 1999 年的巴西货币危机，这些金融风暴迫使新兴市场国家采取措施应对经济基本面的不足：巩固财政状况，减少资产负债表风险，用空前的外汇储备积累作为风险的缓冲池。在第二个阶段，多数新兴市场国家分享了发达国家较低的经济波动的收益，国家风险溢价进一步降低，并且吸引了发达国家大量的追逐高收益的资本流入。

对于我国而言，一方面，新兴市场国家 20 世纪 90 年代的金融风暴进一步坚信了我国采取的"出口导向型创汇经济"的增长模式，获取大量的外汇储备可以用来抵御外来风险的冲击；另一方面，世界经济"大缓和"的第二个阶段实际上为我国"出口导向型创汇经济"的增长模式提供了舞台，而该经济模式也是人民币持续面临升值压力的重要原因。

（二）我国的经济发展方式

改革开放初期，我国在特定的历史条件下，选择了出口导向型发

---

[1]　第一次石油危机是 1973—1974 年，第二次石油危机是 1979—1980 年。

[2]　J. H. Stock and M. W. Watson, "Has the Business Cycle Changed and why?", *NBER Macroeconomics Annual*, Vol. 17, 2002, pp. 159-218.

展战略:一方面,以优惠政策鼓励出口,克服发展中储蓄和外汇缺口等融资问题,突破发展中国家的负债能力约束从而实现高增长;另一方面,通过吸引外资来解决发展融资问题,提高投资率,借鉴发达国家的先进技术和管理经验,从而提高生产效率,进一步提高经济增长速度。中国特色的出口导向型发展战略还包括:以优惠政策吸引外资、鼓励出口的同时,通过限制进口,力图保持经常项目顺差。因此,中国的经济增长可以称为"出口导向型创汇经济"。

我国在出口导向型发展战略下,经历了三十多年的成功发展,成为世界第二大经济体、第一大出口国和第一大外汇储备国。与此同时,该发展模式也导致了自 1991 年以来持续的"双顺差",国际收支的不平衡达到前所未有的严重程度。同时,也是人民币持续面临升值压力的根本原因。

(三)人民币升值预期

人民币升值预期在人民币升值进程中推波助澜,本书第三章的传统 Granger 因果检验和非线性 Granger 检验均表明,人民币汇率预期是人民币外汇市场压力的 Granger 原因。尤其是 2005 年第二次汇率改革至 2008 年金融危机爆发,国内外市场对人民币升值形成一致预期,大量的国际热钱通过非法渠道流入我国,这种升值预期得以"自我实现"和"自我加强",进一步加大了人民币外汇市场压力。

(四)通货膨胀

通货膨胀对外汇市场压力的影响是不确定的。根据相对购买力平价理论,高通货膨胀的国家,一般情况下本币具有贬值压力。但是如果通货膨胀暂时未对贸易品价格产生冲击,那么本币升值压力不会得到缓解。此外,如果货币当局为抑制通货膨胀而提高利率,可能引起热钱内流,进一步导致本币升值压力增强。

(五)国际热钱内流

国际热钱又称逃避资本,是游荡于世界各国,无特定用途的流动资金,最大特点是短期、套利和投机。在"资本与金融账户"基本开放而且货币实现了自由兑换的国家或地区,国际热钱可以比较自由地流动。中国的"资本与金融账户"中有关金融交易等科目还存在较多限制，同时，人民币也尚未实现自由兑换，因此，凡不符合我国外汇管理规定的"国际热钱"，其流入或流出属于不合法范畴。热钱突破资本项目管制进入中国的三大渠道是经常项目、资本项目和地下钱庄。

尽管国际热钱流入我国的具体规模众说纷纭，但可以肯定的是，我国外汇储备二十年来的持续增长，除了缘于我国大量的出口顺差，还与大量的国际热钱有关。人民币持续的升值预期以及股市和楼市泡沫吸引了大量的国际热钱，同时，热钱的流入进一步加大了人民币外汇市场压力。

（六）国际政治压力

汇率问题已不仅仅属于经济范畴，还带有浓厚的政治色彩。前车之鉴就是日本，1985 年美国财长及中央银行行长会同英国、法国、联邦德国、日本四国财长和央行行长达成所谓"广场协议"，协议要求以各国联合干预的方式促成美元对日元、马克贬值，力求借此扭转美日之间巨额贸易逆差。

2002 年以来，以美国、日本为代表的发达国家，通过官方及公众媒体，或指责中国"输出通货紧缩"，或以扭转贸易逆差为名，甚至抛出"汇率操纵论"要求人民币升值。这些国际压力强化了市场参与者对人民币升值的预期，进而加大了人民币升值的压力。

二　人民币升值压力对我国经济的影响

（一）正面影响

我国在特定的历史条件下，选择了"出口导向型创汇经济"的增长模式，这种增长模式的成功实施，是人民币持续面临升值压力的根本原因。考虑到改革开放初期我国特定的内外条件，采用该模式有其必然性和合理性，而且可能是最优的。这种模式对中国经济发展起到了积极的推动作用，帮助中国在过去三十多年中创造了经济奇迹：2010 年中国成为世界第二大经济体、第一大出口国和第一大外汇储备国，中国民众的生活水平得到很大提高。但中国的出口导向增长模式也存在内在的不合理性，对中国经济的负面影响正逐步加深。

（二）负面影响

人民币外汇市场压力持续增加的进程，也是中国经济逐渐趋向不平衡的过程，特别是国际收支的不平衡，在 2008 年金融危机爆发前也达到前所未有的严重程度，给中国经济带来诸多负面影响。

首先，不平衡发展以越来越快的速度增加着中国的发展成本，包括低廉扭曲的资源成本、环境成本、低廉人力成本所导致的社会不安等，使中国国民生活福利水平越来越难以实现本来应有的更大提高，并给中国的未来发展留下了严重隐患，因此，中国经济急需增长方式的转变。

其次，加大中国宏观调控的难度。根据美国经济学家保罗·克鲁格曼提出的三元悖论（The Impossible Trinity），一国货币政策的独立性、汇率的稳定性、资本的完全流动性不能同时实现，最多只能同时满足两个目标，而放弃另外一个目标。在人民币持续的升值压力下，中国的货币政策正进入三元悖论时期，主要体现在：一是在人民币升值预期和个别行业高额利润的驱使之下，国际资本以合法或非法渠道大量涌入我国，货币当局对资本流动限制的控制能力下降。二是当人民币外汇市场升值压力和通货膨胀同时发生时，货币当局为稳定汇率，对外汇市场的干预可能导致基础货币的过多投放；为抑制通胀，货币当局可以采取冲销策略，但受到冲销成本的限制，冲销效果会受到削弱，货币当局还可以通过公开市场操作、提高法定存款准备金率、直接调高利率等措施，来对冲过多的流动性，但这些紧缩的货币政策可能伤害实体经济，还可能引致国际热钱的流入而进入恶性循环。

最后，人民币外汇市场升值压力持续增加的直接结果是外汇储备的急剧上升，由于美元在国际货币体系中的特殊地位，中国成为美债的最大持有者，而美元的持续贬值致使中国的巨额外汇储备正面临缩水的危险。克鲁格曼《中国的美元陷阱》[①] 一文中指出，因为中国外

---

① P. Krugman, "China's Dollar Trap", *New York Times*, April 3, 2009, http: //m. docente. unife. it/paolo. pini/allegati/Krugman,%2003april2009. pdf.

汇储备中美元资产占多数，美元贬值会给中国带来巨大资本损失，但若抛售美元重新配置外汇储备就必然导致美元贬值，也会造成资本损失，因此中国进退两难，陷入美元陷阱。

第三节　人民币外汇市场压力与货币政策关系研究

有关外汇市场压力和货币政策关系，国内外学者大多先计算外汇市场压力指数，然后把外汇市场压力指数和货币政策变量用于建模。建模所用的计量方法大多为 OLS 方法和线性的向量自回归方法［VAR 或结构向量自回归模型（Structural Vector Autoregressive，SVAR）］，以及近年来发展的非线性 VAR 模型。国外文献的研究结果一致表明：货币扩张会缓解升值压力，造成本币贬值。我国学者的研究结果与理论预期不尽一致。

一　文献中常用模型简介

（一）最小二乘法

早期文献所用的计量方法大多采用 OLS 方法。Girton 和 Roper（1977）首先建立外汇市场压力的货币模型，然后使用 OLS 方法估计加拿大外汇市场压力与国内信贷、本国产出水平等指标的关系，样本为 1952 年至 1974 年的年度数据，实证结果与货币模型的假定一致，加拿大的外汇市场升值压力与国内信贷负相关，与本国产出正相关。

Connolly 和 Silveira（1979）基于 Girton 和 Roper（1977）提出的货币模型，采用 OLS 方法实证分析了巴西 1955 年至 1975 年外汇市场压力和国内信贷之间的关系，结果表明，国内信贷扩张可以缓解升值压力。

Hodgson（1981）采用收支平衡的货币模型，推导出以外汇市场压力为被解释变量，以本国和参照国的远期汇率变化、实际收入变化、价格水平变化、存款乘数变化和信贷变化为解释变量的多元回归方程，并使用 2SLS（two state least squares，两阶段最小二乘法）对加拿大、法国、联邦德国、比利时、荷兰、瑞士和英国的情况进行了分析，样本期间为 1959 年第二季度至 1976 年第一季度，实证结果表明，联邦德国、比利时、荷兰和瑞士存款乘数的系数显著为负，除了法国和瑞士，国内信贷的系数显著为负，说明就这些国家的信贷增长或乘数提高会缓解升值压力，相应带来贬值压力。模型的不确定性主要在于利率平价的设定和远期汇率的使用。

Kim（1985）使用 Girton 和 Roper（1977）提出的货币模型，对韩国自 1980 年 3 月至 1983 年 7 月实行有管理的浮动汇率制度下的外汇市场压力进行建模，OLS 的估计结果表明，国内信贷、货币乘数都和外汇市场压力呈现较强的负相关关系（这里外汇市场压力越大，升值压力越强）。Burdekin 和 Burket（1990）基于 Girton 和 Roper（1977）提出的货币模型对加拿大 1963 年第一季度至 1988 年第一季度的外汇市场压力进行分析，在使用 OLS 方法进行估计时，加入了外汇市场压力的滞后动态，估计结果表明，国内信贷增长和外汇市场贬值正相关。

此外，Parlaktuna（2005）用类似的方法实证分析了土耳其 1993—2004 年外汇市场压力和货币政策的关系，结果表明信贷扩张容易导致贬值压力。

（二）线性向量自回归法

从计量研究方法看，使用最小二乘法分析外汇市场升值压力的决定及其与货币政策的关系，容易产生解释变量的内生性问题（endo-geneity problem）。因此，后期的文献大多采用 VAR 模型。

Tanner（1999）构建了外汇市场压力的货币模型，并利用 1990 年至 1998 年的月度数据，研究了韩国、泰国、印度尼西亚、智利、巴西和墨西哥六个国家的外汇市场压力和货币政策的关系，VAR 模型的实证结果表明，紧缩的货币政策（包括紧缩信贷和扩大利差）有利于减轻外汇市场贬值压力。但是，墨西哥和亚洲国家的货币当局在面对较高的贬值压力时，应对措施是增加国内信贷，而不是减少国内信贷。

Kamaly 和 Erbil（2000）基于货币模型，研究了埃及、突尼斯和土耳其的货币政策和外汇市场压力之间的关系，样本分别是 1991 年 1 月至 2000 年 3 月、1993 年 3 月至 2000 年 4 月、1990 年 1 月至 2000 年 2 月，VAR 模型的估计结果表明，这些国家在面对货币贬值压力时，紧缩信贷比扩大利差更有效。

Gochoco-Bautista 和 Bautista（2005）基于外汇市场压力的货币模型，试图验证菲律宾传统的紧缩的货币政策能否抑制货币贬值的压力，样本期间为 1990 年 1 月至 2000 年 4 月，VAR 模型的估计结果表明，紧缩国内信贷和提高利差均能抑制货币贬值。货币当局在非危机时期采用对冲手段缓解贬值压力，而在危机时期，则采取紧缩国内信贷。

Garcia 和 Malet（2007）基于 Girton 和 Roper（1977）提出的货币模型，除分析了阿根廷外汇市场压力和货币政策间的关系，还考虑了产出增长；样本期间是 1993 年 1 月至 2004 年 3 月，VAR 模型的实证结果表明，国内信贷和外汇市场压力之间有正的双向关系，产出增长较国内信贷和利率对外汇市场压力更具有决定作用；参照国美国的利率水平的提高会对阿根廷外汇市场产生贬值压力。

此外，Tanner（2002）用 VAR 模型实证表明，新兴经济体紧缩的货币政策有助于降低贬值压力；Bielecki（2005）基于 VAR 模型实证分析表明，波兰扩张的货币政策推动货币贬值压力上升；Khawaja（2007）采用 VAR 模型的实证表明，巴基斯坦紧缩的货币政策有助于降低贬值压力，适度的资本控制有助于控制外汇市场压力；Kemme 和 Lyakir（2011）实证分析了捷克的外汇市场压力，VAR 模型的估计结果表明：在实行固定汇率制度期间，增加国内信贷和降低利率都能使货币的贬值压力增加；而在控制通胀的时期，相对忽略了汇率的稳定，国内信贷和外汇市场压力关系不显著。

国内学者针对人民币外汇市场压力的研究相对较晚。卜永祥（2008）基于 Girton 和 Roper（1977）提出的外汇市场压力的货币模型，针对中国的具体情况，引入了中国人民银行的票据对冲操作，并利用 1994 年至 2008 年的月度数据进行了实证分析，VAR 模型的估计结果表明：国内信贷滞后 12 期，与人民币升值压力呈现显著的负向

关系，国内信贷增长会降低人民币升值压力；中国的经济增长滞后 7
期，与人民币升值压力呈现显著的正向关系，国内利率水平与人民币
升值压力呈现正向关系，但不显著。

朱孟楠等（2009）基于 Weymark（1995，1997）的外汇市场压
力测算模型，考虑了中国人民银行的冲销干预措施，利用 2005 年 7
月至 2008 年 8 月的数据，测算了人民币外汇市场压力、冲销干预系
数，并使用 VAR 模型实证分析了人民币外汇市场压力、以金融机构
的本外币贷款表示的国内信贷、国内利率和美国利率之间的关系，结
果发现，利率提高是人民币升值的主因。但该模型没有考虑经济增长
对人民币外汇市场压力的影响。

许少强和张记伟（2009）建立了外汇市场压力的货币模型，利用
1994 年至 2008 年的季度数据，分析了人民币外汇市场压力、国内信
贷、中外利差以及经济增长之间的关系，SVAR 模型的估计结果显示，
扩张国内信贷有助于抑制人民币升值压力，而提高利率则可能引致更
多的外资流入，进一步推高人民币升值压力。

（三）非线性向量自回归方法

随着计量经济学的发展，VAR 方法从传统的线性结构向非线性结
构发展。MS-VAR 模型作为一种非线性 VAR 模型，21 世纪以来，在
有关文献中逐步开始得到应用。MS-VAR 模型在外汇市场压力这一领
域的应用，较多用于货币危机的研究。例如，Alvarez - Plata 和
Schrooten（2006）利用 1995 年至 2002 年的月度数据，研究了阿根廷
的货币危机，MS-VAR 模型的实证结果表明，2002 年阿根廷爆发的
货币危机不仅与经济基本面有关，而且与自实现的预期有关。
Pontines 和 Siregar（2008）利用 1985 年至 2003 年的月度数据，研究
了亚洲（印度尼西亚、韩国、马来西亚、菲律宾、新加坡和泰国）和
拉丁美洲国家（阿根廷、巴西、智利和墨西哥）的货币危机识别问
题，用多种识别方法进行了比较，包括 MS-VAR 模型。Mouratidis
（2008）使用贝叶斯 MS-VAR 方法实证分析了 1994 年的墨西哥货币
危机。Mouratidis 等（2013）使用 MS-VAR 模型，实证分析了欧洲货
币危机。

Kumah（2007，2011）把 MS-VAR 模型用于外汇市场压力和货币政策关系的研究。他基于外汇市场压力指数的货币模型，分析外汇市场压力指数的非线性特征，并把外汇市场压力指数分为三个状态：贬值压力状态、正常的汇率波动状态和升值压力状态。进一步把外汇市场压力指数在这三个状态之间的转变描述为一个马尔科夫过程，并使用 MS-VAR 模型识别各个时间段外汇市场压力所处的状态，分析在不同的压力状态下以及状态改变时宏观经济变量的动态特征及相互关系。Kumah 利用吉尔吉斯斯坦 1996 年 1 月至 2006 年 12 月的月度数据，以 CPI、广义货币供应量和汇率为变量，使用 MS-VAR 模型分析了外汇市场压力和货币政策之间的关系，实证结果表明：在处理具有非线性特征的外汇市场压力问题上，MS-VAR 模型比线性的 VAR 模型具有更加优越的统计特性，能够恰当地刻画数据的生成过程并得到和理论预期相一致的结果；货币紧缩对贬值压力具有显著的抑制效应；然而在升值压力期间，特别是那些购买力平价比非抛补利率平价更能推动汇率变化的国家，采取扩张的货币政策来抑制升值可能并不是有效的办法，因为货币扩张与稳定价格的货币政策目标是冲突的，并且还会加剧外汇市场压力的不稳定。

国内学者也开始把 MS-VAR 模型用于人民币外汇市场压力的研究。陈娟等（2011）根据人民币外汇市场压力的非线性特征，把人民币外汇市场压力分为三个状态：贬值压力状态、适度升值压力状态和强升值压力状态，并基于 1996—2010 年的月度数据，使用 MS-VAR 模型对人民币外汇市场压力进行了识别，并考察了经济增长、通货膨胀、广义货币供应量、外汇储备和名义有效汇率在不同状态及状态转变时的相互关系。实证结果表明，外汇储备是人民币外汇市场压力状态转变的关键因素。

二　使用 MS-VAR 模型对人民币外汇市场压力建模的原因

对于人民币外汇市场压力和宏观经济变量，尤其是货币政策关系的研究，现有的文献大多使用货币模型来建模，然后用 VAR 模型进行实证估计。本书拟使用 MS-VAR 模型研究人民币外汇市场压力和宏观经济变量之间的关系，主要基于以下几点考虑。

（一）外汇市场压力具有非线性特点

通常情况下，无论是模型依赖的外汇市场压力指数，还是模型独立的外汇市场压力指数，都是由汇率的变动率和外汇储备的变动率加权组合而成，这一点可以通过表 5-1 加以表示。在表 5-1 中，e_t 是用直接标价法表示的名义汇率的对数，r_t 是外汇储备水平值的对数，因此，Δe_t 和 Δr_t 分别表示名义汇率的变动率和外汇储备的变动率。在中间汇率制度下，如果名义汇率升值，而且货币当局面临购进外汇储备的压力，说明外汇市场处于升值压力状态；如果名义汇率贬值，而且货币当局面临抛售外汇储备的压力，则说明外汇市场处于贬值压力的状态；在其他两种情况下，外汇市场所处的压力状态则不能确定。表 5-1 实际上已经表明，外汇市场压力指数以非线性的形式变化，相应需要非线性的模型来描述其特征。

表 5-1　　　　　　　　　　　　外汇市场压力的非线性特征

	名义汇率升值（$\Delta e_t < 0$）	名义汇率贬值（$\Delta e_t > 0$）
外汇储备增加（$\Delta r_t > 0$）	升值压力（$EMP < 0$）	不确定
外汇储备减少（$\Delta r_t < 0$）	不确定	贬值压力（$EMP > 0$）

另外，可以进一步从外汇市场压力的定义来探讨。Weymark（1995）给出了外汇市场压力一般性的定义，即外汇市场压力体现了国内外市场对本币的超额需求或超额供给，可以表示为汇率变化和外汇储备变化的加权平均。用公式表示为：

$$EMP_t = \Delta e_t + \eta \cdot \Delta r_t \qquad (5.1)$$

其中，η 是汇率变化的外汇储备变化弹性，$\eta \in [-1, 0]$。式（5.1）也能够反映表 5-1 中外汇市场压力指数的非线性特征。进一步假定货币当局按照规则 $\Delta r_t = -\bar{\rho}_t \cdot \Delta e_t$ 干预外汇市场，则可以得到关于外汇市场压力非线性特征的更加清晰的表达式：

$$EMP_t = (1 - \eta \cdot \bar{\rho}_t)\Delta e_t \qquad (5.2)$$

在上式中，$\bar{\rho}_t$ 可以取任意值，η 和 $\bar{\rho}_t$ 以非线性形式影响外汇市场压力,即外汇市场压力存在对于均衡的非线性偏离。

（二）经济转轨时期的人民币外汇市场压力具有非线性特征

一国的外汇市场压力会受到各种因素的影响,比如国内经济环境、政策环境、国际环境以及市场参与者的预期,而这些环境因素在不同时期往往会存在一定的差异,因而使外汇市场压力也呈现出阶段性的特征。尤其是对于我国这样一个处于经济转轨时期的国家,在计划经济向市场经济转轨过程中,政策因素、外部环境和市场预期都会在不同的阶段出现一定的差异性,而这些差异会影响人民币外汇市场的波动,形成不同的状态或区制。

从我国所处的外部环境看,发达国家的"大缓和"（Great Moderation）有利于新兴市场国家的发展,也有利于我国出口导向型经济的发展,1998 年亚洲金融风暴对我国出口产生负面影响,2008 年的全球金融危机终结了"大缓和"时代,同时,也对我国经济产生深远影响。从政策因素看,1994 年我国实行第一次人民币汇改,2005 年 7 月实行第二次汇改,2010 年 6 月重启被金融危机打断的第二次汇改,这些汇改政策对人民币外汇市场产生直接影响。从市场预期看,已有的研究表明,人民币汇率预期从一致升值向异质化方向发展,从适应性预期向适应性预期和基本面预期并存的局面发展;房地产等行业的资产泡沫吸引热钱流入,对人民币升值预期推波助澜,而产能过剩、经济失衡等又引起国际社会对中国经济前景的担忧。

从实证研究的角度看,本书第三章第四节以人民币即期汇率的对数减去 NDF 汇率的对数表示汇率预期,用 VAR 模型过滤汇率预期和人民币外汇市场压力指数的线性因素后发现,人民币外汇市场压力指数和汇率预期都呈现出非线性特征。

三 人民币外汇市场压力的 MS-VAR 模型设定

（一）MS-VAR 模型简介

自 Sims（1980）以来,VAR 模型已经被广泛应用于宏观经济学的各个领域,成为研究经济系统动态性的主流方法。有关外汇市场压力和宏观经济变量之间的动态关系,尤其是和货币政策变量之间的关系，多数文献采取 VAR 模型的估计方法。如果外汇市场压力的演变过程是线性的，线性的 VAR 模型或 SVAR 模型则能合理地描述外汇市场压力和宏观经济变量之间的关系，但如果外汇市场压力的演变过程是非线性的，就可能存在状态的持续与转换过程，这时，非线性模型能更好地刻画经济变量之间的动态关系。非线性模型中的状态转换模型一般根据实际观察将宏观变量序列划分为几个状态（或区制），在每一个状态下，都用一个相应的线性模型来表示，且模型的参数保持不变，但在不同的状态下，线性模型的参数值可能显著不同，各个状态之间的转化需要引入一个状态变量来实现。

MS-VAR 模型是一类特殊的状态转换模型，该模型把有限的几个离散状态转换设定为一个马尔科夫过程，能够对马尔科夫状态转化下的 VAR 模型做出估计，状态变量不可观测，在每个特定的状态下，VAR 模型的参数保持不变，但当状态发生改变时，VAR 模型的有关参数会发生改变。

Hamilton（1989）首次提出单变量的 MS-VAR 模型，即 MS-AR 模型，并将该模型用于商业周期的分析，判断以及预测经济周期的拐点。根据 Krolzig（1997a），将 MS-VAR 模型的特点总结如下：

（1）MS-VAR 模型采用聚类分析的方法，从整个样本数据中捕捉隐含的状态转换信息，自动识别可能的状态和各个状态所处的时期，不像其他模型需要预先设定各个状态及所处时期。

（2）MS-VAR 模型不仅能对模型参数做出一致有效的估计，而且在不需要先验信息的情况下就可以从样本数据中推断出经济体处于某个特定状态的概率；另外，该模型还可以计算出状态转换的概率矩阵。

（3）MS-VAR 模型能够在状态发生转化时，自动纠正 VAR 模型，能够对各个特定状态下的 VAR 模型做出估计，通过脉冲响应，分析状态转换以及各个特定状态下变量之间的动态关系。

（4）MS-VAR 模型能够较好地预测未来状态转换的概率。以上MS-VAR 模型的特点是传统模型所不具备的。

（二）MS-VAR 模型构建

MS-VAR 模型可以看作基本有限阶 VAR 模型的一般化形式。考

虑一个 k 维时间序列向量 $\boldsymbol{y}_t = (y_{1t}, y_{2t}, \cdots, y_{kt})'$，$t = 1, 2, \cdots,$ T，其 p 阶自回归过程可以表示为：

$$y_t = v + A_1 y_{t-1} + \cdots + A_p y_{t-p} + u_t \tag{5.3}$$

其中，$u_t \sim iid(\boldsymbol{0}, \sum)$ 并且 y_0，y_1，$\cdots$，y_{1-p} 固定。用 $A(L) = I_k - A_1 L - \cdots - A_p L^p$ 表示 $(k \times k)$ 维滞后多项式，L 是滞后算子，并假定多项式的根都在单位圆之外，即对于 $|z| \leqslant 1$，$|A(z)| \neq 0$，因此，$y_{t-j} = L^j y_t$。如果假定随机误差项服从正态分布即 $u_t \sim nid(\boldsymbol{0}, \sum)$，式（5.3）就是服从平稳正态分布的 VAR 模型的截距项形式。重新参数化后可以得到一个 VAR 模型的均值调整形式：

$$y_t - \boldsymbol{\mu} = A_1(y_{t-1} - \boldsymbol{\mu}) + \cdots + A_p(y_{t-p} - \boldsymbol{\mu}) + u_t \tag{5.4}$$

其中，$\boldsymbol{\mu} = (I_k - \sum_{j=1}^{p} A_j)^{-1} v$ 是 k 维向量 y_t 的均值。

如果时间序列受状态转换的支配，那么平稳 VAR 模型的不变参数的设定可能是不合适的。因此，MS-VAR 模型被认为是状态转换模型的一般化框架，该模型背后的原理是，可观测时间序列向量 y_t 的数据生成过程中参数的取值依赖于不可观测的状态变量 s_t，状态变量可用于表示不同状态下的概率。

数据生成过程的描述仅靠可观测式（5.7）或式（5.9）是不完整的，还需要一个刻画状态生成过程的模型，这个模型能够通过可观测的数据对状态的演变做出推断。马尔科夫状态转换模型的特征是：假定不可观测状态变量 $s_t \in \{1, \cdots, M\}$ 的实现受控于一个离散时间、离散状态的马尔科夫过程，该马尔科夫过程可以通过转移概率来加以定义：

$$p_{ij} = \Pr(s_{t+1} = j | s_t = i), \quad \sum_{j=1}^{M} p_{ij} = 1 \ \forall i, j \in \{1, \cdots, M\} \tag{5.5}$$

更具体地说，假定 s_t 服从一个遍历的、状态个数为 M 的不可约的马尔科夫过程，其转移概率矩阵为：

$$P = \begin{pmatrix} p_{11} & \cdots & p_{1M} \\ \vdots & \ddots & \vdots \\ p_{M1} & \cdots & p_{MM} \end{pmatrix} \tag{5.6}$$

其中，$p_{iM} = 1 - p_{i1} - \cdots - p_{iM-1}$，$i = 1$，$\cdots$，$M$。

将均值调整的 VAR（p）模型［见式（5.4）］一般化，就需要考虑 M 个状态、p 阶滞后的 MS-VAR 模型：

$$y_t - \boldsymbol{\mu}(s_t) = A_1(s_t)[y_{t-1} - \boldsymbol{\mu}(s_{t-1})] + \cdots +$$
$$A_p(s_t)[y_{t-p} - \boldsymbol{\mu}(s_{t-p})] + u_t \tag{5.7}$$

其中，$u_t \sim nid[0, \sum(s_t)]$，$\boldsymbol{\mu}(s_t)$，$A_1(s_t)$，$\cdots$，$A_p(s_t)$，$\sum(s_t)$ 是依赖于状态变量 s_t 的取值的参数，比如：

$$\boldsymbol{\mu}(s_t) = \begin{cases} \mu_1, & if\ s_t = 1 \\ \vdots & \\ \mu_M, & if\ s_t = M \end{cases} \tag{5.8}$$

式（5.7）表示的模型，存在一个状态转换后紧缩其后的过程均值的一次性跳跃。有时，假定状态发生转换后均值平滑地达到一个新的水平。在该假定下，需要使用带有状态依赖的截距项 $v(s_t)$ 模型，表示为：

$$y_t = v(s_t) + A_1(s_t) y_{t-1} + \cdots + A_p(s_t) y_{t-p} + u_t \tag{5.9}$$

和线性 VAR 模型相比，MS（M）-VAR（p）模型中的均值调整形式［如式（5.7）所示］和截距项形式［如式（5.9）所示］并不等价。Krolzig（1997b）指出，状态转换后这两个不同的形式意味着可观测变量不同的动态调整。当依赖于状态的均值项 $\boldsymbol{\mu}(s_t)$ 发生一个永久改变时，会导致可观测的时间序列向量立即跳跃到一个新的水平，而当依赖于状态的截距项 $v(s_t)$ 发生一个永久改变时，序列的动态调整只相当于来自白噪声项 u_t 的冲击。

在 MS-VAR 模型更为一般形式的设定中，所有的自回归参数依赖于马尔科夫链的状态 s_t 的取值，可以用下式表示：

$$y_t = \begin{cases} v_1 + A_{11} y_{t-1} + \cdots + A_{p1} y_{t-p} + \sum_1^{1/2} u_t, & if\ s_t = 1 \\ \vdots & \vdots \\ v_M + A_{1M} y_{t-1} + \cdots + A_{pM} y_{t-p} + \sum_M^{1/2} u_t, & if\ s_t = M \end{cases}$$
$$\tag{5.10}$$

其中，$u_t \sim nid(0, I_k)$。

在实际应用中，更为有用的模型是，其中的一些参数依赖于马尔科夫链的状态变量，而其他参数则不因为状态的改变而改变。MS-VAR 可以设定为自回归参数为状态依赖，均值或者截距项是状态依赖，模型的误差项可以设定为同质的或异质的。因此，MS-VAR 模型具体的设定形式有许多种，但在多数情况下，MSI (M)-VAR (p) 和 MSM (M)-VAR (p) 这两种设定形式就可以满足要求。

模型 MSM (M)-VAR (p) 的形式如式（5.7）所示，其中 M 表示均值依赖于状态变量，M 是状态个数，p 是滞后阶数。模型 MSI (M)-VAR (p) 的形式如式（5.9）所示，其中的 I 表示截距项依赖于状态变量，M 是状态个数，p 是滞后阶数。根据建模需要，可能会考虑异方差，即考虑模型中误差项的方差依赖于状态变量，相应的模型为：MSIH (M)-VAR (p) 和 MSMH (M)-VAR (p)，其中的 H 为马尔科夫异方差。

（三）MS-VAR 模型的估计方法

在给定状态变量 $s_t = m$ 和滞后内生变量集合 $Y_{t-1} = (y'_{t-1},$ $y'_{t-2}, \cdots, y'_1, y'_0, \cdots, y'_{1-p})'$ 的情况下，可观测向量 y_t 的条件概率密度函数可以表示为 $p(y_t \mid s_t, Y_{t-1})$。假定式（5.7）和式（5.9）中的误差项 u_t 服从正态分布，则 y_t 的条件概率密度函数可表示如下：

$$p(y_t \mid s_t = m, Y_{t-1}) = \ln(2\pi)^{-1/2} \ln \left| \sum \right|^{-1/2} \exp$$

$$\left\{ (y_t - \bar{y}_{mt})' \sum_m^{-1} (y_t - \bar{y}_{mt}) \right\} \tag{5.11}$$

其中，$\bar{y}_{mt} = E[y_t \mid s_t = m, Y_{t-1}]$ 是在状态 m 下 y_t 的条件期望值。因此，对于给定的状态 $s_t = m$，y_t 的条件密度正如式（5.11）所示，服从正态分布：

$$y_t \mid s_t = m, Y_{t-1} \sim \text{NID}(\bar{y}_{mt}, \sum_m) \tag{5.12}$$

其中，条件均值 $\bar{y}_{mt}$ 可以归纳到向量 $\bar{y}_t$ 中，当模型形式为 MSI (M)-VAR (p) 时，向量 $\bar{y}_t$ 可以表示为：

$$
\bar{y}_t =
\begin{bmatrix}
\bar{y}_{1t} \\
\vdots \\
\bar{y}_{Mt}
\end{bmatrix}
=
\begin{bmatrix}
v_1 + \sum\limits_{j=1}^{p} A_{1j}\, y_{t-j} \\
\vdots \\
v_M + \sum\limits_{j=1}^{p} A_{Mj}\, y_{t-j}
\end{bmatrix}
$$

假定 $t-1$ 时刻的信息集仅包括样本观测值、包含在 Y_{t-1} 中的预置样本值和马尔科夫链上 s_{t-1} 前的状态，则 y_t 的条件密度为混合正态：

$$
p(y_t \mid s_{t-1} = i,\ Y_{t-1}) = \sum_{m=1}^{M} p(y_t \mid s_t = m,\ Y_{t-1}) \Pr(s_t = m \mid s_{t-1} = i)
$$

$$
= \sum_{m=1}^{M} p_{im} \left[\ln(2\pi)^{-1/2} \ln \left| \sum_m \right|^{-1/2} \exp\left\{ (y_t - \bar{y}_{mt})' \sum_m^{-1} (y_t - \bar{y}_{mt}) \right\} \right]
$$

$$(5.13)$$

关于马尔科夫链的实现信息可以归纳到向量 ξ_t 中，表示为：

$$
\xi_t =
\begin{bmatrix}
I(s_t = 1) \\
\vdots \\
I(s_t = M)
\end{bmatrix},
$$

该向量由 M 个二值变量组成，其中的示性函数 $I(s_t = m)$ 定义为：

$$
I(s_t = m) =
\begin{cases}
1, & \text{if } s_t = m \\
0, & \text{其他}
\end{cases}
$$

这样，$\mu(s_t) = \sum\limits_{m=1}^{M} \mu_m I(s_t = m) = N\xi_t$，其中 $N = (\mu_1, \cdots, \mu_M)$。因此，$\xi_t$ 就表示了不可观测的状态系统。类似地，以 s_t 和 Y_{t-1} 为条件的 y_t 的概率密度，可以归纳到向量 η_t 中，即：

$$
\eta_t =
\begin{bmatrix}
p(y_t \mid \xi_t = \iota_1,\ Y_{t-1}) \\
\vdots \\
p(y_t \mid \xi_t = \iota_M,\ Y_{t-1})
\end{bmatrix}
\tag{5.14}
$$

其中，ι_m 表示单位矩阵的第 m 列。因此，式（5.13）可以重写为：

$$
p(y_t \mid \xi_{t-1},\ Y_{t-1}) = \eta_t'\, P'\, \xi_{t-1}
\tag{5.15}
$$

由于状态假定为不可观测，$t-1$ 时刻可得的相关信息集仅包括观测到的时间序列，不可观测的状态向量 $\boldsymbol{\xi}_t$ 只能由推断概率 $\Pr(\boldsymbol{\xi}_t \mid Y_\tau)$ 来代替。在给定信息集 Y_τ 时，t 时刻的状态处于 m 的概率可以表示为 $\boldsymbol{\xi}_{mt\mid\tau}$，归纳到向量 $\hat{\boldsymbol{\xi}}_{t\mid\tau}$ 得到：

$$\hat{\boldsymbol{\xi}}_{t\mid\tau} = \begin{bmatrix} \Pr(s_t = 1 \mid Y_\tau) \\ \vdots \\ \Pr(s_t = M \mid Y_\tau) \end{bmatrix}$$

该恒等式有两种不同的解释。首先，$\hat{\boldsymbol{\xi}}_{t\mid\tau}$ 表示在给定信息集 Y_τ 下 $\boldsymbol{\xi}_t$ 的离散条件概率分布；其次，$\hat{\boldsymbol{\xi}}_{t\mid\tau}$ 等同于给定信息集 Y_τ 下 $\boldsymbol{\xi}_t$ 的条件均值，这是由于 $\boldsymbol{\xi}_t$ 的元素是二值变量，同时也意味着下式成立，即 $E(\boldsymbol{\xi}_{mt}) = \Pr(\boldsymbol{\xi}_{mt} = 1) = \Pr(s_t = m)$。

因此，以信息集 Y_{t-1} 为条件的 y_t 的概率密度表示为：

$$p(y_t \mid Y_{t-1}) = \int p(y_t, \boldsymbol{\xi}_{t-1} \mid Y_{t-1}) d\boldsymbol{\xi}_{t-1} =$$

$$\int p(y_t \mid \boldsymbol{\xi}_{t-1}, Y_{t-1}) \Pr(\boldsymbol{\xi}_{t-1} \mid Y_{t-1}) d\boldsymbol{\xi}_{t-1} = \boldsymbol{\eta}'_t \boldsymbol{P}' \hat{\boldsymbol{\xi}}_{t-1\mid t-1}$$

$$(5.16)$$

其中，$\int f(x, \boldsymbol{\xi}_t) d\boldsymbol{\xi}_t = \sum_{m=1}^{M} f(x, \boldsymbol{\xi}_t = m)$ 表示对 $\boldsymbol{\xi}_t$ 所有可能取值累加之和。

由单个观测值的条件概率密度公式［如式（5.16）所示］，可以类似推导出整个样本的条件概率密度。本书简要介绍似然函数构造方法。[1] 对于给定的预置样本值 Y_0，状态 $\boldsymbol{\xi}$ 下样本 $Y = Y_T$ 的条件概率密度是：

$$p(Y \mid \boldsymbol{\xi}) = \prod_{t=1}^{T} p(y_t \mid \boldsymbol{\xi}_t, Y_{t-1}) \tag{5.17}$$

因此，样本观测值和状态的联合概率分布为：

$$p(Y, \boldsymbol{\xi}) = p(Y \mid \boldsymbol{\xi}) \Pr(\boldsymbol{\xi}) = \prod_{t=1}^{T} p(y_t \mid \boldsymbol{\xi}_t, Y_{t-1})$$

$$\prod_{t=2}^{T} \Pr(\boldsymbol{\xi}_t \mid \boldsymbol{\xi}_{t-1}) \Pr(\boldsymbol{\xi}_1)$$

---

[1]　似然函数构造的详细技术细节见 Krolzig（1997b，ch. 6）。

进而, Y 的无条件概率密度可以通过边缘密度给出：

$$p(Y) = \int p(Y, \xi) d\xi \qquad (5.18)$$

MS-VAR 模型的似然函数最大化必须使用迭代估计方法, 以得到自回归参数的估计值和受马尔科夫链支配的不可观测状态的转换概率。设参数向量为 $\boldsymbol{\lambda}$, 选择 $\boldsymbol{\lambda}$ 使给定观测值 $Y_T = (y'_T, \cdots, y'_{1-p})'$ 的似然函数最大。使用 Hamilton (1990) 提出的 EM 算法 (Expectation Maximization, 最大期望) 实现该模型的极大似然估计。通过 EM 算法, 可以得到实际中常用的一步预测的状态概率 $\hat{\xi}_{t|t-1}$、过滤的状态概率 $\hat{\xi}_{t|t}$ 和全样本的平滑状态概率 $\hat{\xi}_{t|T}$。

(四) 人民币外汇市场压力和货币政策关系——基于 MS-VAR 模型的设定

国内学者大多直接把外汇市场压力指数引入 OLS、VAR 和 SVAR 模型, 考察宏观经济变量对外汇市场压力指数的影响以及外汇市场压力指数和宏观经济变量之间的动态关系, 没有考虑到外汇市场压力指数的非线性特征。我国学者陈娟等 (2011) 在利用 MS-VAR 模型研究人民币外汇市场压力和货币政策关系时, 把人民币外汇市场压力分为三个状态：贬值压力状态、适度升值压力状态和强升值压力状态。而唐建军 (2011) 则把人民币外汇市场压力划分为：较强的贬值压力状态、适度升值或贬值压力状态和较强的升值压力状态, 这个划分与陈娟 (2011) 有所不同。可见, 两者对人民币外汇市场压力的认识存有差异。

本书在以上文献研究的基础上, 使用 MS-VAR 模型研究人民币外汇市场压力和货币政策变量之间的动态关系。和上述文献相比, 本书在模型设定上有两点不同：一是在人民币外汇市场压力状态划分上有所不同。以图 5-1 所示的人民币外汇市场压力指数的波动特征为根据, 结合我国经济的实际情况, 本书把人民币外汇市场压力分为三个状态：贬值压力状态、适度升值压力状态和强升值压力状态。二是模型的变量选取与前述文献有所不同。本书没有把汇率变化和外汇储备变化分开讨论, 而是直接使用了第二章构造的人民币 EMP_ KLR 指数，因为无论是汇率变化还是外汇储备变化，单独一个变量都不能全面反映外汇市场变化的情况；另外，按照 Weymark（1997）的理论模型，汇率预期会对外汇市场压力产生影响，故本书把汇率预期引入模型；因此，本书的 MS-VAR 模型所用变量为：EMP_ KLR 指数、广义货币增长率、通货膨胀率和汇率预期。

本书 MS-VAR 模型所使用的 4 个变量具有持续性特点，因此沿袭习惯性做法，选择两个截距项模型：MSI（3）-VAR（p）和 MSIH（3）-VAR（p）进行对比分析。假定这 4 个变量的动态变化依赖于不可观测的受马尔科夫链支配的状态变量 s_t。

模型 MSI（3）-VAR（p）设定为：

$$y_t = v(s_t) + A_1(s_t) y_{t-1} + \cdots + A_p(s_t) y_{t-p} + u_t \qquad (5.19)$$

其中，残差向量设定为同方差，即 $u_t \sim NID(0, \sum)$。

当式（5.19）中残差向量设定为异方差，即当 $u_t \sim NID[0, \sum(s_t)] s_t \in \{1, 2, 3\}$ 时，式（5.19）就是前面定义的模型 MSIH（M）-VAR（p），其中 M 是状态个数，这里等于 3。向量 y_t 由 EMP_ KLR 指数、广义货币增长率、通货膨胀率和汇率预期这 4 个变量组成。

第四节　人民币外汇市场压力与货币政策关系的实证结果

一　数据说明

本书使用 MS-VAR 模型进行实证研究，所用的样本数据是从 1999 年 1 月至 2018 年 2 月的月度数据。人民币外汇市场压力指数采用本书第三章构造的人民币 EMP_ KLR 指数，该指数属于模型独立的外汇市场压力指数。货币增长率采用了广义货币 M2 的环比增长率。通货膨胀率则根据居民消费价格指数，取环比增长率。汇率预期取即期汇率的对数减去 3 个月期的 NDF 汇率的对数，正值表示升值预期，负值表示贬值预期。人民币外汇市场压力指数、通货膨胀率、货币增长率和汇率预期分别用 EMP_KLR、$d\ln P$、$d\ln M$ 和 E_ndf_3 表示。

构造人民币 EMP_ KLR 指数所用到的名义汇率、外汇储备和基础货币数据在第三章已有说明，M2 数据来自中国人民银行网站，CPI 数据来自中经网数据库，3 个月期的 NDF 数据来自彭博数据终端。

二 变量的平稳性检验

在进行实证估计之前，需要对进入模型的所有变量进行平稳性检验，确保估计结果的有效性。本书分别使用 ADF 和 PP 两种方法对各序列进行平稳性检验，表 5-2 的检验结果表明，各个变量均为平稳的 I（0）过程。

表 5-2　　　　　　　　　　变量的单位根检验结果

变量	ADF 检验			PP 检验		
	检验形式	T 统计量	P 值	检验形式	T 统计量	P 值
EMP_KLR	(4, nt, c)	-2.598*	0.09	(6, nt, c)	-7.747***	0.000
$d\ln P$	(1, nt, c)	-8.131***	0.000	(7, nt, nc)	-13.890***	0.000
$d\ln M$	(2, nt, c)	-6.492***	0.000	(7, nt, c)	-15.258***	0.000
E_ndf_3	(1, nt, c)	-4.170***	0.001	(1, nt, c)	-4.635***	0.000

注：检验形式（n, nt, c）或（n, nt, nc）中 n 表示滞后阶数，nt 表示无趋势项，c 或 nc 表示有截距项或无截距项。滞后阶数是根据 SIC、AIC 等准则确定。PP 单位根检验形式为（b, nt, c），其中 b 为根据 Newey-West（1994）选择的带宽，nt 表示无趋势项，c 或 nc 表示有截距项或无截距项。*、** 和 *** 分别表示 10%、5% 和 1% 的显著性水平下拒绝原假设，根据 MacKinnon（1996）确定检验的临界值。

三 MS-VAR 模型的选取及估计结果

本书选取 MSIH（3）-VAR（1）模型进行估计，表 5-3 给出了模型 MSIH（3）-VAR（1）的估计结果。首先，从对数似然值和三个信息准则来看，非线性的 MSIH（3）-VAR（1）比线性 VAR 模型拟合效果更好。总之，从表 5-3 的估计结果来看，在分析人民币外汇市场压力和通货膨胀率、货币供应量变化率和汇率预期的相互关系时，需要考虑外汇市场压力的非线性特征和状态异方差的重要性。

表 5-3　　　　　MSIH（3）-VAR（1）模型的估计结果[①]

		模型：MSIH（3）-VAR（1）			
		EMP_KLR_t	$d\ln P_t$	$d\ln M_t$	E_ndf_{3t}
截距项	v_1	-0.398 *** (-4.492)	-0.097 (-1.074)	1.013 *** (9.139)	-0.338 ** (-2.196)
	v_2	-0.446 *** (-5.262)	0.194 *** (3.371)	1.298 *** (12.786)	-0.012 (-0.177)
	v_3	-0.339 ** (-1.999)	0.333 *** (4.308)	1.654 *** (8.970)	0.050 (0.370)
回归系数	EMP_KLR_{t-1}	0.171 *** (3.007)	-0.088 ** (-2.033)	-0.025 (-0.350)	-0.076 (-1.384)
	$d\ln P_{t-1}$	-0.107 (-1.262)	0.012 (0.163)	-0.273 ** (-2.498)	0.135 * (1.879)
	$d\ln M_{t-1}$	0.010 (0.169)	-0.047 (-1.328)	-0.070 ** (-0.941)	0.023 (0.483)
	E_ndf_{3t-1}	-0.480 *** (-10.996)	0.054 (1.543)	0.104 * (1.795)	0.763 *** (17.033)
标准差	σ_1	0.379	0.407	0.451	0.830
	σ_2	0.398	0.297	0.445	0.302
	σ_3	1.066	0.364	1.058	0.832

对数似然值：线性系统　　-751.807
　　　　　　　非线性系统　-626.159

AIC/HQ/SC：线性系统　6.828/7.009/7.278
　　　　　　　非线性系统　6.028/6.415/6.987

LR 线性检验：251.295 Chi（28）=［0.0000］**　　　　Chi（34）=［0.0000］**
DAVIES=［0.0000］**

注：括号中的值是 t 统计量。*、** 和 *** 分别表示 10%、5% 和 1% 的显著性水平下显著。

（一）状态识别

首先，介绍图 5-2 中的各个子图。图 5-2 中子图（a）显示了变量 $d\ln P$、$d\ln M$、EMP_KLR 和 E_ndf_3 这 4 个序列的变化路径。子图（b）是状态 1 下的状态概率估计，包括三种状态概率，即状态 1 下的过滤概率（filtered probabilities）、平滑概率（smoothed probabilities）

---

① 本为使用 OX Professional 3.4 软件以及 Krolzig（1998）提供的 MSVAR 软件包对模型做出估计。

和预测概率（predicted probabilities）。图 5-2 中的子图（c）和子图
（d）分别是状态 2 和状态 3 下的状态概率估计（包括过滤概率、平滑
概率和预测概率）。但是，仅凭图 5-2 中的状态概率估计还无法确定
状态 1、状态 2 和状态 3 分别属于哪一种压力状态。

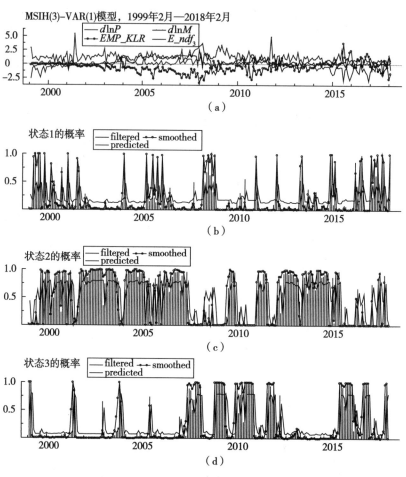

图 5-2　MSIH（3）-VAR（1）的状态概率示意图

　　然后，结合模型独立的外汇市场压力指数（如图 5-1 所示）和模
型 MSIH（3）-VAR（1）的状态概率示意图（如图 5-2 所示），就能
识别 1999 年 1 月至 2018 年 2 月期间内的人民币的三个外汇市场压力
状态。识别方法是将这两个图的横坐标（即时间轴）对应起来进行比
较。具体过程如下：首先，根据图 5-1 的 EMP_ KLR 曲线，1998—

1999 年该曲线在一些时点上超过 0，但数值较小，说明我国外汇市场存在温和贬值压力；2007—2009 年年初 EMP_ KLR 曲线或者升值压力突然变小或者超过 0，但数值并不大，说明我国外汇市场再次面临温和贬值压力；2015 年"8·11 汇改"时期，EMP_ KLR 曲线的数值达 2.5，出现了自 1999 年以来最大的贬值压力；对比图 5-2 中各个子图可以认为：子图（d）所识别的状态是贬值压力状态。其次，根据图 5-1 的 EMP_ KLR 曲线，2005 年 7 月汇改至 2008 年年底这段时间外汇市场压力呈现出适度升值压力和强升值压力交替出现的情况，2008 年年初我国外汇市场的升值压力到达一个峰值；2010 年 6 月汇改重启至 2011 年年初我国外汇市场再次出现较强的升值压力；对比图 5-2 中各个子图可以发现：子图（b）中的状态概率出现数据值较大的时期基本和 EMP_ KLR 曲线中升值压力的峰值对应，这说明子图（b）所识别的状态是强升值压力状态。最后，根据图 5-1 的 EMP_ KLR 曲线，2000 年至 2005 年汇率改革，我国外汇市场呈现适度升值压力；2005 年汇率改革至 2015 年这段时期，除了 2008 年金融危机和强升值压力时期，基本呈现适度升值压力；这和图 5-2 中的子图（c）的状态概率所呈现的特征比较符合，说明子图（c）所识别的状态是适度升值压力状态。

以上分析说明，图 5-2 中的子图（d）即状态 1 为贬值压力状态，图 5-2 中的子图（b）即状态 3 为强升值压力状态，图 5-2 中的子图（c）即状态 2 为适度升值压力状态，而且经观察发现，状态 2（适度升值压力）主导了人民币外汇市场压力的大部分时期。总体上讲，模型 MSIH（3）-VAR（1）能比较准确地识别人民币外汇市场压力的三个状态。

（二）状态转换概率及状态性质

模型 MSIH（3）-VAR（1）的状态转换概率矩阵如表 5-5 所示。其中，p_{ij} 表示从状态 i 向状态 j 转换的概率，结合表 5-6 可以分析三个状态的性质。首先，样本期内人民币在 26% 的时间内经历了贬值压力，有 0.795 的概率维持在贬值压力状态，持续时间约为 4.87 个月，遍历概率为 0.253。其次，样本期内人民币在 53% 的时间内经历了适度升值压力，有 0.808 的概率维持在适度升值压力状态，持续时间约为 5.20 个月，遍历概率为 0.533。最后，样本期内人民币在 21% 的时间内经历了强升值压力，有 0.479 的概率维持在强升值压力状态，持续时间约为 1.92 个月，遍历概率为 0.213。因此，从 1999 年 1 月至 2018 年 2 月，大部分时间内人民币面临升值压力，四分之一的时间处于贬值压力状态。

如表 5-5 所示的状态转换矩阵表明，从适度升值压力状态或强升值压力状态转换到贬值压力状态的概率几乎为零。从一个贬值压力状态转换到适度升值压力状态和强升值压力状态的概率分别为 0.025 和 0.180。此外，从强升值压力状态转换到适度升值压力状态的概率为 0.451。从适度升值压力状态转换到强升值压力状态的概率为 0.122。总体上，不存在绝对稳定的状态，人民币外汇市场压力呈现出状态持续和转换的特征。

表 5-4　　　　　　　人民币外汇市场压力的状态转换概率矩阵

	状态 1 （强升值压力状态）	状态 2 （适度升值压力状态）	状态 3 （贬值压力状态）
状态 1（强升值压力状态）	0.479	0.451	0.069
状态 2（适度升值压力状态）	0.122	0.808	0.070
状态 3（贬值压力状态）	0.180	0.025	0.795

表 5-5　　　　　　　　人民币外汇市场压力的状态性质

模型 MSIH（3）-VAR（1）	观测值个数	遍历概率	期望持续时间
状态 1（贬值压力状态）	48	0.213	1.92
状态 2（适度升值压力状态）	120	0.533	5.20
状态 3（强升值压力状态）	60	0.253	4.87

（三）特定状态下的脉冲响应分析

为了揭示人民币外汇市场压力与通货膨胀率、货币增长率和汇率预期之间的动态关系，本书考察了各变量依赖于特定状态的脉冲响应。

从图 5-3 至图 5-5 来看，各状态下的脉冲响应基本符合经济理论预期，但也有违背之处，具体来说，本书得到四个结论。

第一，货币冲击。如图 5-3 所示的子图（a）、（b）和（c），在

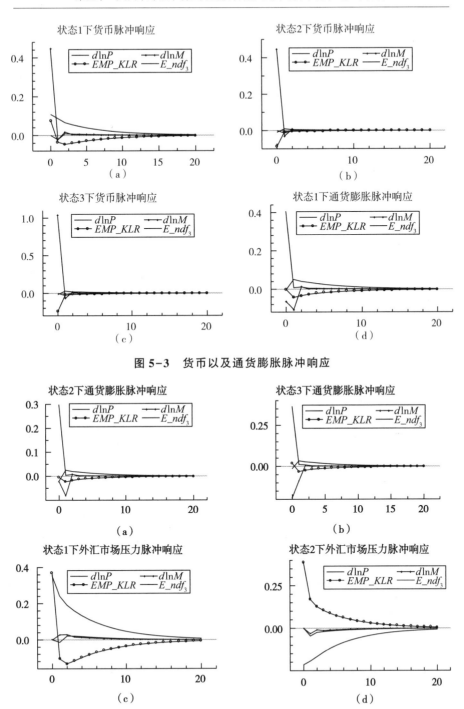

状态1下货币脉冲响应

状态2下货币脉冲响应

状态3下货币脉冲响应

状态1下通货膨胀脉冲响应

图5-3 货币以及通货膨胀脉冲响应

状态2下通货膨胀脉冲响应

状态3下通货膨胀脉冲响应

状态1下外汇市场压力脉冲响应

状态2下外汇市场压力脉冲响应

图5-4 通货膨胀以及外汇市场压力脉冲响应

每个状态下，一个正的货币冲击会导致通货膨胀率上升。在强升值状态下，升值压力增加，汇率呈现升值预期。这和传统经济理论相违背，因为根据货币供需理论，货币供给增加应该缓解本币的升值压力。对于货币冲击和传统经济理论违背之处，本书试图给出的解释是，在我国国内经济失衡的情况下，我国扩张的货币可能流向了资产泡沫行业（如房地产和资本市场），在人民币低估以及升值预期下，国际热钱通过各种渠道进入国内的资产泡沫型行业以及资本市场，不仅能从泡沫中获得收益，还能从人民币升值中实现"双重收益"。

　　第二，通货膨胀冲击。如图5-3所示的子图（d）和图5-4所示的子图（a）和（b）。所有状态下，一个正的通货膨胀冲击，导致货币供应量下降，人民币外汇市场压力呈现轻微升值现象，汇率预期为升值预期，可见我国政府通过降低货币供应量来抵抗通货膨胀。

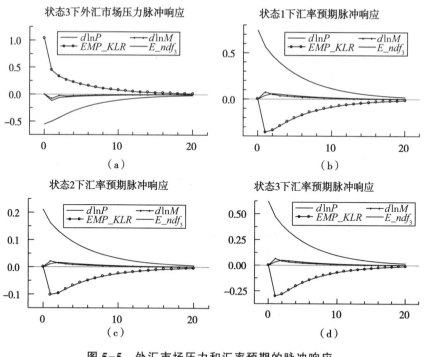

图5-5　外汇市场压力和汇率预期的脉冲响应

　　第三，外汇市场压力冲击。如图5-4所示的子图（c）和（d）和图5-5所示的子图（a）。在强升值状态下，一个正的外汇市场贬值压力冲击快速衰减并在升值预期下变为轻微升值压力，升值预期下，通货膨胀率和货币供应量轻微上升。在适度升值压力和贬值压力两种状态下，一个正的外汇市场贬值压力冲击形成贬值预期，导致通货膨胀率和货币供应量轻微下降。这和传统经济理论比较一致。可见汇率预期具有适应性预期的特点，在"贬值预期"的作用下，国际热钱流出，从而导致货币投放减少，通货膨胀率降低。

第四，汇率预期冲击。如图 5-5 所示的子图（b）、（c）和（d）。在每个状态下，一个正的汇率预期（升值预期）冲击会导致人民币外汇市场呈现升值压力，进而导致通货膨胀率和货币供应量上升，变化幅度有限。

本章小结

本章首先分析了人民币外汇市场压力的波动特征。在第三章第一节构造的人民币 EMP_ KLR 指数的基础上，以 1998 年亚洲金融危机和 2008 年美国次贷危机（两次金融危机期间人民币显现贬值压力）为界限，把人民币外汇市场压力的波动情况分为五个阶段，针对每个阶段的情况进行了具体的分析。

鉴于人民币外汇市场压力在所研究的样本范围内以升值为主，本章第二节分析了人民币升值压力的形成原因及其对我国经济的影响。人民币升值压力的形成与国际经济环境以及我国采取的经济发展战略有直接的联系，具体包括以下几个方面：国际经济环境、我国采取的经济发展方式、人民币升值预期、通货膨胀、国际热钱、国际政治压力等。人民币升值对中国经济发展起到了积极的推动作用，但其对中国经济的负面影响正逐步加深。

考虑到人民币外汇市场压力的非线性特征，本章第三节和第四节使用非线性的 MS-VAR 模型对人民币外汇市场压力进行建模。基于对人民币 EMP_ KLR 指数的认识，结合我国经济的实际情况，本书把人民币外汇市场压力分为三个状态：贬值压力状态、适度升值压力状态和强升值压力状态。汇率预期会对外汇市场压力产生影响，因此本书把汇率预期引入模型，本书建立的 MS-VAR 模型所用变量为：EMP_KLR 指数、广义货币增长率、通货膨胀率和汇率预期。本书 MS-VAR 模型所使用的 4 个变量具有持续性特点，因此沿袭习惯性做法，本书选择了 MSIH（3）-VAR（1）模型。

进一步的实证分析表明，MSIH（3）-VAR（1）模型所识别的三个状态所处的时间段同人民币 EMP_KLR 指数大体一致；从状态转换概率分析三个状态的性质，可以发现：首先，样本期内人民币在 26%的时间内经历了贬值压力，有 0.795 的概率维持在贬值压力状态，持续时间约为 4.87 个月，遍历概率为 0.253；其次，样本期内人民币在 53%的时间内经历了适度升值压力，有 0.808 的概率维持在适度升值压力状态，持续时间约为 5.20 个月，遍历概率为 0.533。最后，样本期内人民币在 21%的时间内经历了强升值压力，有 0.479 的概率维持在强升值压力状态，持续时间约为 1.92 个月，遍历概率为 0.213。因此，从 1999 年 1 月至 2018 年 2 月，大部分时间内人民币面临适度升值压力，五分之一时间处于强升值压力状态，只有四分之一的时间处于贬值压力状态。总体上看，不存在绝对稳定的状态，样本期内的人民币外汇市场压力呈现出状态持续和转换的特征。

本章还考察了各变量依赖于特定状态的脉冲响应，脉冲响应分析结果基本符合经济理论，部分结果与经济理论存在不一致现象。在每一状态下，货币扩张冲击都会带来通货膨胀率上升。在强升值状态下，人民币升值压力增加，汇率呈现升值预期。根据货币供需理论，货币扩张冲击通常会导致本币产生贬值压力，这与实证结果相违背。本书试图给出的解释是，在我国国内经济失衡的情况下，我国扩张的货币可能流向了资产泡沫行业（如房地产和资本市场），在人民币低估以及升值预期下，国际热钱通过各种渠道进入国内的资产泡沫型行业以及资本市场，不仅能从泡沫中获得收益，还能从人民币升值中实现"双重收益"。

第六章

人民币外汇市场压力的动态预警

由本书第三章第一节构建的人民币外汇市场压力指数 EMP_ KLR 可以看出，自 1994 年第一次汇率改革以来，人民币外汇市场整体表现为升值压力，甚至在有些时候升值压力极强，即便如此，也不能避免个别时期出现的人民币外汇市场的贬值压力，更何况近年来贬值压力变强。我国实行的"出口导向型发展战略"为我国积累了大量的外汇储备，这些外汇储备对避免贬值压力向货币危机的转变起到了积极作用。但同时也要注意到，随着经济全球化、金融一体化、人民币国际化进程的加快，以及我国资本账户逐步开放，我国面临的国内外形势越发复杂。有关货币危机理论指出，即使在宏观经济指标向好的情况下，也有可能发生预期自致的货币危机。因此，有必要开发监测和预警系统，监测人民币外汇市场压力的演变情况，防止风险的发生。为了研究的需要，本书借鉴货币危机理论和预警方法，根据外汇市场压力指数来识别人民币风险，进而构建人民币风险预警系统。

本章的结构安排如下，第一节介绍了货币危机理论和有关的预警模型；第二节在构建外汇市场压力指数的基础上，使用极值分位数的估计方法识别人民币外汇市场压力风险；第三节构建了人民币外汇市场风险预警模型；第四节是预警模型估计结果和风险预测；最后是本章小结。

第一节　货币危机理论与预警模型

随着经济及金融全球化的不断深入，世界各国相互依存度越来越高，使得金融危机传导的范围越来越大，危害不断加深。自 20 世纪 90 年代以来，先后发生了欧洲货币危机、墨西哥货币危机、东南亚金融危机、美国次贷危机以及最近希腊等国的债务危机。这些危机对全球的经济及金融体系破坏严重，因此，世界各国都把金融风险监管和防范作为重要的应对措施。

在错综复杂的国际经济环境下，即使中国宏观经济指标较好，如果对金融风险监管不力，也有可能产生人民币贬值风险，而贬值风险的聚集就可能向货币危机转变。遵照 Eichengreen 等（1995，1996）对货币危机的定义，一般认为中国没有发生过明显的货币危机，但从外汇市场压力指数来看，中国明显存在人民币外汇市场贬值的风险。所以有必要开发预警系统，控制人民币贬值风险向货币危机转变。为了研究的需要，本书借鉴货币危机理论和预警方法，根据外汇市场压力指数来识别人民币贬值风险，进而构建人民币外汇市场风险预警系统。

一　货币危机理论

货币危机理论和预警研究始于 20 世纪 70 年代。在 70 年代以前，国际金融体系处于金本位制和布雷顿森林体系之下，国际货币市场一直比较稳定，货币危机很少发生。然而，随着布雷顿森林体系的瓦解，固定汇率制度的崩溃，主要的发达国家开始实行浮动汇率制度。同时，随着金融全球化、自由化，资本自由流动，国际货币市场动荡频繁，货币危机时有发生。在这种情况下，货币危机的研究越来越受学术界和金融监管部门的重视。到目前为止，共有三代货币危机理论，分别介绍如下。

（一）第一代货币危机理论

第一代货币危机理论由 Krugman（1979）提出，Flood 和 Garber（1984）随后加以完善。该理论认为在一国货币需求稳定的情况下，政府过度扩张的财政和货币政策会导致经济基础恶化，带来外汇储备的流失，从而引发对原有固定汇率的投机并最终引发货币危机。克鲁格曼在分析中引入了影子浮动汇率，即在没有政府干预的情况下，外汇市场自由浮动所确定的汇率水平。信贷扩张会使影子浮动汇率不断降低,当影子浮动汇率与固定汇率相等时,投机者就会对该货币发动攻击,货币当局进行干预,外汇储备耗尽而不得不放弃固定汇率制度。

第一代货币危机理论有以下几个特点:第一,货币危机的成因。该理论认为货币危机的发生是国内信贷扩张导致外汇储备流失,政府的扩张性政策将经济推向货币危机之中。第二,危机的发生机制。该理论认为货币当局是处于被动地位的,预期会使危机发生时间提前,而外汇储备存量是决定是否放弃固定汇率制的关键因素。第三,政策意义。该理论最主要的结论就是:紧缩性的财政政策是防止货币危机发生的关键,货币危机发生的原因在于经济基础,投机性攻击只是外在条件。

第一代货币危机理论将外汇市场上的投机行为变成了用基本面因素解释和预测的理性行为,解释了20世纪90年代以前的多数新兴市场国家的货币危机,主要是这些国家基本上实行的是固定汇率制或钉住汇率制,该理论也将政府多样化的政策组合简化,即只有外汇储备。但是,一个国家的政府除动用外汇储备外,还可以实施如货币紧缩、提高利率等政策来维持汇率的稳定。该理论无法解释那些在危机爆发前并没有明显的财政和货币扩张的国家(如1992年欧洲货币危机)。针对第一代货币危机理论的不足,Obstfeld(1996)等提出了第二代货币危机理论。

(二) 第二代货币危机理论

Obstfeld(1996)和 Esquivel、Larrain(1998)提出的第二代货币危机理论认为投机者对货币发起攻击并不是由于经济基本面的恶化,而是货币贬值预期的自我实现所导致的。当国外汇率不变而本国远期汇率预期大幅上升时,要维持固定汇率就需要国内利率相应地大幅上升,以维持利率平价,否则存在套汇机会,套汇投机导致资本外流,最终耗尽外汇储备和瓦解固定汇率制。

第二代货币危机理论首先假定政府是主动的,其出于一定的原因,在维持还是放弃固定汇率制度之间抉择。当公众预期或者怀疑政府将放弃固定汇率制时，维持固定汇率制的成本将大大增加。假定经济中存在两重均衡：一种均衡是公众的贬值预期为零，从而汇率保持稳定；另一种均衡则是贬值预期，当这种预期达到一定程度时，政府将不断提高利率来维持汇率平价直到最终放弃，导致危机的发生。以上两种不同的预期都具有自我实现的特征。该理论可以较好地解释1992 年的欧洲货币危机、1994 年和 2000 年的土耳其货币危机，但在预测 1997 年的东南亚金融危机时失效。

第二代预期自我实现型的货币危机理论具有以下特点：第一，货币危机发生的根源不在于经济基础，而是市场投机者的贬值预期。预期通过名义利率的调整机制发挥作用。第二，货币危机的发生是一种恶性循环。政府通过提高利率的方法来维持汇率，大大增加了维持固定汇率制的成本，同时也进一步加强了市场的贬值预期，迫使利率继续提高。第三，在政策含义方面，该理论认为预防货币危机的主要措施是提高政府决策的可信性，坚定市场对政府的信心。

第二代货币危机理论与第一代货币危机理论存在很多不同，然而它们基本一致的观点是：货币危机主要是因为长期维持固定汇率制度的不可延续性导致的，金融市场的波动推动了这一进程。当一个国家具有内在脆弱性时，遭到投机性攻击，危机就会发生。然而，1997 年东南亚金融危机的发生，学界对前两代危机理论产生了疑问，发生危机的国家既没有扩张性的财政、货币政策，又没有政府债务问题。因此，形成了第三代货币危机理论。

（三）第三代货币危机理论

Mckinnon 和 Pill（1998）以及 Krugman（1998）提出的第三代货币危机理论主要分为道德风险论和金融恐慌论。道德风险是指当事人权利和义务不相匹配时可能导致他人的权益和资产受到损失，道德风险论认为发展中国家的企业或金融机构普遍有过度借债和过度投资的倾向，而外国金融机构因为相信会有政府及国际金融机构的挽救行动而过于轻率地满足这些发展中国家的企业或金融机构的贷款愿望，从而导致严重的资产泡沫和大量的无效投资。因此，即使危机前政府在账面上没有明显赤字，但由于它是企业投资最终承担者，所以有大量潜在的财政赤字，这些赤字最终可能要通过货币化来加以消化，而赤字货币化的预期又会使危机提前到来。

Krugman 还针对金融中介机构提出了金融过度（Financial Excess）的概念。他认为，当一个国家的金融机构可以自由进入国际金融市场时，金融中介机构的道德风险就会转化为证券金融资产和房地产的过度积累，引发金融泡沫，加剧该国金融体系的脆弱性，形成系统性的金融风险。一旦金融机构的过度金融行为难以为继，资产泡沫破灭，由此导致的巨大呆账使政府无法承担，外资和部分内资可能退出和外流，造成国内资产价格下跌，最终导致汇率制度崩溃。

因此，道德风险论认为危机的发生是危机发生国制度扭曲的必然结果，国际社会的援助只会使国际层面的道德风险更加严重，危机的预防只能靠危机发生国自身的结构调整、取消政府担保和加强金融监管来实现。

金融恐慌论与道德风险论相反，其将金融危机的原因归于市场上恐慌性的投机冲击，且认为冲击的产生主要与金融体系的脆弱性有关，尤其是与银行的流动性不足有关。流动性不足是指银行短期内没有足够的流动性资产来偿还到期的短期债务。一般来讲，银行的负债主要是短期的小额存款。

Chang 和 Velasco（2000）认为货币危机的爆发主要是由于投资者的恐慌所导致的流动性危机，由于恐慌性资本流出，大量长期投资项目被迫中途停止，企业容易陷入资不抵债的境地。因此货币危机是国际金融体系内在不稳定的证明。在汇率固定且中央银行承担最后贷款人角色的情况下，对银行的挤兑就转化为对央行的挤兑，即货币危机。

二　国内外货币危机预警模型文献

（一）国外预警模型研究现状

货币危机预警研究始于 20 世纪 70 年代。90 年代欧洲货币危机、拉丁美洲金融危机和东南亚金融危机的先后爆发进一步引起了学者对该领域的研究。东南亚金融危机之前，货币危机预警的研究已取得了较大进展，学者们先后提出了概率模型、横截面回归模型以及信号法模型等著名的预警模型。

1. 概率模型

Frankel 和 Rose（1996）应用单位概率模型，使用 105 个国家 1971—1992 年季度数据，对货币危机进行了预测。他们假设货币危机是离散的且有限，投机性攻击引发的货币危机是多因素造成的，认为"经济增长越低、国内信贷增长越高、国际市场利率越高、外商直接投资与外债比率越低、外汇储备越低和实际汇率越被高估，就越可能发生危机"。

2. 横截面回归模型

Sachs、Tornel 和 Velasco（1996）应用线性回归的方法，建立了危机预警模型。他们只考虑汇率、对私人的贷款和国际储备与 M2 的比例等，认为实际汇率贬值程度越高，私人信贷增长越快，国际储备与 M2 比例越小，危机越可能发生。

3. 信号法模型

Kaminsky、Lizondo 和 Reinhart（1998）建立了信号法模型，并应用该方法对 15 个发展中国家和工业化国家进行了货币危机预测，样本是 1970—1995 年的月度数据。该方法使用大量的、可能的、有用的变量，确定一个门限值，超过这一门限值，就会发出一个危机信号。信号法的性能依赖于这一门限值。该方法估计一个分割点作为门限值，使得错误预测危机的数量和正确预测危机的数量的比最小，这一比率也叫噪声信号比。一旦变量的门限值确定了，接着建立一个汇总指标，即各个变量的加权组合，其中权重等于噪声信号比的倒数。因此，这样建立的早期预警系统（Early Warning System）随着危机发生增多，就存在一个正向的趋势。

4. 其他静态预警模型

以上模型在预测东南亚金融危机时全部失效，为此学者们开始重新设计金融危机预警系统，并将注意力集中于评价预警模型和预警指标的有效性。

Berg 和 Patillo（1999）提出了一个静态的面板 Probit 模型，作为信号法的一个替代。这样二元危机变量就被看作内生的，且由一系列宏观经济变量来解释。平方概率得分和对数概率得分等评价准则都表明，面板 Probit 模型无论是样本内还是样本外都比信号法预警模型具有更好的预测能力。静态模型后来又产生了一些新的进展，例如 Kumar 等（2003）提出使用面板 Logit 模型代替面板 Probit 模型；Fuertes 和 Kalotychou（2007）、Berg 等（2008）对国家进行聚类分析，并说明了国家聚类分析对他们的预警模型的重要性；Bussiere 和 Fratzscher（2006）认为存在一个危机后特殊的时期，并且把危机变量定义为三元变量而不是二元变量，因此建立了多元 Logit 早期预警系统。

Nag 和 Mitra（1999）应用人工神经网络方法建立货币危机预警系统，其灵活的规则和捕捉变量间复杂关系的能力，超越了传统模型的线性模式。到目前为止，已经有将近 40 种神经网络模型，它们的优势在于模型自身的学习能力。但是，这类模型的缺陷在于模型的"暗箱操作"。

Kumar 等（2003）对 32 个发展中国家，基于 1985—1999 年的月度滞后宏观经济与金融数据，建立了简单 Logit 模型来预测货币危机。他们不仅进行了样本内预测，还进行了样本外预测，表现出了很强的解释能力，并且认为货币危机发生最重要的因素是外汇储备和出口的减少以及脆弱的实体经济，还发现危机的传染性也起重要的作用。

5. 动态预警模型

前面提到的预警模型都是静态的，并且假设存在危机期（Crisis Period）的概率仅仅依赖于一组（代表已经完成的经济政策的）宏观经济变量。这一假设并不被实证研究所支持，大多数实证研究表明一个国家经历的危机期越长，无论政策如何变化，其未来发生危机的概率也越高（Tudela，2004）。此外 Berg 和 Coke（2004）研究表明预警模型是自然自回归的，所以预警模型并不仅仅是危机发生前一期发出信号，而是在前 j 期就发出信号，这里 j 是预测范围（forecast horizon）。因此，静态模型难以复制这一性质。

为了克服动态性的缺失，其他文献构建早期预警系统的主流是应用马尔科夫转换模型。Abiad（2003）对预警模型进行了梳理，建立了马尔科夫区制转移的危机早期预警模型，并基于 1972—1999 年的月度数据，研究了受东南亚金融危机冲击的五个国家，发现马尔科夫转换模型比以往传统的预警模型发出更少的错误警报。Tamgac（2011）应用马尔科夫模型的研究表明，土耳其货币危机的形成除了依赖于宏观经济变量，自实现的预期也扮演了重要角色。

Kauppi 和 Saikkonen（2008）提出动态二元 Probit 模型，并将它们应用于预测美国经济衰退。该模型使用滞后二元变量来预测其未来值，且考虑条件概率滞后值的潜在预测能力。使用受约束的极大似然估计方法估计多步向前预测和一步向前预测，结果显示包含滞后值的动态模型比仅包含当前变量的模型更准确。

（二）国内预警模型研究现状

国内有关危机预警的研究开始于 20 世纪 90 年代，随着 1997 年亚洲金融危机的爆发，我国经济学界和金融学界开始着手建立符合中国实际的早期危机预警系统。

刘志强（1999）设计了一套金融危机预警指标体系，利用 1997 年亚洲金融危机和 1994 年墨西哥金融危机对设计的预警指标体系进行了检验。冯芸、吴冲锋（2002）在信号法的基础上提出了基于综合指标的多时标预警流程，他们对预警流程进行逐层细化和扩充，将整个流程划分为长期、中期和短期预警三个层次，同时根据形势变化引入了多时标和扩充观测指标集，以尽可能地提高系统对市场变化的洞察能力。他们对亚洲金融危机的 5 个主要受害国进行的实证分析显示了该流程较好的预警能力。石柱鲜、牟晓云（2005）参考了 Bussiere 和 Fratzscher（2006）等人的方法，利用三元 Logit 模型对我国外汇风险预警进行了实证分析。南旭光、罗慧英（2006）应用等比例危险模型（PHM），利用汇率、外汇储备和利率三项指标合成的外汇压力指数来衡量金融危机程度，采用 13 个相关预警指标，构建金融危机前一年的预警模型，并进行了模型预警效果检验。陈守东、杨莹和马辉（2006）应用因子分析法来分析研究我国金融风险的来源，并运用二元 Logit 模型分别建立宏观经济风险预警模型和金融市场风险预警模型（包括货币危机和国债危机预警模型）。覃筱和任若恩（2010）提出基于极值理论的重现水平法识别中国的货币危机。

此外，张伟（2004）利用马尔科夫区制转移模型对阿根廷、中国等12个国家或地区在1978年1月至2002年5月期间发生的货币危机进行了研究，结果表明马尔科夫区制转移模型预警能力较强，但对不同的国家或地区其预警效果有高有低，对中国来说，该模型的预警能力还比较差。陈守东等（2009）应用MS-VAR模型构建了货币危机、银行危机和资产泡沫危机的金融风险预警模型，该模型较好地将货币危机、银行危机和资产泡沫危机划分为"低度风险""中度风险"和"高度风险"状态，风险的划分以及预警信号的发出时机较符合中国现实情况。陈娟等（2011）采用马尔科夫三区制转换模型对人民币外汇市场压力进行了区制识别，该文认为自1996年以来人民币外汇市场经历了强升值压力、适度升值压力和贬值压力三个阶段。

第二节　基于极值分位数的方法识别人民币外汇市场风险

研制外汇市场预警系统，首先是构建反映本币超额需求或超额供给的外汇市场压力指数，然后根据外汇市场压力指数确定阈值进而识别外汇市场风险，最后建立预警模型进行外汇市场风险的预警。

一　外汇市场压力指数构建

这里仍然沿用本书第三章第一节构建人民币外汇市场压力指数的方法，为了清楚地说明问题，把第三章第一节中构建人民币外汇市场压力指数的公式重写如下。

$$EMP\_ERW_t = \frac{\Delta E_t}{E_{t-1}} - \frac{1}{\sigma_r}\left(\frac{\Delta rb_t}{rb_{t-1}} - \frac{\Delta rb_t^*}{rb_{t-1}^*}\right) \tag{6.1}$$

其中，以美国为参照国，E_t 是以直接标价法表示的中美名义汇率，σ_r 是本国和美国的外汇储备和基础货币之比的相对变动的差的标准差，$rb_t = R_t/B_t$，R_t是外汇储备余额，B_t是基础货币。加 * 号的变量表示美国相应的变量。

$$EMP\_KLR_t = \frac{\Delta E_t}{E_{t-1}} - \frac{\sigma_e}{\sigma_r}(\frac{\Delta R_t}{B_{t-1}}) \qquad (6.2)$$

$$EMP\_STV_t = (\frac{1/\sigma_e}{1/\sigma_e + 1/\sigma_r})\frac{\Delta E_t}{E_{t-1}} - (\frac{1/\sigma_r}{1/\sigma_e + 1/\sigma_r})(\frac{\Delta rb_t}{rb_{t-1}})$$

$$(6.3)$$

式（6.2）和式（6.3）中的 σ_r 和 σ_e 分别表示相应式中外汇储备变化率和汇率变化率的标准差，其他变量含义同式（6.1）。

另外，根据本书第三章第一节，人民币 EMP_KLR 指数比较恰当地反映了我国外汇市场的现实情况，所以这里仍然使用 EMP_KLR 指数来测度人民币外汇市场压力。

二 传统识别外汇市场风险的方法

判别外汇贬值风险是否发生的关键在于确定外汇市场压力指数的临界值，传统方法都假定外汇市场压力指数服从正态分布，风险期都由式（6.4）来确定：

$$y_t = \begin{cases} 1, & \text{if } EMP_t > k\sigma_{EMP_t} + \mu_{EMP_t} \\ 0, & \text{otherwise} \end{cases} \qquad (6.4)$$

其中，EMP_t是模型独立的外汇市场压力指数，可以采取 EMP_ERW、EMP_STV 和 EMP_KLR 三种形式；σ_{EMP_t}是压力指数的标准差，μ_{EMP_t}是压力指数的平均值，k是常数；显然，临界值为 $k\sigma_{EMP_t} + \mu_{EMP_t}$，若压力指数超过临界值则 t 时刻的二元外汇风险变量 y_t 取值为 1（表示存在外汇贬值风险），否则取值为 0（表示没有外汇贬值风险）。

传统方法在识别外汇风险时，主要存在两点不足：一是常数值 k 的确定带有很大的主观性，不同的取值，所识别的风险期不同，常见的取值有 1.5、2、2.5 和 3。二是外汇市场压力指数的正态性假定不为经验研究所支持，本书用中国的数据对所构造的外汇市场压力指数进行正态性检验时，就发现指数序列并不服从正态分布（见表6-1）。

鉴于传统方法的不足，本书采用极值分位数的估计方法来识别外汇风险。

三　识别外汇市场风险的极值分位数估计方法

对于大多数国家，货币危机或外汇贬值风险的发生是概率极小的事件。极值理论主要研究随机变量的极端（极值）事件的统计规律性。极值理论的 POT（Peaks Over Threshold）方法关注超过某一阈值的观测值或极限事件（Chavez-Demoulin 等，2006），因此 POT 方法在金融风险分析中得到广泛应用。覃筱和任若恩（2010）应用此方法识别货币危机。本书在构建外汇风险预警系统时，在外汇贬值风险识别这一步骤也采用了 POT 方法来估计极值分位数。

如果随机变量 X 的分布函数为：

$$G(x;\mu,\sigma,\xi)=\begin{cases}1-(1+\xi\dfrac{x-\mu}{\sigma})^{-1/\xi}, & \xi\neq 0\\[2mm]1-\exp[-(x-\mu)/\sigma], & \xi=0\end{cases} \quad (6.5)$$

当 $\xi\geqslant 0$ 时，$x\geqslant\mu$；当 $\xi<0$ 时，$\mu\leqslant x\leqslant\mu-\sigma/\xi$。则称 X 服从广义帕累托分布（Generalized Pareto Distribution，GPD）。其中 μ 为位置参数，σ 为尺度参数，ξ 为形状参数。

设 $X_1,\cdots,X_n$ 是独立同分布的随机变量序列，分布函数 $G(x)$ 支撑的上端点为 X'，选取一个阈值 u，称观测值大于阈值 u 的为超阈值（Peaks Over Threshold），记为：

$$G_u(x)=\mathrm{Pr}(X-u\leqslant x\,|\,X>u)=\frac{G(x+u)-G(u)}{1-G(u)},\ x\geqslant 0$$

$$(6.6)$$

这里 $G_u(x)$ 为随机变量 X 的超过阈值 u 的超出量的分布函数，简称超出量分布。

将 $e(u)=E(X-u\,|\,X>u)$ 称为随机变量 X 的平均超出量函数。由性质可知，广义帕累托分布的超出量分布仍然是广义帕累托分布，且形状参数不变。广义帕累托分布的平均超出量函数是：

$$e(u)=\frac{\sigma+\xi(u-\mu)}{1-\xi} \quad (6.7)$$

且当 $0 \leqslant \xi < 1$ 时，$u > \mu$；当 $\xi < 0$ 时，$\mu \leqslant u \leqslant \mu - \sigma / \xi$。这样可知，广义帕累托分布的平均超出量函数是阈值 u 的线性函数。

根据广义帕累托分布的定义，一个形状参数为 $\xi \in R$，尺度参数为 $\sigma > 0$（假定位置参数 $\mu = 0$）的两参数广义帕累托分布 $G(x; \sigma, \xi)$，其分布尾部为：

$$\bar{G}(x; \sigma, \xi) = \begin{cases} (1 + \xi x / \sigma)^{-1/\xi}, & \xi \neq 0 \\ e^{-x/\sigma}, & \xi = 0 \end{cases} \qquad x \in D(\sigma, \xi)$$

$$(6.8)$$

设 N_u 表示 $X_1, \cdots, X_n$ 中超过 u 的次数。用 $Y_1, \cdots, Y_{Nu}$ 表示相应的超出量（超过阈值 u 的 X_i 减去阈值 u）。可知超出量的分布函数：

$$G_u(y) = \Pr(X - u \leqslant y \mid X > u) = \Pr(Y \leqslant y \mid X > u), \quad y \geqslant 0$$

$$(6.9)$$

使用极大似然估计，有：

$$\bar{G}(x) = \begin{cases} 1 - \dfrac{N_u}{n}(1 + \hat{\xi} \dfrac{x - \mu}{\sigma})^{-1/\hat{\xi}}, & \hat{\xi} \neq 0 \\ 1 - \dfrac{N_u}{n} e^{-(x-u)/\hat{\sigma}}, & \hat{\xi} = 0 \end{cases} \qquad x > u \qquad (6.10)$$

故极值分位数 x_p 的估计为：[1]

$$\hat{x}_p = \begin{cases} u + \dfrac{\hat{\sigma}}{\hat{\xi}} \{ [\dfrac{n}{N_u}(1-p)]^{-\hat{\xi}} - 1 \} & \hat{\xi} \neq 0 \\ u - \hat{\sigma} \ln [\dfrac{n}{N_u}(1-p)], & \hat{\xi} = 0 \end{cases} \qquad (6.11)$$

研究外汇市场压力指数序列时，式（6.11）的极值分位数即为外汇风险是否发生的临界值。因此，可以将外汇风险识别步骤概括如下：

第一步，给定外汇压力指数序列，选择阈值 u（选择方法经验研

---

[1] 公式详细推导见梁冯珍《极值统计的理论及其在风险管理中的应用》，博士学位论文，天津大学，2007 年。

究部分给出）。

第二步，用广义帕累托分布拟合超出量序列，使用极大似然估计得到 $\hat{\xi}$ 和 $\hat{\sigma}$。

第三步，诊断阈值 u 的合理性。

第四步，使用式（6.11）得到极值分位数 $\hat{x}_p$，即外汇风险的临界值，则外汇风险二元变量 y_t 由下式来确定：

$$y_t = \begin{cases} 1, & \text{if } EMP_t > \hat{x}_p \\ 0, & \text{otherwise} \end{cases} \qquad (6.12)$$

四　利用极值分位数的估计方法识别人民币外汇市场风险

本书第三章第一节利用 1994 年 1 月至 2012 年 10 月的名义汇率、外汇储备月度数据等构建了中国的外汇市场压力指数：EMP_ERW、EMP_KLR 和 EMP_STV。对这三个外汇市场压力指数进行正态性检验，这三个序列的描述性统计如表 6-1 所示。由 JB 统计量可知，三个序列都拒绝了正态性假定，因此，传统的以均值加常数倍的标准差作为风险是否发生的临界值存在不足。

接下来本书以 EMP_KLR 指数作为人民币外汇市场压力指数，在 1994 年 1 月至 2012 年 10 月样本区间内应用极值分位数的估计方法来确定外汇风险临界值，具体计算过程是通过 R 软件中的 Extreme toolkit 软件包来实现。而对于 1994 年 1 月至 2018 年 10 月这个更长的样本区间，不再给出计算过程，只在表 6-2 中给出计算结果。

表 6-1　　　　人民币外汇市场压力指数的描述性统计表

指数	均值	标准差	峰度	偏度	JB 统计量
EMP_ERW	-0.305	0.999	5.320	-0.627	64.341**
EMP_KLR	-0.459	0.456	5.105	-1.256	101.558**
EMP_STV	-0.191	0.363	4.574	-0.599	36.997**

注：本表由 EViews6 计算得到，** 表示在 5% 显著性水平下，拒绝外汇市场压力指数服从正态分布的原假设。

（一）选择最优阈值 u

首先要选择正确的阈值 u，使得用 GPD 拟合超出量时，得到合理

的估计参数 ξ 和 σ。本书采用基于平均超出量函数的方法来选择最优的阈值 u。

当广义帕累托分布可以作为超过阈值 u_0 的超过量的有效近似时，那么对大于阈值 u_0 的 u 的超过量也服从广义帕累托分布，且形状参数不变。尺度参数具有下面的关系：$\sigma_u = \sigma u_0 + \xi (u - u_0)$。于是有 $E(X-u \mid X>u) = \sigma_u / 1 - \xi$。因此，平均超出量是关于 u 的线性函数，即样本平均超出量函数应该在一条直线附近波动。由此可按下面的步骤选择阈值 u：令 $X_{1,n} = \max\{X_i, 1 \le i \le n\}$，定义点集 $\{[u, e_n(u)]: u < X_{1,n}\}$，称为平均剩余寿命图（mean residual life plot），选择适当的 u_0 作为阈值，使得 $e_n(u)$ 关于 $u \ge u_0$ 为近似线性。关注在某个值 u_0 以后 $e_n(u)$ 斜率的变化，如果能保持不变，这个点 u_0 通常可以作为阈值。

具体确定阈值的过程是：首先，观察 EMP_KLR 的平均剩余寿命图（见图 6-1），

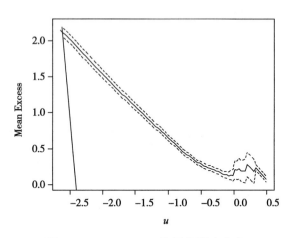

图 6-1　*EMP_ KLR* 的平均剩余寿命

当选择 u 为 -0.1，认为在 -0.1 之后，平均超出量函数近似为线性，则把 $u_0 = -0.1$ 确定为阈值。然后，观察尺度参数和形状参数随阈值的变化，如果基本保持不变，则说明阈值的选取是合适的；在图 6-2 中发现，在 $u > -0.1$ 后，形状参数和尺度参数基本保持不变。最后，对拟合结果进行诊断性检验；对于极值模型，如果拟合情况较

好，则诊断图 P-P 图（概率图）、Q-Q 图（分位数图）、重现水平图都近似线性，而密度图应该与直方图一致，结果见图 6-3。从各个子图的结果来看，所选拟合情况较好。

（二）参数估计及计算临界值。

使用选择好的阈值，用极大似然方法估计服从广义帕累托分布的超出量分布，估计出尺度参数和形状参数。根据式（6.11）计算出极值分位数，即危机发生与否的临界值，结果如下表 6-2 所示。

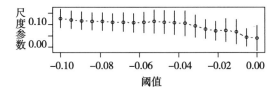

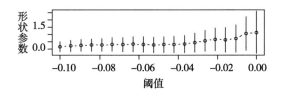

图 6-2　形状参数和尺度参数变化

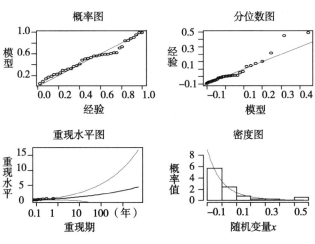

图 6-3　拟合效果诊断图

表 6-2 GPD 拟合情况及临界值

样本区间	阈值 u_0	尺度参数 σ	形状参数 ξ	超阈值个数	极值分位数 $\hat{x}_p$
1994.01—2012.10	−0.1	0.111 (0.027)	0.158 (0.181)	37	0.031
1994.01—2018.10	0.1	0.897 (0.226)	0.008 (0.195)	39	1.166

注：括号内为标准差。表中计算通过 R 软件中的 Extreme toolkit 软件包实现。

首先，根据1994年1月至2012年10月期间外汇市场压力指数序列及外汇风险发生的临界值，本书识别出了中国出现外汇风险的时间分别是1995年12月、1998年4月、1998年6月、2003年12月、2009年1月、2010年5月、2010年8月和2012年5月。这些外汇风险可以找到一些经济现象加以佐证。1995年12月，中国的实际利率调整为正值，根据货币危机理论，可能是1995年12月外汇市场承受重大压力时中国人民银行的一种应对举措。1998年的外汇风险是因为受到亚洲金融危机的影响。2003年12月，中国人民银行货币政策委员会召开了2003年第四季度例会，指出要保持人民币存贷款利率的基本稳定[①]，使得12月外汇储备下降170亿美元，占当月外汇储备总额的4.2%，大量外汇储备的流失正是产生外汇风险的信号。2009年和2010年的外汇风险是因为中国持续受到次贷危机的影响：美国国家经济研究局（NBER）2010年9月给出的报告称，2008年9月至12月是金融危机最严重的阶段。2012年中国经济下行风险加大，人民币出现贬值预期。

然后，根据1994年1月至2018年10月期间外汇市场压力指数序列及外汇风险发生的临界值，本书识别出了中国出现外汇风险的时间，分别是：2015年8—9月，2015年12月和2016年1月，2016年6月，2016年10—12月，2018年5—8月，2018年10月。这些现象也可以找到一些佐证，比如经济增长放缓、市场上存在看空中国的力量，经济不确定性上升，中美贸易摩擦等。

对比发现，同样的方法在不同的样本期内所识别的外汇风险期有

---

① 来自中国人民银行网站，http：//www.pbc.gov.cn/publish/zhengcehuobisi/361/1375/13757/13757_.html。

着很大的不同。结合 EMP_ KLR 指数就可以发现其背后的原因，2015 年"8·11 汇改"以来，人民币持续出现自 1994 年以来空前的贬值压力，相比之下，1994 年 1 月至 2012 年 10 月期间的外汇风险就要小得多。由此可见定量分析也存在一定的局限性。

在接下来的研究中本书基于 EMP_ KLR 的外汇市场压力指数并选用极值分位数的估计方法来识别外汇风险，则外汇风险二元变量 y_t 表示为：

$$y_t = \begin{cases} 1, & \text{if } EMP\_ KLR_t > KLR\_ \hat{x}_p \\ 0, & \text{otherwise} \end{cases} \tag{6.13}$$

第三节 人民币外汇市场风险预警模型

本章前述部分给出了外汇市场压力指数的构建方法以及识别外汇风险的极值分位数的估计方法，结合中国的实际情况，基于 EMP_ KLR 的外汇市场压力指数，运用极值分位数的估计方法识别外汇风险，从而由式（6.13）得到外汇风险二元变量 y_t。接下来就以外汇风险二元变量 y_t 为因变量[①]，来构建中国的外汇风险预警系统，该系统采用了静态 Logit 模型和一种形式上比较简单的动态 Logit 模型作为预警模型。

一 静态 Logit 模型

首先说明纯静态 Logit 模型，形式如下：

$$P_{t-1}(y_t = 1) = \Lambda(\boldsymbol{\eta}_t) = \Lambda(w + \boldsymbol{X}'_{t-1}\boldsymbol{\beta}) \tag{6.14}$$

$$\Lambda(\boldsymbol{\eta}_t) = \frac{e^{\eta_t}}{1 + e^{\eta_t}} \tag{6.15}$$

其中，y_t 是外汇风险二元变量，X_t 是解释变量向量，表示外生的

---

① 从预警角度看，如果能提前 6 个月甚至更早发出预警信号，无疑更有政策意义，因此在风险预警时，本书选择如果接下来 6 个月内至少有 1 次高风险状态 [即由式（6.13）确定的 y_t 为 1]，那么定义 y_{6t} 为 1，否则 y_{6t} 为 0，为了符号简单，本书余下部分仍用 y_t 表示 y_{6t}。

宏观经济变量，$\eta_t = w + X'_{t-1}\boldsymbol{\beta}$ 是风险指数，P_{t-1}（$y_t = 1$）表示 $t-1$ 时刻所拥有信息情况下的外汇风险发生的条件概率。可见，纯静态模型假定外汇风险的发生只由外生的宏观经济变量来解释。

根据第二代货币危机理论，汇率预期可能对外汇风险甚至是货币危机的爆发产生重要影响，本书把汇率预期（以 NDF 汇率作为人民币汇率预期的代理变量）引入预警模型，以提高系统的预警能力。

二 动态 Logit 模型

然后，考虑条件概率 P_t 或 η_t 的生成机制，Kauppi 和 Saikkonen（2008）指出其最常用的动态定义如下：

$$\eta_t = \sum_{i=1}^{p} \alpha_i \eta_{t-i} + \sum_{j=1}^{q} \delta_j y_{t-j} + X'_{t-1}\boldsymbol{\beta} \qquad (6.16)$$

这里，解释变量的滞后项也可能包含在向量 X_{t-1} 中，因此不再把它们明确表示出来。另外，就 $t-1$ 时刻一步向前预测而言，y_{t-1} 表示当前的风险状态，比静态模型增加了动态信息，而 η_{t-1} 则是一个自回归（AR）过程，不仅包含了当前的信息，而且还包含了过去若干期的信息，因此动态模型这种表达形式不仅节约了信息，而且会提高预警能力。考虑一步向前预警，动态 Logit 模型可以分为三种情况。[①] 考

---

① 这三种情况分别是：

（1）含滞后二元变量的动态模型，表示为：P_{t-1}（$y_t = 1$）$= \Lambda$（η_t）$= \Lambda$（$w + \delta y_{t-j} + X'_{t-1}\boldsymbol{\beta}$）。

（2）含滞后 η_t 的动态模型，表示为：P_{t-1}（$y_t = 1$）$= \Lambda$（η_t）$= \Lambda$（$w + \alpha\eta_{t-i} + X'_{t-1}\boldsymbol{\beta}$）。

（3）含滞后二元变量和滞后 η_t 的动态模型，表示为：P_{t-1}（$y_t = 1$）$= \Lambda$（η_t）$= \Lambda$（$w + \alpha\eta_{t-i} + \delta y_{t-j} + X'_{t-1}\boldsymbol{\beta}$）。

其中，i 和 j 是动态项的滞后阶数。Kauppi 和 Saikkonen（2008）指出上述三式中的动态项可以包含多个滞后项，同时又指出一方面为了简化和减少编程难度，另一方面研究应用中没有发现加入更多动态滞后项的需要，因此本书按照 Kauppi 和 Saikkonen（2008）只保留一个滞后项，根据统计上的模型选择程序确定合适的滞后阶数 i 和 j。对于含滞后 η_t 的动态模型及含滞后二元变量和滞后 η_t 的动态模型，滞后 η_t 的系数 α 是一个自回归系数，因此需要对它进行约束，使其满足平稳性条件，这样就需要用受约束的对数极大似然估计方法来对模型进行估计。

虑到动态模型的复杂性，本书只考虑了含滞后二元变量的动态模型，表示为：

$$P_{t-1}(y_t = 1) = \Lambda(\eta_t) = \Lambda(w + \delta y_{t-j} + X'_{t-1}\beta) \quad (6.17)$$

其中，j 是动态项的滞后阶数，本书在经验研究部分通过统计的模型选取程序来给出合适的值。对于纯静态模型式（6.14）和含滞后二元变量的动态模型式（6.17），使用极大似然估计方法就可以进行估计。

第四节 Logit 预警模型在中国的经验分析

一 人民币外汇市场风险预警指标体系及指标选取

外汇风险的产生与很多经济指标有关。根据 Kaminsky 等（1998）、陈守东等（2009）诸多文献的研究，本书在选取经济指标时遵守了三个原则：一是宏观与微观相结合，既反映宏观经济基本面的影响，也反映金融部门的影响。二是将尽可能多的预警指标作为备选指标加以考虑，反映不同的风险来源，包括国内风险来源和国外的冲击。三是考虑到我国的资本账户管制问题，尽量吸取一些反映资本账户管制程度的指标。结合以上原则，本书选取了代表宏观经济、金融体系和国外冲击三方面的 23 个指标，具体指标列在表 6-3 中。

表 6-3　　　　　　　　备选月度预警指标

类型	经济理论意义	指标名称	数据处理方法说明
宏观经济指标	经济增长速度下滑，通胀率过高，赤字和外债超出承受范围，都是国家总体经济衰退的表现，容易引发经济危机。	工业增加值实际增长率	同比增长
		通货膨胀率	CPI 同比增长率
		出口增长率	同比增长
		房价增长率	同比增长
		财政赤字/GDP	比值

续表

类型	经济理论意义	指标名称	数据处理方法说明
金融体系指标	货币危机往往与货币过度扩张引起的信贷过快增长有关；银行放贷规模过大，存款萎缩，较高的实际利率，使得银行系统风险加大。	国内信贷/GDP	同比增长率
		M2/GDP	比值
		实际利率	1 年期存款利率减通胀率
		M2 乘数	M2 除以基础货币，同比增长率
		贷款/存款	比值
		对私人部门债权/GDP	比值
		国外净资产/GDP	同比增长率
		金融机构有价证券及投资/GDP	同比增长率
	本币高估增加金融系统的脆弱性，外部市场竞争力的丧失导致经济衰退，可能引发货币危机。	实际汇率高估	（实际有效汇率指数－长期趋势）/长期趋势
		外汇储备增长率	同比增长率
		M2/外汇储备	同比增长率
		汇率预期	NDF 汇率减去即期汇率
		金融机构外债/GDP	比值
国外冲击指标	随着金融全球化，中国金融市场的开放，全球的经济形势对中国的影响逐渐加深。	原油价格增长率	同比增长率
		国内外存款利率差	中国和美国存款利率之差
		FDI/GDP	比值
		TED 利差	3 个月伦敦银行间市场利率与美国国债利率差
		美元指数	同比增长率

说明：（1）数据来源于国际货币基金组织（IMF）数据库 International Financial Statistics（IFS），http：//www. elibrary. imf. org/，和中经网统计数据库，http：//db. cei. gov. cn/，以及 Wind 数据库、彭博数据库；（2）工业增加值实际增长率采用统计局公布的数据。由于 2007 年后统计局不公布工业增加值名义绝对量序列，本书假定近 5 年工业增加值率（工业增加值/工业总产值）变化不大，因此利用中经网上的工业总产值序列计算的增长率代替工业增加值名义增长率，从而计算得到 2007 年后的工业增加值名义绝对值序列；（3）对于包含季节因素的时间序列数据，采用 X-12 季节调整方法，其中工业增加值采用比例因子法消除春节因素；（4）对于只有季度数据的指标，采用插值方法转为月度数据；（5）NDF 是指无本金交割远期外汇，可用于分析汇率的未来走势的预期；（6）在这些指标中，外商直接投资（FDI）、国内外存款利差、汇率预期等都和实际资本账户管制有密切的联系，因此，这几个指标能在一定程度上反映资本账户的管制程度。①

考虑到文献中"将尽可能多的预警指标纳入预警模型中"的原

---

① 雷达、赵勇：《中国资本账户开放程度的测算》，《经济理论与经济管理》2008 年第 5 期。

则，一方面，本书在显著性水平为 10% 的情况下对表 6-3 中的预警指标进行了平稳性检验，平稳性检验使用 EViews 软件实现，然后对满足平稳性要求的备选预警指标与二元风险变量 y_t 做 Granger 因果检验，选择稳定性好的对二元风险变量具有因果关系的预警指标；另一方面，本书选取了理论性比较强以及实证文献中出现频率比较高的预警指标。然后，再调试模型，选择预警效果较好的指标进入模型。以 1994 年 1 月至 2012 年 10 月样本为依据，本书最终选取了外商直接投资/GDP、汇率预期、M2/外汇储备和对私人部门债权/GDP 四个预警指标进入模型，并在 1994 年 1 月至 2018 年 10 月样本期内继续使用这四个指标进一步检验预警效果。

二　预警模型经验研究结果

（一）模型滞后阶数的选取

在本节中，首先给出模型式（6.17）中动态项合适的滞后阶数，选择过程见表 6-4，

表 6-4　　　　　　　　式（6.17）动态项滞后阶数选取

	式（6.17）滞后阶 j 取值				
	1	2	3	4	5
SC 准则	0.481	0.616	0.701	0.754	0.771
AIC 准则	0.366	0.501	0.586	0.639	0.656
Log-likelihood	−23.495	−34.339	−41.161	−45.460	−46.831

（二）模型估计结果

首先以 1994 年 1 月至 2012 年 10 月为样本期，给出模型（6.14）以及模型（6.17）的动态项滞后阶数为 1 的估计结果，估计结果见表 6-5。

从表 6-5 中模型估计的系数来看，FDI/GDP 的系数都为负，表明外商直接投资的流入会降低外汇风险，这和传统的经济理论相符。汇率预期的系数为正值，表明当汇率预期为正值即出现人民币贬值预期时，国内遭受外汇风险的概率就越大，发出风险信号的概率也越高，

这和传统的经济理论一致；当人民币 NDF 市场出现贬值预期时，国际流动资本流出我国，从而对我国外汇市场形成贬值的压力。M2/外汇储备的系数为负值，表示货币扩张没有对我国外汇市场形成贬值压力，这和传统经济理论不符；但考虑到我国的实际情况，在货币扩张造成的资产泡沫以及升值预期的作用下，国际资本流入使我国外汇市场面临升值压力。对私人部门债权/工业增加值的系数预期为正值，显然对私人部门信贷的增长会加大风险。滞后项 y_{t-1} 的系数都显著且为正值。

表 6-5   预警模型估计结果（1994 年 1 月至 2012 年 10 月）

	静态模型 式（6.14）	仅包含滞后二元变量的动态模型 式（6.17）
截距	2.145** （1.027）	-0.302 （1.506）
FDI/GDP	-203.162*** （49.110）	-147.085** （69.539）
汇率预期	45.651*** （15.084）	24.605 （21.441）
M2/外汇储备	-14.568*** （4.574）	-8.849 （6.259）
对私人部门债权/GDP	12.253*** （4.477）	8.848 （6.235）
y_{t-1}	—	4.644*** （0.850）
SC 准则	0.683	0.481
AIC 准则	0.586	0.366
Log-likelihood	-40.981	-23.495

注：括号中是标准差；***、** 和 * 分别表示在 1%、5% 和 10% 的显著性水平下显著。

另外，考虑到样本期间中国 2005 年 7 月的汇率改革可能对预警模型产生结构性影响。因此，在模型式（6.14）、式（6.17）中增加了虚拟变量（2005 年 7 月之后为 1，其余为 0），从估计结果来看，所有模型中虚拟变量都不显著，而其他的系数和表 6-5 的差别不大。因此，从研究结果来看，总体上来说 2005 年的汇率改革没有对预警模型产生结构性影响。

然后仍然选择外商直接投资/GDP、汇率预期、M2/外汇储备和对私人部门债权/GDP 四个预警指标，以 1994 年 1 月至 2018 年 2 月为样本期给出模型式（6.14）以及模型式（6.17）的动态项滞后阶数为 1 的估计结果，估计结果见表 6-6。

表 6-6　　　预警模型估计结果（1994 年 1 月至 2018 年 2 月）

	静态模型式（6.14）	仅包含滞后二元变量的动态模型式（6.17）
截距	3.907 ** （2.035）	-1.231 （2.731）
FDI/GDP	-538.717 *** （186.083）	-226.217 （202.923）
汇率预期	0.969 *** （0.298）	0.373 （0.582）
M2/外汇储备	0.447 * （0.250）	-0.018 （0.472）
对私人部门债权/GDP	0.105 （0.434）	0.451 （0.718）
y_{t-1}	—	6.387 *** （1.377）
SC 准则	0.469	0.257
AIC 准则	0.394	0.167
Log-likelihood	-40.207	-13.136

注：括号中是标准差；***、** 和 * 分别表示在 1%、5% 和 10% 的显著性水平下显著。

从表 6-6 中静态模型估计结果来看，除了私人部门债权/工业增加值的系数不显著外，其他三个指标系数显著。与表 6-5 不同的是，M2/外汇储备的系数显著为正值，表示近年来货币扩张已经对我国外汇市场形成贬值压力，这和传统经济理论相符。滞后项 y_{t-1} 的系数都显著且为正值，表明人民币外汇市场压力具有一定的持续性特征。

（三）预测评价

首先选择样本期间为 1999 年 1 月至 2012 年 5 月，进行样本内预测。预测结果见图 6-4 和图 6-5（阴影部分是通过极值分位数方法确定的风险期）。从图形来看，图 6-4 所示的静态预警模型只是对 2012

年的外汇风险给出了较低预测概率，对 2003 年和 2008 年的外汇风险都给出了较高的预测概率，对 2010 年的外汇风险给出的概率先高后低；在低风险期，静态模型在 2004 年年底、2009 年和 2011 年年底给出了较高的预警概率。图 6-5 所示的仅含滞后二元变量的动态模型样本内静态预测显示了动态模型对数据较好的拟合程度。

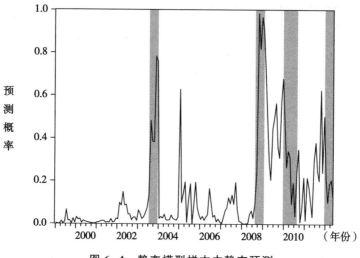

图 6-4　静态模型样本内静态预测

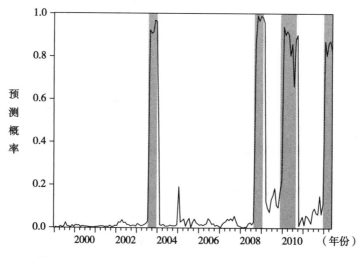

图 6-5　仅含滞后二元变量的动态模型样本内静态预测

　　然后，选择样本期间为 1999 年 1 月至 2018 年 2 月，进行样本内预测。预测结果见图 6-6 和图 6-7。从图形来看，图 6-6 所示的静态预警模型对 2018 年的外汇风险给出了较低预测概率，对 2015—2016 年的外汇风险给出的预测概率平均值为 0.57，且波动性较强。在低风险期，静态模型在 2008 年年底、2012 年和 2014 年给出了较高的预警概率。图 6-7 所示的仅含滞后二元变量的动态模型样本内静态预测显示了动态模型对数据较好的拟合程度。

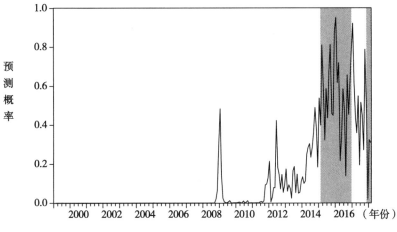

图 6-6　静态模型样本内预测

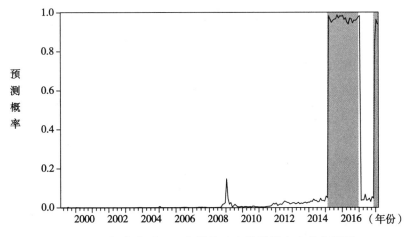

图 6-7　仅含滞后二元变量的动态模型样本内静态预测

对比图 6-4 和图 6-6 可以看出,在 1999 年 1 月至 2012 年 5 月样本期,静态模型在考虑汇率预期的情况下,取得了较好的预测效果;而在 1999 年 1 月至 2018 年 2 月样本期内,在预警指标不变的情况下,静态模型的预测效果明显下降,可能的原因是 2008 年金融危机后,国内外经济不确定性增加以及我国汇率制度改革,使得我国外汇市场出现了结构性的变化,导致模型预测能力下降。对比图 6-5 和图 6-7 可以发现,动态模型一定程度上反映了外汇风险的动态性和连续性,这两个样本期内的预测效果都优于静态模型。

虽然本书所建模型在样本内取得了较好的预测效果,但与其他一些模型存在类似的问题,即样本外预测的效果好坏并不确定,而样本外预测也是更为艰难的挑战。因此,对外汇风险预警模型的研究还需要更进一步的工作。

本章小结

本书采用极值分位数的估计方法和 Logit 预警模型来识别和预测我国的外汇风险,得到了以下几点结论:第一,外汇风险的识别是构建外汇贬值风险预警系统的基础。本书采用极值分位数的估计方法识别外汇贬值风险,替代传统的偏离均值若干倍标准差的方法。这种方法的主要优点在于它放松了传统方法的正态性假定,受主观因素影响较小。第二,静态模型除了宏观经济变量外,还加入了汇率预期变量,样本内预测效果较好。第三,从实证结果来看,动态 Logit 模型在样本内的预测能力比静态 Logit 模型有了一定的提高。第四,本书所选取得四个预警指标即外商直接投资/GDP、汇率预期、M2/外汇储备和对私人部门债权/工业增加值无论从统计学意义上和经济学意义上都效果良好,能够比较有效地对外汇风险做出监测和预警。第五,实证研究表明汇率改革没有对预警模型产生结构性影响,因此适当地增加汇率弹性并不会增加外汇贬值风险。

在目前中国较高的货币流动性、资产价格泡沫以及企业面临环境恶化的情况之下，我国的系统性金融风险已经上升。从本书的研究来看，在未来的外汇风险预警系统的要求中，动态性应该是一个关键的特征，这有利于释放更合适的预警信号来防止或延缓外汇风险甚至是金融危机的发生。

第七章

人民币外汇市场压力的影响因素分析
——基于 MIMIC 模型构造外汇市场压力指数

外汇市场压力反映了一国经济的外部失衡情况，其形成既受一国经济内部的影响，也深受外部冲击的影响。从构建外汇市场压力的货币模型来看，影响一国外汇市场压力的因素有：本国和参照国的基础货币供给、实际收入、通货膨胀率、利率、汇率预期和其他扰动因素。但在有关实证研究的文献中，针对一国的具体情况，也常常考虑更多的影响因素，例如，贸易因素、金融因素和资本流动的影响，等等。

模型依赖的外汇市场压力指数常常以货币模型为基础，通过两阶段最小二乘法来估计有关参数，并通过向量自回归模型来研究变量间的动态关系，但该方法可能会遗漏没有包含到货币模型中的一些有用的变量。

模型独立的外汇市场压力指数则从货币当局对外汇市场干预渠道出发，常取汇率变化、外汇储备变化和利率变化的加权平均值，利用样本标准差来平滑各个部分的影响。模型独立的外汇市场压力指数在货币危机的研究中得到广泛应用。但该方法把外汇市场压力指数的构造和影响外汇市场压力的因素分开研究。

本书使用结构方程模型中的 MIMIC 模型，研究人民币外汇市场压力的影响因素的同时，利用 MIMIC 模型的结构方程构造人民币外汇市场压力指数。本章结构安排如下：第一节分析 MIMIC 模型在经济以及金融领域的应用；第二节介绍 MIMIC 模型的建模、估计和模型评价方法；第三节分析了利用 MIMIC 模型分析人民币外汇市场压力时，所使用的指标体系；第四节利用 MIMIC 模型分析人民币外汇市场压力的影响因素以及人民币外汇市场压力指数的构造方法；最后是结论。

第一节 MIMIC 模型在经济领域的应用

结构方程模型（Structural Equation Model，SEM）常用于研究潜变量（也称不可观测变量）和可测变量之间的关系。此类模型在社会学、市场营销、语言学和经济学等社会学科中有着广泛的应用。近年来，国内学者开始把该模型应用于经济学的各个分支。

一 国外文献综述

Zellner（1970）开始探讨结构方程模型。Jöreskog 和 Goldberger（1975）考虑了只包含一个潜变量的 MIMIC 模型，并使用极大似然估计方法估计其参数，此后，该模型开始被人们接受。许多国外经济学者采用 MIMIC 模型研究隐形经济的规模[1]，Frey 和 Weck-Hannemann（1984）把隐形经济作为潜变量，首先采用该模型来估计 OECD 国家的隐形经济规模，Loayza（1996）研究了拉丁美洲国家的隐形经济，Giles（1999）研究了新西兰的隐形经济规模，Bajada 和 Schneidaer（2005）研究了亚太国家的隐形经济规模，Alanon 和 Gomez-Antonil（2005）、Dell' Anno（2007）分别研究了西班牙和葡萄牙的隐形经济，Dell' Anno 和 Solomon（2008）研究了美国的隐形经济规模，Schneider（2005）研究了全球 110 个国家的隐形经济规模，Chaudhuri 等（2006）研究了印度的隐形经济规模，Dell' Anno 等（2007）研究了法国、希腊和西班牙三个国家的隐形经济规模。

国外学者除了把 MIMIC 模型用于测度隐形经济外，还将该模型用

---

[1] 隐形经济，也叫地下经济、未被观测经济。国际经合组织（OECD）将未被核算到 GDP 中的经济称为未被观测经济（Non-observed Economy，NOE），遗漏的规模称为未被观测经济规模，并详列了未被观测经济的五个子项：地下生产、非法生产、非正规部门生产、住户为自身最终使用的生产，以及由于基础统计数据收集方案不完善而遗漏的生产。

于其他的经济学分支。Rose 和 Spiegel（2009）利用 MIMIC 模型研究 2008 年金融危机爆发的原因，对 107 个国家的实证检验表明，截面数据无法将危机强度和导致危机的原因变量联系起来，但该模型对单一国家的预警比较合理。

Üvez 和 Aybars（2012）利用结构方程模型，分析了土耳其的宏观经济变量对金融压力指数的影响，同时也分析了金融压力指数对货币市场指标变量的影响。其中，金融压力指数等于利率的百分比变化加上实际有效汇率的百分比变化，减去外汇储备的百分比变化。宏观经济变量是可观测的外生变量，该文考虑了以下 6 个变量：经常账户赤字/GDP、外债总额/GDP、外商直接投资/GDP、国内信贷/GDP、进出口总额/GDP、M2/外汇储备。货币市场变量是可观测的内生变量，该文考虑了 4 个变量：土耳其股票指数 ISE 100 的收盘价、土耳其股市的交易量、金价和通货膨胀率。该文采用 2006—2011 年的季度数据，实证估计的结果表明，经常账户赤字/GDP 和外债总额/GDP 对金融压力指数影响较大，外商直接投资/GDP、M2/外汇储备和进出口总额/GDP 对金融市场压力也有直接影响，而国内信贷/GDP 则没有对金融市场压力产生直接影响；金融市场压力对土耳其股票指数 ISE 100 的收盘价、土耳其股市的交易量、金价和通货膨胀率都没有产生直接影响。

Maltritz 等（2011）利用 MIMIC 模型研究一国违约风险的决定因素。该文把国家违约风险作为不可观测的变量，MIMIC 模型允许不可观测变量可以同时具有多个指标变量，从这一点上来说，MIMIC 模型要优于只能考虑一个指标变量的传统回归模型。该文在实证分析中，同时考虑了两个指标变量，分别是摩根大通编制的 EMBI 指数（Emerging Market Bond Index，EMBI）和标普的主权债务评级指数（S & P）；该文所考虑的外生原因变量有：人均 GDP、投资比率（固定投资/GDP）、总债务/GDP、外债清偿率、短期债务/总债务、储备增长、储备/进口、净出口/储备、进出口比价、出口增长、通货膨胀率、货币供给变化、开放度、美国利率；样本取自 31 个国家 1994—2006 年的年度数据，实证结果为有争议的问题提供了一些新的证据。

二　国内文献综述

近年来，国内学者开始将 MIMIC 模型用于经济学各方面的研究。一些学者使用 MIMIC 模型估算了我国的隐形经济规模，徐蔼婷、李金昌（2007）使用 MIMIC 模型研究了我国地下经济的规模，结合经济普查的实际数据，估计结果发现，1985—2005 年我国地下经济占 GDP 的比重介于 13%—18%。徐正云（2009）采用结构方程模型中的 MIMIC 模型研究了中国地下经济规模的决定因素及关系，并测度了 1990—2006 年中国地下经济规模。杨灿明、孙群力（2010）基于省级面板数据，使用 MIMIC 模型测度了中国 1998—2007 年 30 个省市的隐形经济规模。苏飞（2011）基于 MIMIC 模型测度了中国 1979—2009 年的地下经济规模。

MIMIC 模型除了用于测度地下经济规模外，还有学者将该模型用于其他的经济学分支的研究。笪凤媛、张卫东（2009）利用结构方程模型的思想构建 MIMIC 模型，对中国的非市场交易费用进行了测度，结果发现，体制转型和基础设施的完善能显著降低中国非市场交易费用的规模，而政府管制则具有负面效应，导致中国非市场交易费用相对于 GDP 的比重趋于平稳。牟晓云、刘好（2011）利用 MIMIC 模型综合评价了农业类上市公司的业绩。

此外，国内学者还将 MIMIC 模型用于金融危机预警的研究。牟晓云、李黎（2010）利用 MIMIC 模型建立了中国的金融危机预警系统，根据中国的实际情况，选取了实际 GDP 变化率、股价变化率和实际有效汇率变化率作为 MIMIC 模型的内生变量（指标变量）来反映金融危机的强度，外生变量（原因变量）则选取了国际储备、M2/国际储备、实际有效汇率高估、实际利率、信贷增长、贸易条件和出口共 7 个指标，利用 AMOS 软件对 MIMIC 模型进行极大似然估计，剔除信贷增长和出口这两个不显著的外生变量后，得到了较好的拟合效果。

牟晓云、石柱鲜（2012）利用 MIMIC 模型研究了 2008 年金融危机对日本经济的影响，该模型包括 9 个外生变量（原因变量）和 3 个内生变量（指标变量），模型的估计结果表明，影响日本危机强度的两个指标是国内信贷/GDP 和政府债务/GDP。

第二节　MIMIC 模型构建

结构方程模型又称潜在变量模型（Latent Variable Model，LVM），该模型主要通过协方差矩阵完成模型建立，因而该模型也被称作协方差结构方程模型（Covariance Structure Model，CSM），对该模型的研究始于 20 世纪 70 年代，由瑞典统计学家 Jöreskog 提出。该模型属于多元统计的一种，是近年来统计学的三大发展之一。结构方程模型在实际应用中拥有多种不同的形式，MIMIC 模型是其中一种形式。Goldberger（1972）把 MIMIC 模型用于经济计量的有关研究，Gertler（1988）对 MIMIC 模型进行了扩展且获得了优良的实证结果。建立 MIMIC 模型的主要步骤有：模型设定、模型识别与参数估计、模型的评价与修正，本书将依此步骤对 MIMIC 模型进行系统介绍。

一　MIMIC 模型设定

MIMIC 模型通常由测量方程和结构方程两部分组成：

$$\begin{cases} y_{1t} = \lambda_1 U_t + \varepsilon_{1t} \\ y_{2t} = \lambda_2 U_t + \varepsilon_{2t} \\ \quad\vdots \\ y_{pt} = \lambda_p U_t + \varepsilon_{pt} \end{cases} \tag{7.1}$$

$$U_t = \gamma_1 x_{1t} + \gamma_2 x_{2t} + \cdots + \gamma_q x_{qt} + \zeta_t \tag{7.2}$$

其中，式（7.1）是测量方程，λ_i，$i = 1, 2, \cdots, p$ 是未知参数；ε_{it}，$i = 1, 2, \cdots, p$ 是误差项；y_{jt}，$j = 1, 2, \cdots, p$ 是内生显变量（或内生可观测变量，指标变量），表示包含潜变量 U_t 信息的结果变量，因此，式（7.1）描述了测量潜变量的路径。式（7.2）是结构方程，γ_i，$i = 1, 2, \cdots, q$ 是未知参数，ζ_t 是误差项；x_{it}，$i = 1, 2, \cdots, q$ 是一组外生的显变量（或叫作原因变量），表示引致不可观测变量 U_t 的原因，例如，导致地下经济产生的原因、导致外汇市场压力的原因，等等；U_t 为潜变量（或叫作不可观测变量），在实际应用中，具有不同的经济含义，例如 U_t 可以是地下经济规模、非市场交易规模、金融危机强度、国家违约风险等，本书把 U_t 设定为中国外汇市场压力，因为在有管理的浮动汇率制度下，外汇市场压力不能直接观测到。

把式（7.1）和式（7.2）中的可观测变量及未知系数设定为向量形式，即 $x_t = (x_{1t}, x_{2t}, \cdots, x_{qt})$，$y_t = (y_{1t}, y_{2t}, \cdots, y_{pt})'$，$\gamma = (\gamma_1, \gamma_2, \cdots, \gamma_q)$，$\lambda = (\lambda_1, \lambda_2, \cdots, \lambda_p)'$，则 MIMIC 模型的矩阵形式表示如下：

$$y_t = \lambda U_t + \varepsilon_t \qquad (7.3)$$

$$U_t = \gamma x_t' + \zeta_t \qquad (7.4)$$

将式（7.3）和式（7.4）表示的 MIMIC 模型应用于我国的外汇市场压力的研究，则可观测的外生变量 x_t 是影响外汇市场压力的一组变量；可观测的内生变量 y_t 是能够反映外汇市场压力特征的一组变量；而不可观测的变量 U 是外汇市场压力指数。

将式（7.4）代入式（7.3）可得：

$$y_t = \Pi x_t' + v_t \qquad (7.5)$$

其中，$\Pi = \lambda \gamma$，$v_t = \lambda \zeta_t + \varepsilon_t$。假设 ζ_t 和 ε_t 相互独立且都服从正态分布，则有 $E(\zeta_t) = 0$，$E(\varepsilon_j) = 0(j = 1, 2, \cdots, p)$，$E(\zeta_t \varepsilon_t) = 0$，$E(\zeta_t^2) = \sigma^2$，$E(\varepsilon_t \varepsilon_t') = \Theta^2$，$\Theta^2$ 为下三角矩阵。这时，包含未知参数 θ 的协方差矩阵表示如下：

$$\sum (\theta) = E(v_t v_t') = E[(\lambda \zeta_t + \varepsilon_t)(\lambda \zeta_t + \varepsilon_t)'] = \sigma^2 \lambda \lambda' + \Theta^2$$

$$(7.6)$$

通过可观测变量的样本值可以计算总体协方差矩阵 $\sum$，令 $\sum = \sum (\theta)$，就可以求得未知参数。

二　MIMIC 模型的识别与估计

结构方程模型的识别，是判定模型中每一个待估计的参数（自由参数）是否能由观测数据求出唯一的估计值。如果方程中的自由参数有一个不能由观测数据估计得到，则方程不可识别；如果都能得到，则可以识别。可以识别包括恰好识别和过度识别。利用 $\sum = \sum (\theta)$ 中各相应元素相等，来判断模型的识别情况：

（1）恰好识别：θ 的元素可以表示为总体协方差 $\sum$ 的函数，若 θ 的各个元素能够估计，即每一个方程的每一个参数都恰好可以由观测变量方差—协方差阵的一个或多个元素的函数表示，则方程恰好识别。

（2）过度识别：若方程中一个参数可以由一个以上函数表示，这意味着观测变量的方差—协方差阵对于估计参数含有过多的信息，则方程过度识别。

（3）不可识别：如果方程中有一个参数无法用观测变量的方差—协方差阵的一个或多个元素的函数表示，即无法得到估计值，则方程不可识别。

结构方程模型的识别规则有：t 规则、两步规则、MIMIC 规则。其中，t 规则是模型可识别的一个必要而非充分条件，该规则表示为：$t \leq (p + q)(p + q + 1)/2$。两步规则（two-step rule）是一个模型识别的充分而非必要条件，第一步是判断潜变量与可测变量间是否可识别，第二步是判断潜变量与潜变量间是否可识别。MIMIC 规则是针对 MIMIC 模型的识别规则，对于只有一个内生潜变量的 MIMIC 模型，模型可识别的充分而非必要条件是：$p \geq 2$，$q \geq 1$。

结构方程模型在可识别的情况下，就可以对模型中的未知参数进行估计。模型参数估计的基本方法是从 $\sum = \sum (\theta)$ 出发。其中，$\sum$ 是观测变量之间的总体协方差矩阵，$\sum (\theta)$ 是假设模型（带有未知参数）的协方差矩阵。以样本协方差矩阵代替总体协方差矩阵，即有：$\sum \hat{} = S$，其中，S 为全部可测变量组成的 $(p+q)$ 维向量的样本协方差矩阵，以 S 无限接近 $\sum (\theta)$，使得由假设模型得出的协方差阵 $\sum (\theta)$ 与 S 尽可能接近。如果模型定义正确，总体协方差阵与模型拟合协方差阵应该相等。接近程度可以用拟合函数表示，记为 F

$[S，\sum(\theta)]$。不同的估计方法，选用的拟合函数不同，得到的结果也不完全相同。根据拟合函数的不同，参数估计方法主要有：极大似然估计、未加权最小二乘估计、广义最小二乘估计、一般加权最小二乘估计、对角加权最小二乘估计，工具变量估计和两阶段最小二乘估计。

能够对结构方程模型进行估计的有 LISREL、AMOS、EQS 和 MPLUS 等软件，由于 AMOS 可视化程度较高，易于使用，因此本书拟采用 AMOS 20 来对 MIMIC 模型进行估计。

三　MIMIC 模型的评价与修正

结构方程模型以及 MIMIC 模型与其他统计模型一样，模型参数估计后，需要对模型进行检验和评价。对结构方程模型的评价通常包括三个方面：参数检验、拟合程度检验和解释能力检验。

参数检验是模型评价的第一步，只有该检验通过，才能进行另外两项的检验。模型参数检验主要是进行参数的显著性检验和参数的合理性检验，以评价参数的意义和合理性。AMOS 软件对 MIMIC 模型的估计结果中会给出参数的估计值、标准差、显著性检验的统计量 CR 值（类似回归分析中的 t 值）以及相应的 P 值。若 P 值过大，则需要对模型进行修正。另外，模型参数的合理性是指得到的参数估计值有合理的实际意义，合理性检验包括：方差、误差不能为负，不能出现非常大的标准误或极端小的标准误，协方差间标准化估计值的相关系数应该在 -1 和 1 之间，参数估计值的标准化系数不应该超过 1。如果参数的估计值的显著性和合理性检验没有通过，则需要对模型进行修正。

除了对模型参数进行检验外，还需要对模型进行整体评价。对模型整体评价的指标有多种，这些指标皆是根据实际数据得到的方差协方差矩阵 S 与理论模型推导出的方差协方差矩阵 $\sum$ 的差异计算出的统计值。一般而言，模型整体评价指标或称模型整体适配度指标，是否达到适配标准可以通过以下几个指标来分析。

（1）卡方值

模型整体适配度检验的最基本指标是卡方值（χ^2）。卡方值越小表示模型的整体设定与实际数据越匹配，相应的 P 值也就越大。一个显著的卡方值，表示模型和样本数据是不匹配的。该检验指标的缺点有：卡方值对样本的容量非常敏感，样本数越大，卡方值越容易达到显著。观测变量若无法转化为正态分布，则需要考虑其他统计量。

（2）卡方值/自由度

增加假设模型的估计参数，就会减少卡方值，提高模型的拟合程度，自由度也会减少。若同时考虑到卡方值与自由度的大小，则二者的比值也可以作为模型适配度检验的指标。卡方值与自由度的比值越小，表示假设模型的协方差矩阵与可观测数据越适配，相应的，卡方值与自由度比值越大，表示模型的适配度越差。吴明隆（2009）对"卡方自由度比值"各取值范围的适配情况做了详细的总结：卡方自由度比小于 1 时，过度适配；卡方自由度比大于 1 小于 2 时，严格适配；卡方自由度比大于 2 小于 3 时，适配良好；卡方自由度比大于 3 小于 5 时，基本适配；卡方自由度比大于 5 时，不适配。

（3）近似误差均方根（RMSEA）

评价结构方程模型时，常常根据残差的情况来构造评价指标。其中，RMSEA 为渐进残差均方和平方根（root mean square error of approximation），通常被认为是最重要的适配指标。RMSEA 的值越小，表示模型的适配度越好。当 RMSEA 的值大于 0.1 时，模型适配度欠佳；当 RMSEA 的值在 0.08 和 0.1 之间时，模型适配度尚可；当 RMSEA 的值在 0.05 和 0.08 之间时，模型适配良好；当 RMSEA 的值小于 0.05 时，模型适配非常好。

（4）适配度指数（GFI）

适配度指数（goodness-of-fit index，GFI），GFI 数值介于 0—1，其数值越接近 1，表示模型的适配度越好，GFI 值相当于回归分析中的 R^2，一般的判断标准为 GFI 大于 0.9。调整后的适配度指数（adjusted goodness-of-fit index，AGFI），AGFI 不受单位影响，还同时考虑了参数数目和观测变量数。AGFI 数值介于 0—1，数值越接近 1，表示模型适配度越好，一般的判断标准为 AGFI 大于 0.9。

除了以上这些评价指标外，还有其他评价指标，如残差均方和平方根（root mean - square，RMR）、标准化残差均方和平方根（standardized root mean square，SRMR）、标准适配指标（normed fit index，NFI）、比较适配指标（comparative fit index，CFI）以及 AIC 和 BIC 信息准则。

使用以上介绍的评价指标对假设模型的估计结果进行评价，如果模型不适配，则需要修正模型。修正过程分两步完成：首先，根据变量的 CR 值逐个删除不显著的外生变量。然后，根据估计结果提供的修正指标增加参数限制条件。如果修正后模型仍达不到适配条件，说明假设模型不成立。

四　MIMIC 模型的优缺点

近年来，结构方程模型在社会科学各领域得到广泛应用，被称为统计学三大发展之一，结构方程模型以及 MIMIC 模型的优势明显：首先，模型可以同时处理多个内生变量，虽然回归分析也可以处理多个内生变量，但在估计中需要逐一计算每个内生变量，在计算某个内生变量的影响时假定其他内生变量没有影响。其次，允许变量含有测量误差，传统的回归分析只有内生变量存在测量误差，结构方程模型中所有的变量都可以包含测量误差。再次，模型可以有效获得潜变量得分，与其他涉及潜变量的模型相比，结构方程模型不需要强制赋值，这使得潜变量得分更具说服力。最后，模型功能强大，很多模型都可以看作结构方程模型的特例。

使用结构方程模型以及 MIMIC 模型时需要注意两个方面：首先，结构方程模型以及 MIMIC 模型必须建立在一定的理论基础上，否则，即使模型拟合良好，也没有实际意义。其次，结构方程模型以及 MIMIC 模型只适用于大样本统计分析，荣泰生（2009）[1] 指出当样本容量小于 100 时，结构方程模型以及 MIMIC 模型分析都是不稳定的，

---

① 荣泰生：《AMOS 与研究方法》，重庆大学出版社 2009 年版。

因此对样本容量的要求限制了其应用的范围。

第三节　中国外汇市场压力模型的指标体系

目前，外汇市场压力的模型构建可以分为两大类方法。第一类方法是外汇市场压力的货币模型，例如 Girton 和 Roper（1977）、Weymark（1997）以及在此基础上的修订，实证方法多采用 OLS、VAR、MS-VAR 等模型。第二类方法先构造模型独立的外汇市场压力指数，然后再研究指标变量和外汇市场压力指数之间的关系，该类方法以 Eichengreen、Rose 和 Wyplosz（1995）等为代表，大量文献使用该方法来研究货币危机，也有文献使用该方法研究外汇市场压力的影响因素，如 Aizenman 等（2012），周兵、靳玉英和张志栋（2012）等。

本书使用 MIMIC 模型来研究外汇市场压力，以外汇市场压力为潜变量，所需要的指标变量有两类，即内生的可观测变量和外生的可观测变量。就 MIMIC 模型的特点而言，可观测的外生原因变量和内生指标变量的选取至关重要。因此，本书所用的可观测变量参考了上述两大类外汇市场压力模型中所用到的指标。

一　内生变量的选取

本书所建立的 MIMIC 模型本质上是一种因果关系模型。因此该模型中的内生变量应该是能够反映潜变量"外汇市场压力"的特征或结果的变量，根据模型依赖的外汇市场压力指数和模型独立的外汇市场压力指数的构造方法，外汇市场压力表现为：汇率的变化、外汇储备的变化，可能还包括本国和参照国利差的差分的变化。

实行固定汇率制度的国家，外汇市场压力表现为外汇储备的变化；实行完全的浮动汇率制度的国家，外汇市场压力表现为汇率的变化；而实行有管理的浮动汇率制度的国家，外汇市场压力的一部分表现为汇率变化，另一部分表现为外汇储备变化。我国从 1994 年汇改以来，除了金融危机，大部分时间实行的是有管理的浮动汇率制度，因此，我国的外汇市场压力主要表现为汇率变化和外汇储备变化。

Eichengreen、Rose 和 Wyplosz（1995）等认为，发生货币危机时，货币当局还会使用利率作为外汇市场的干预工具进行干预。但考虑到我国没有发生过明显的货币危机、利率还未实现市场化等现实情况，本书最终选取汇率变化和外汇储备变化这两个变量作为内生变量。

二　外生变量的选取

本书建立的是外汇市场压力的 MIMIC 模型，因此，模型中的外生变量应该是引起外汇市场压力发生变化的原因变量（或叫作外汇市场压力的影响因素）。本书参考两类文献来选取人民币外汇市场压力的影响因素：一类是专门研究外汇市场压力的文献，如 Aizenman 等（2012），周兵、靳玉英和张志栋（2012）；另一类是研究货币危机预警指标的文献，其中具有代表性的有 Kaminsky、Lizondo 和 Reinhard（1997），Goldstein、Kaminsky 和 Reinhart（2000）、Abaid（2003）、陈守东等（2009）。

（一）Aizenman 等建立的指标体系

Aizenman、Lee 和 Sushko（2012）给出新兴市场国家外汇市场压力的影响因素，包括：人均 GDP 增长率、通货膨胀率（用 CPI 表示）、贸易差额/GDP、商品贸易条件、短期外债变化/GDP、股市收益率、VIX 指数（CBOT Volatility Index）[①]、有价证券净债务流量/GDP、有价证券净资产流量/GDP、净 FDI/GDP、国内信贷变化/GDP，共计 11 个指标。以模型独立法得到的外汇市场压力指数为被解释变量，以上述 11 个指标为解释变量，面板数据模型的实证结果显示，金融因素和贸易因素对外汇市场压力指数具有显著影响，具体指标包括，人均 GDP、贸易差额/GDP、国内信贷变化/GDP、短期外债变化/GDP、债务资本净流入/GDP。不过，以上指标均选择了季度

---

① VIX 指数，即波动率指数，由芝加哥期货交易所编制，以 S & P 指数期权的隐含波动率计算得来。若隐含波动率高，则 VIX 指数也越高。VIX 广泛用于反映投资者对后市的恐慌程度，又称恐慌指数。

频率的数据。

　　周兵、靳玉英和张志栋（2012）从贸易渠道和金融渠道入手选择外汇市场压力的影响因素。贸易渠道影响因素有：CPI 的季度变化、贸易余额/GDP、人均 GDP 增长、对发达国家的出口比重、对美国的出口比重。金融渠道的影响因素有：股票市场回报、国内信贷增长、M2/外汇储备、汇率波动率、Jonese 效应、净 FDI/GDP、有价证券净债务流量/GDP，共计 12 个指标。上述所有指标均是季度频率的数据。

　　（二）Kaminsky 等建立的指标体系

　　Kaminsky、Lizondo 和 Reinhard（1997）汇总已有文献，建立了一个包括 103 个指标的指标体系。按照一定的标准进行筛选并考虑月度数据的可得性，选择了 15 个指标，经信号法检验，选取 8 个表现较好的指标，分别为：外汇储备增长率、实际汇率、出口增长率、贸易条件、M2/外汇储备、M1 超额供给、国内信贷/GDP 和实际利率。考虑银行危机预警，增加了 5 个指标，包括：短期外债、资本流动、外债、世界实际利率、国内外金融自由化程度。

　　（三）Goldstein 等建立的指标体系

　　Goldstein、Kaminsky 和 Reinhart（2000）将信号法和 Probit/Logit 模型结合，提出一个 25 个变量的指标体系，其中货币危机预警比较有效的指标有：实际 GDP 增长率、经常项目余额/GDP、经常项目余额/投资、M2/外汇储备、M1 超额供给、资产价格、外汇储备水平、实际汇率。银行危机预警的有效指标是：实际产出、出口、经常项目余额/投资、实际汇率、实际利率、资产价格、短期资本流动/GDP、M2 乘数。

　　（四）Abiad 建立的指标体系

　　Abiad（2003）建立的金融危机预警指标体系可以分为三类指标：宏观经济指标、金融脆弱性指标和资本流动指标。其中，资本流动指标比较少见，具体包括：短期债务/外汇储备、累积非 FDI 流动/GDP、投资组合流动/总股票资本流动、银行资本/GDP 的增长率、三个月的 LIBOR。

此外，亚洲开发银行（2006）[①] 也给出了一个金融危机早期预警指标体系。这个指标体系和上述预警指标多有共同之处。陈守东等（2009）建立了包括 23 个变量的指标体系，分为四类：宏观经济指标、金融系统指标、泡沫风险指标和全球经济指标，其中，对于货币危机预警比较有效的指标是：GDP 增长率、实际汇率、实际汇率高估和外汇储备增长率。

（五）MIMIC 模型的外生变量选择——关于人民币外汇市场压力

本书所建立的模型在选取外生变量时，充分参考了以上的研究成果，并考虑到月度数据的可得性，本书选取了 10 个指标作为 MIMIC 模型的外生变量[②]：工业增加值增长率、中美利差、汇率预期、房价变化、股价变化、FDI/工业增加值、通货膨胀率（CPI）、M2 变化率、贸易顺差/工业增加值、国内信贷变化。

三　样本数据说明

对样本数据作如下几点说明：

（1）样本区间和频率。由于汇率预期的计算需要 NDF 数据，而 NDF 数据最早始于 1998 年，工业增加值数据可以计算到 2012 年 5 月，另外，考虑到 MIMIC 模型要求样本容量达到 100—200，若使用季度数据则达不到要求。因此，本书模型所用数据的样本区间为 1999 年 1 月至 2012 年 5 月，选择月度数据，共 166 个样本。

（2）在使用月度数据的情况下，本书用工业增加值代替 GDP，用工业增加值增长率代替实际 GDP 增长率。这里的工业增加值增长率是环比增长率，用工业品出厂价格指数对名义工业增加值进行平减而得到实际工业增加值，进而计算环比增长率，名义工业增加值和工业品出厂价格指数都进行了季节调整。

（3）汇率预期用即期汇率的自然对数减去 NDF 汇率的自然对数表示，正值表示升值预期，负值表示贬值预期。中美利差等于中国 1

---

① 亚洲开发银行：《金融危机早期预警系统及其在东亚地区的运用》，中国金融出版社 2006 年版。

② 变量过多会使 MIMIC 模型的自由度下降。

年期存款利率减去美国 1 年期存款利率的一阶差分。考虑到国际热钱可能会流入房价涨幅较快的一线城市，故选取北京新建住宅价格指数来计算房价的增长率，由于该指数始于 2005 年 7 月，因此，2005 年 7 月之前的数据由全国房价指数计算得到，进而计算房价的环比增长率。股价变化率用上证收盘综合指数的对数收益率表示。通货膨胀率和 M2 变换率用环比增长率表示，并进行了季节调整。FDI/工业增加值和贸易顺差/工业增加值是比值数据。

（4）国内信贷数据。1999 年的国内信贷数据来自国际金融统计（IFS）数据库 12a、12d、12e、12f 各行数据的加总，这四行数据分别为人民银行对政府债权、对其他部门债权、对存款货币银行债权和对其他银行类金融机构债权；2000 年以后的国内信贷数据来自中国人民银行公布的货币当局资产负债表①，进而计算国内信贷的环比变化。

（5）数据来源。NDF 数据来自彭博数据终端，其他数据来自中经网统计数据库和中经网产业数据库。

第四节　中国外汇市场压力指数模型

一　MIMIC 模型估计结果及影响因素分析

（一）模型估计结果

本书利用 MIMIC 模型测度人民币外汇市场压力，共选取了 10 个指标作为潜在变量外汇市场压力外生可测变量，共选取 2 个指标作为潜在变量外汇市场压力的内生可测变量，可以得到模型的基本形式 MIMIC（10，1，2）（表示 10 个外生变量，1 个潜在变量，2 个内生

---

① 2000—2001 年的国内信贷包括对存款货币银行债权、对政府债权、对非金融部门债权、对非货币金融机构债权四项。2002—2005 年的国内信贷包括对存款货币银行债权、对政府债权、对特定存款机构债权、对其他金融机构债权、对非金融机构债权五项。2006 年以后的国内信贷包括对其他存款性公司债权、对政府债权、对其他金融性公司债权、对非金融性公司债权四项。

变量），如图 7-1 所示。

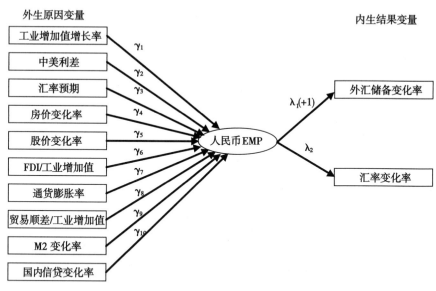

图 7-1　基本模型 MIMIC（10，1，2）

在对基本模型 MIMIC（10，1，2）进行估计之前，首先需要对 10 个外生变量和 2 个内生变量进行平稳性检验，本书采用 ADF（Augmented Dickey-Fuller Test）单位根检验，样本数据的平稳性检验结果如表 7-1 所示。实际上，本书已经按照 Bollen（1989）给出的方法，对数据取差分或取比值等，因此，所有指标满足平稳性要求。

表 7-1　　　　　　　　　　变量的单位根检验结果

变量	ADF 检验		
	检验形式	T 统计量	P 值
工业增加值增长率	（0，nt，c）	-15.754 ** *	0.000
通货膨胀率	（1，nt，c）	-6.684 ***	0.000
房价变化率	（1，nt，c）	-3.402 **	0.012
FDI/工业增加值	（1，nt，nc）	-2.635 ***	0.008
股价变化率	（1，nt，nc）	-6.928 ***	0.000
国内信贷变化率	（0，nt，nc）	-13.979 ***	0.000
汇率预期	（2，nt，nc）	-2.336 **	0.019
中美利差	（1，nt，nc）	-5.051 ***	0.000

续表

变量	ADF 检验		
	检验形式	T 统计量	P 值
M2 变化率	(0, nt, c)	−12.985***	0.000
贸易顺差/工业增加值	(1, nt, c)	−4.098***	0.001
汇率变化率	(2, nt, nc)	−2.661***	0.008
外汇储备变化率	(2, nt, nc)	−2.082**	0.036

注：检验形式（n, nt, c）或（n, nt, nc）中 n 表示滞后阶数，nt 表示无趋势项，c 或 nc 表示有截距项或无截距项。滞后阶数是根据 SIC 准则确定。*、**和***分别表示 10%、5%和 1%的显著性水平下拒绝原假设，根据 MacKinnon（1996）确定检验的临界值。

将表 7-1 中的数据指标代入图 7-1 所示的基本模型中，利用 Amos 20.0 进行极大似然估计。首先，对基本模型 MIMIC（10，1，2）进行估计，在这一过程中，需要根据 AMOS 估计结果提供的修正指标增列参数限制条件，以改善拟合效果。然后，对基本模型进行修正，修正过程遵循三个原则：（1）删除模型中不符合经济理论的指标，主要是估计的符号和预期符号相反的情况，在估计参数显著的情况下，需要谨慎处理。（2）对估计结果不显著的变量，可以考虑删除。（3）根据 AMOS 估计结果给出的修正指标添加限定条件，然后再估计。在遵循上述原则的情况下，基本模型估计结果及其修正过程如表 7-2 所示。

表 7-2　　中国外汇市场压力的 MIMIC 模型估计结果及修正过程

	MIMIC 模型			
	MIMIC (10, 1, 2)	MIMIC (5, 1, 2)	MIMIC (4, 1, 2)	MIMIC (3, 1, 2)
外生原因变量				
工业增加值增长率 γ_1	−0.034 (−1.358)	—	—	—
通货膨胀率 γ_2	0.116 (1.597)	0.121* (1.664)	0.130* (1.716)	—
房价变化率 γ_3	0.013 (1.208)	0.010 (0.927)	—	—
FDI/工业增加值 γ_4	0.016 (0.940)	—	—	—
股价变化率 γ_5	0.006 (0.885)	—	—	—

续表

	MIMIC 模型			
	MIMIC (10, 1, 2)	MIMIC (5, 1, 2)	MIMIC (4, 1, 2)	MIMIC (3, 1, 2)
国内信贷变化率 γ_6	-0.023 (-0.726)	—	—	—
汇率预期 γ_7	1.237 *** (5.039)	1.163 *** (4.809)	1.248 *** (5.285)	1.260 *** (5.172)
中美利差 γ_8	0.070 ** (1.981)	0.049 * (1.812)	0.054 ** (2.048)	0.058 ** (2.172)
M2 变化率 γ_9	-0.007 (-0.133)	—	—	—
贸易顺差/工业增加值 γ_{10}	0.021 ** (2.205)	0.018 ** (1.987)	0.020 ** (2.216)	0.02 ** (2.307)
内生结果变量				
汇率变化率 λ_2	-0.328 *** (-4.884)	-0.331 *** (-4.662)	-0.326 *** (-4.829)	-0.335 *** (-4.688)
外汇储备变化率 λ_1	1	1	1	1

模型拟合度指标	MIMIC 模型			
	MIMIC (10, 1, 2)	MIMIC (5, 1, 2)	MIMIC (4, 1, 2)	MIMIC (3, 1, 2)
卡方值 (χ^2)	72.054 P = 0.014	19.142 P = 0.059	10.518 P = 0.231	7.841 P = 0.165
卡方值/自由度	1.501	1.740	1.568	1.315
AGFI	0.886	0.915	0.945	0.943
RMSEA	0.056	0.068	0.044	0.060
CFI	0.935	0.962	0.982	0.979

注：（1）圆括号中是 z 统计量，*、**、*** 分别表示系数满足 10%、5%、1%的显著性水平。（2）卡方值越小，P 值越大，则说明模型拟合程度越高。卡方自由度之比大于1 小于 2 时，严格适配；卡方自由度之比大于 2 小于 3 时，适配良好；（3）AGFI 为调整后的拟合优度指数，在 0 和 1 之间取值，当 AGFI > 0.9 时，拟合较好。（4）RMSEA 是近似误差均方根，在 0 和 1 之间取值，当 RMSEA 在 0.05—0.08 时，拟合效果较好，当 RMSEA 的值小于 0.05 时，模型拟合非常好。 （5）CFI 是比较适配指标，在 0 和 1 之间取值，当AGFI > 0.9 时，拟合较好。（6）根据 MIMIC 模型估计方法的要求，外汇储备变化率 λ_2 设定为 1。（7）表中各变量的估计值都是非标准化的，不能直接比较大小。MIMIC（4, 1, 2）中变量通货膨胀率、汇率预期、利差、贸易顺差/工业增加值的标准化系数为 0.15、0.93、0.19 和 0.21。MIMIC（3, 1, 2）中汇率预期、利差、贸易顺差/工业增加值标准化系数分别为 0.97、0.21 和 0.22。

（二）人民币外汇市场压力影响因素分析

从表7-2中各模型的估计结果来看，基本模型MIMIC（10，1，2）的外生原因变量中，工业增加值增长率的符号和预期符号不符而且估计值不显著，FDI/工业增加值、股价变化率、国内信贷变化率和M2变化率的符号估计值均不显著，而且距离显著水平差距较大，需要删除这些变量；而通货膨胀率和房价变化率比较接近10%的显著水平，因而暂时保留这两个变量；从拟合度指标来看，卡方值以及相应的P值、AGFI的值不理想。删除变量后得到了修正模型MIMIC（5，1，2），该模型的原因变量中房价变化率不显著，拟合度指标中卡方值以及相应的P值不理想。进一步修正模型得到MIMIC（4，1，2）和MIMIC（3，1，2），从卡方值、卡方值/自由度、AGFI、RMSEA和CFI等模型拟合度指标来看，这两个模型都取得了较好的拟合效果，相比之下，模型MIMIC（4，1，2）的拟合效果更佳。

从基本模型MIMIC（10，1，2）到取得较好拟合效果的修正模型MIMIC（4，1，2）这个过程来看，汇率预期、中美利差、贸易顺差/工业增加值和通货膨胀率是显著影响人民币外汇市场压力波动的因素。

贸易顺差/工业增加值对人民币外汇市场压力指数波动的影响实际是对我国"出口导向型的发展战略"的体现。贸易顺差/工业增加值变大，在现有结售汇制度下，形成了对人民币的超额需求，并体现为外汇储备增加，这就使得我国外汇市场升值压力增加。实际上，自1999年以来，我国进出口差额持续顺差，形成了我国外汇市场持续呈现升值压力的一个重要原因。

通货膨胀对外汇市场压力的影响，理论上应该为负，因为根据相对购买力平价理论，高通货膨胀的国家，一般情况下本币具有贬值压力。但是如果通货膨胀暂时未对贸易品价格产生冲击，那么本币升值压力不会得到缓解；此外，如果货币当局为抑制通货膨胀而提高利率，在汇率预期的作用下，可能引起国际热钱内流，进一步导致本币升值压力增强。在MIMIC（4，1，2）模型中，通货膨胀对外汇市场压力的影响为正值，这和人民币"内贬外升"的经济现象吻合。

　　汇率预期对人民币外汇市场压力的影响为正值而且影响较大，这说明随着汇率预期变大（亦即人民币汇率升值预期增强），人民币外汇市场的升值压力变大。有关研究指出，人民币升值预期具有"自我强化"和"自我实现"的特征，2005年的第二次汇率改革实现了人民币升值并且在一定范围内的自由浮动，这不但没有弱化升值预期，反而强化了升值预期，因为经济主体把当期的升值看作下一步升值的信号，升值步伐的加快又产生升值进一步加快的预期，一旦升值预期实现，就形成升值惯性。另外，伴随人民币升值不是贸易顺差的消除，而是人民币升值预期抑制了汇率对贸易差额的影响，刺激出口扩大和进口延迟，短期内扩大贸易顺差；人民币升值预期还吸引国际投机资本经过各种途径进入我国，获取人民币升值和利率差额带来的双重利润。这就造成了我国贸易和资本账户的双顺差以及外汇储备持续快速增加的局面，又促使人民币升值预期进一步得到强化。而本书MIMIC（4，1，2）模型中汇率预期和中美利差对人民币外汇市场压力的影响都为正值，这和以上的分析相互印证，也进一步证明了本书的结论。

二　基于 MIMIC 模型构建人民币外汇市场压力指数

（一）基于 MIMIC 模型的结构方程来测算人民币外汇市场压力指数

　　从表7-2中的模型拟合度指标卡方值、卡方值/自由度、AGFI、RMSEA 和 CFI 来看，MIMIC（4，1，2）模型取得了比较好的拟合效果，因此本书基于模型 MIMIC（4，1，2）的估计结果来测算人民币外汇市场压力指数。根据 MIMIC（4，1，2）模型的结构方程，人民币外汇市场压力指数的测算公式表示如下：

$$\hat{EMP}_t = 0.130 \times 通货膨胀率 + 1.248 \times 汇率预期 + \\ 0.054 \times 中美利差 + 0.02 \times 贸易顺差 / 工业增加值 \tag{7.7}$$

　　把通货膨胀率、汇率预期、中美利差和贸易顺差/工业增加值的数据代入式（7.7）就能够得1999年1月至2012年5月的人民币外汇市场压力指数的估计值，当这个估计值为正值时，表示人民币外汇市场面临升值压力，反之则表示人民币外汇市场面临贬值压力。为了与代表性外汇市场压力指数（正值为贬值压力，负值为升值压力）的表示方法保持一致，把式（7.7）所得到的人民币外汇市场压力的估计值乘以 -1，就得到最终的人民币外汇市场压力指数的估计值，用图 7-2 表示。由图 7-2 可见，用 MIMIC 模型的结构方程测算的人民币外汇市场压力指数能够比较准确地描述人民币外汇市场压力的变化趋势。

从贬值压力来看，受亚洲金融危机影响，1999 年人民币呈现贬值压力；受美国次贷危机影响，2008 年人民币外汇市场呈现出一定的贬值压力，从图 7-2 中的人民币外汇市场压力指数的曲线来看，2008 年的人民币外汇市场贬值压力还经历了一个小的峰值；可能受我国经济增长放缓、美元指数走强等因素影响，2012 年资本与金融账户出现逆差，并使人民币外汇市场再次呈现微弱的贬值压力。

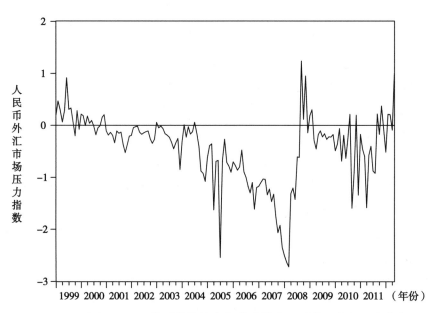

图 7-2　利用 MIMIC 模型的结构方程构造的人民币外汇市场压力指数

由图 7-2 可见，1999—2012 年我国外汇市场以升值压力为主。2000 年年底人民币外汇市场开始显现出温和的升值压力；从 2003 年开始，以美国为首的西方发达国家开始向我国施压，以我国的贸易顺差和巨额外汇储备为借口，迫切要求人民币大幅升值，在国外的压力之下，我国外汇市场进一步进入升值通道，并于 2005 年 7 月启动第二次汇率改革；自 2005 年第二次汇率改革以来，人民币外汇市场进入快速升值阶段，由图 7-2 可见，2007 年年底人民币外汇市场压力指数曲线达到一个谷底，亦即人民币升值压力达到一个峰值；受 2008 年金融危机影响，人民币外汇市场经历了短暂贬值压力，之后再一次进入升值通道；2010 年 6 月我国重新启动受 2008 年金融危机影响中断的第二次汇率改革，人民币外汇市场再次呈现适度升值压力。

（二）基于指标变量测算人民币外汇市场压力指数

指标变量是包含潜变量信息的结果变量。本书在测算人民币外汇市场压力时，采用了外汇储备变化率和汇率变化率作为指标变量。参考本书第二章第三节介绍的模型独立的外汇市场压力指数的构建方法，这三种方法都是外汇储备变化率和汇率变化率的加总，只是不能简单加总，需要选择合适的权重使得这两部分的条件波动相等。基于该思路，可以发现式（7.3）所表示的测量方程中的参数 λ 表示随着外汇市场压力的波动汇率变化率和外汇储备变化率的波动程度，进而构造外汇市场压力指数如下：

$$\hat{EMP}_t = \frac{\lambda_2}{\lambda_1} 外汇储备变化率 + 汇率变化率 \qquad (7.8)$$

把模型 MIMIC（4，1，2）的估计值 $\lambda_1 = 1$ 和 $\lambda_2 = -0.33$ 以及外汇储备变化率和汇率变化率代入式（7.8），计算出的人民币外汇市场压力（1999 年 1 月至 2018 年 10 月）如图 7-3 所示。虽然 $\lambda_1 = 1$

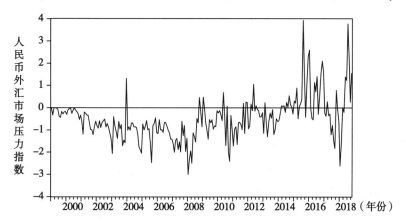

图 7-3　利用 MIMIC 模型的指标变量构造的人民币外汇市场压力指数

和 $\lambda_2 = -0.33$ 是基于 1999 年 1 月至 2012 年 5 月估计而来，但是考虑到我国汇率制度改革还没有真正完成，因此可以采用这两个估计值得到 1999 年 1 月至 2018 年 10 月的人民币外汇市场压力。

本章小结

　　本章以人民币外汇市场压力作为 MIMIC 模型的潜变量，选取汇率变化率和外汇储备变化率作为内生结果变量，并以相关文献为基础选取了 10 个外生原因变量建立了 MIMIC（10，1，2）模型，经过对基本模型 MIMIC（10，1，2）的估计和反复修正，最终得到了拟合效果较好的修正模型 MIMIC（4，1，2）。

　　从修正模型 MIMIC（4，1，2）的估计结果来看，汇率预期、中美利差、贸易顺差/工业增加值和通货膨胀率是显著影响人民币外汇市场压力波动的重要因素。其中，贸易顺差/工业增加值对人民币外汇市场压力的影响为正，表示随着贸易顺差/工业增加值变大，人民币外汇市场压力升值压力增强。通货膨胀对外汇市场压力的影响虽然理论上应该为负，但实际的估计值为正，这与人民币外汇市场持续的升值压力以及人民币"内贬外升"的现象吻合。汇率预期对人民币外汇市场压力的影响为正值而且影响较大，这说明随着汇率预期变大（亦即人民币汇率升值预期增强），人民币外汇市场的升值压力变大；汇率预期对人民币外汇市场压力的影响主要通过贸易渠道和资本流动渠道来实现，而且与汇率预期的"自我实现"特征密切相关。中美利差对人民币外汇市场压力的影响为正，能部分解释国际资本流动对人民币外汇市场的影响，升值预期和中美利差使得国际热钱流入，追逐人民升值和利率差的双重收益。

　　另外，从修正模型 MIMIC（4，1，2）的估计结果来看，我国货币当局政策的独立性受到了一定的削弱，因为货币当局为治理通货膨胀而采取紧缩的货币政策，会使我国的利率水平上升，在人民币升值预期下，国际热钱的流入会使外汇占款增加，同时，引起人民币的被动投放，削弱了货币政策的独立性。

本章还利用 MIMIC 模型的结构方程和指标变量分别测算了人民币外汇市场压力指数，从两次金融危机所导致的人民币外汇市场贬值压力、国外政治压力对人民币升值的影响以及我国的汇率制度改革来看，本书所测算的人民币外汇市场压力指数能够准确描述我国外汇市场的现实情况，能够为货币当局的外汇市场操作提供预警指标，还能为货币政策的制定和汇率制度改革提供决策依据。

参考文献

卜永祥：《人民币升值压力与货币政策——基于货币模型的实证分析》，《经济研究》2008 年第 9 期。

卜永祥：《中国外汇市场压力和官方干预的测算》，《金融研究》2009 年第 1 期。

蔡浩仪、姜大伟：《人民币升值惯性研究》，《金融与经济》2013 年第 1 期。

曹清强：《人民币外汇市场压力及其冲销机制的实证研究》，硕士学位论文，山东财经大学，2012 年。

陈奉先：《中国高额外汇储备：成因、影响与数量管理》，博士学位论文，西南财经大学，2012 年。

陈国进、胥爱欢：《外汇市场压力问题的研究综述》，《上海金融》2010 年第 1 期。

陈虹、彭大为：《金融动荡下针对中国银行危机和货币危机的前瞻性研究》，《管理世界》2009 年第 12 期。

陈娟、田丰、陈创练、陈国进：《我国外汇市场压力研究——基于马尔科夫区制转换方法》，《国际金融研究》2011 年第 6 期。

陈秋玲、薛玉春、肖璐：《金融风险预警：评价指标、预警机制与实证研究》，《上海大学学报》（社会科学版）2009 年第 5 期。

陈蓉、郑振龙：《结构突变、推定预期与风险溢酬：美元/人民币远期汇率定价偏差的信息含量》，《世界经济》2009 年第 6 期。

陈蓉、郑振龙、龚继海：《中国应开放人民币 NDF 市场吗？——基于人民币和韩元的对比研究》，《国际金融研究》2009 年第 6 期。

陈守东、马辉、穆春舟：《中国金融风险预警的 MS—VAR 模型与区制状态研究》,《吉林大学社会科学学报》2009年第1期。

陈守东、杨莹、马辉:《中国金融风险预警研究》,《数量经济技术经济研究》2006年第7期。

陈音峰、王东明:《中国外汇市场冲销干预的有效性研究》,《现代管理科学》2013年第2期。

笪凤媛、张卫东:《我国1978—2007年间非市场交易费用的变化及其估算——基于MIMIC模型的间接测度》,《数量经济技术经济研究》2009年第8期。

代幼渝、杨莹:《人民币境外NDF汇率、境内远期汇率与即期汇率的关系的实证研究》,《国际金融研究》2007年第10期。

丁志杰、郭凯、闫瑞明:《非均衡条件下人民币汇率预期性质研究》,《金融研究》2009年第12期。

潘成夫:《人民币升值预期下的我国外汇储备增长实证分析》,《生态经济》2006年第9期。

范言慧、潘慧峰、李哲:《人民币升值预期与我国的贸易顺差》,《国际金融研究》2008年第2期。

方尤启:《人民币外汇市场压力测度与分析研究》,硕士学位论文,西南财经大学,2009年。

冯芸、吴冲锋:《货币危机早期预警系统》,《系统工程理论方法应用》2002年第1期。

郭立甫、高铁梅、姚坚:《基于Copula函数和极值理论的金融传染度量——测度美国次贷危机对重要经济体的传染效应》,《数学的实践与认识》2013年第3期。

郭立甫、黄强、高铁梅:《中国外汇风险识别及其动态预警研究》,《国际金融研究》2013年第2期。

韩振国:《理性预期、资本内流与货币危机——基于资本流动的宏观效应分析》,《国际金融研究》2008年第8期。

贺晓博:《境外人民币NDF和境外人民币掉期之间关系的实证研究》,《国际金融研究》2009年第6期。

贺晓博、张笑梅:《境内外人民币外汇市场价格引导关系的实证研究》,《国际金融研究》2012 年第 6 期。

何芸:《中国外汇市场压力研究》,硕士学位论文,天津财经大学,2012 年。

侯杰泰、温忠麟等:《结构方程模型及其应用》,教育科学出版社 2004 年版。

黄驰云、刘林:《外汇市场压力、国际资本流动与国内货币市场均衡——基于中国数据的实证研究》,《国际贸易问题》2011 年第 9 期。

黄先开、王振全:《市场预期与资本流动的实证研究》,《北京工商大学学报》(社会科学版) 2007 年第 1 期。

黄学军、吴冲锋:《离岸人民币非交割远期与境内即期汇率价格的互动:改革前后》,《金融研究》2006 年第 11 期。

黄颖、黄志刚:《人民币远期汇率能否合理反映汇率预期——对人民币四大远期汇率市场的比较》,《金融理论与实践》2009 年第 1 期。

简永军:《货币危机与银行危机的共生性实证研究》,《统计与决策》2010 年第 14 期。

蒋先玲、刘微、叶丙南:《汇率预期对境外人民币需求的影响》,《国际金融研究》2012 年第 10 期。

李晓峰、陈华:《人民币即期汇率市场与境外衍生市场之间的信息流动关系研究》,《金融研究》2008 年第 5 期。

李晓峰、陈萍、叶文娱:《外汇市场压力的文献回顾与思考》,《西南金融》2010 年第 12 期。

李晓峰、陈萍、叶文娱:《人民币外汇市场压力与央行外汇干预的经验估计》,《上海金融》2011 年第 1 期。

李晓峰、黎琦嘉:《外汇市场汇率预期研究进展》,《经济学动态》2009 年第 3 期。

李晓峰、钱利珍、黎琦嘉:《人民币汇率预期特征研究——基于调查数据的实证分析》,《国际金融研究》2011 年第 12 期。

刘金叶:《中国货币政策的传导机制及作用效应研究》,博士学位论文，吉林大学，2010年。

刘志强：《金融危机预警指标体系研究》，《世界经济》1999年第4期。

路前进：《货币危机的理论和汇率制度的选择》，上海财经大学出版社2003年版。

罗春婵：《中国外汇市场压力测度的实证分析》，《经济研究导刊》2010年第8期。

马德功、张畅、马敏捷：《货币危机预警模型理论与中国适用》，《上海金融》2007年第12期。

马晓玲：《我国外汇市场风险与风险防范》，《财政研究》1999年第12期。

牟晓云：《金融危机对中日韩三国经济的影响及政府的对策效应研究》，博士学位论文，吉林大学，2011年。

牟晓云、李黎：《基于结构方程模型的金融危机预警方法》，《大连海事大学学报》（社会科学版）2010年第4期。

牟晓云、刘妤：《基于MIMIC模型农业上市公司业绩评价研究》，《经济研究导刊》2011年第27期。

牟晓云、石柱鲜：《国际金融危机对日本经济的主要影响因素分析——基于MIMIC模型的研究》，《东北亚论坛》2012年第6期。

南旭光、罗慧英：《基于等比例危险模型的金融危机预警》，《统计与决策》2006年第12期。

钱小燕：《离岸NDF市场对人民币汇率未来走势的预期》，《山西财经大学学报》2005年第6期。

乔桂明：《货币危机预警理论及实证比较研究——兼对中国的模拟分析及启示》，《财经科学》2006年第11期。

覃筱、任若恩：《一种新的货币危机识别方法及对中国的实证研究》，《中国软科学》2010年第11期。

任安昌：《人民币外汇市场压力与我国货币政策相互影响研究》，硕士学位论文，吉林大学，2012年。

任兆璋、宁忠忠：《人民币汇率预期与人民币NDF汇率的实证研究》,《学术研究》2005 年第 12 期。

沈中华:《银行危机与货币危机真是共生的吗?》,《金融研究》2000 年第 6 期。

史建平、高宇:《KLR 金融危机预警模型研究——对现阶段新兴市场国家金融危机的实证检验》,《数量经济技术经济研究》2009 年第 3 期。

石磊:《人民币贬值预期难以维持——人民币汇率走势分析》,《国际金融》2008 年第 10 期。

石巧荣:《人民币升值预期成因分析:基于格兰杰因果检验》,《数量经济技术经济研究》2010 年第 7 期。

石晓烽:《货币危机预警理论与模型综述》,《金融教学与研究》2010 年第 4 期。

石柱鲜、牟晓云:《关于中国外汇风险预警研究——利用三元 Logit 模型》,《金融研究》2005 年第 7 期。

苏飞:《改革开放后中国地下经济规模及其影响研究》,《西部论坛》2011 年第 11 期。

唐建军:《我国外汇市场压力测度及其与货币政策的关系的实证研究——基于非线性 MS-VAR 模型》,硕士学位论文,西南财经大学,2011 年。

万超、靳玉英:《人民币外汇市场压力指数变动及压力释放效果研究》,《财贸研究》2010 年第 2 期。

王凯立、吴军奉:《台湾即期、远期和无本金交割远期外汇交易关联性研究——NDF 市场关闭政策分析》,《经济论文(中国台湾省)》2006 年第 34 期。

王曦、才国伟:《人民币合意升值幅度的一种算法》,《经济研究》2007 年第 5 期。

王雪标、于春艳、张建华:《资本流动控制可以抑制货币危机吗?》,《财经问题研究》2009 年第 3 期。

魏巍贤:《外汇市场压力测度理论研究》,《预测》1999 年第 3 期。

吴明隆：《结构方程模型——AMOS 的操作与应用》，重庆大学出版社 2009 年版。

吴志明、侯坤、杨胜刚：《外汇市场压力指数研究新进展》，《经济学动态》2007 年第 6 期。

徐蔼婷、李金昌：《中国未被观测经济规模——基于 MIMIC 模型和经济普查数据的新发现》，《统计研究》2007 年第 9 期。

徐道宣、石璋铭：《一种改进的 KLR 信号分析法应用研究》，《数量经济技术经济研究》2007 年第 11 期。

徐剑刚、李治国、张晓蓉：《人民币 NDF 与即期汇率的动态关联性研究》，《财经研究》2007 年第 9 期。

许少强、张记伟：《外汇市场压力下中国货币政策效果的实证分析》，《国际金融研究》2009 年第 9 期。

徐正云：《我国地下经济规模测量研究》，《武汉理工大学学报》2009 年第 6 期。

严敏、巴曙松：《人民币即期汇率与境内外远期汇率动态关系——NDF 监管政策出台之后》，《财经研究》2010 年第 2 期。

颜永嘉：《中国外汇市场压力与货币政策指标相互作用的实证分析》，《金融理论与实践》2011 年第 4 期。

杨灿明、孙群力：《中国各地区隐形经济的规模、原因和影响》，《经济研究》2010 年第 4 期。

杨超、乐无穹、郑辉：《有管理的浮动汇率：对新加坡汇率制度的实证研究》，《国际金融研究》2011 年第 5 期。

杨君慧：《基于模糊数学的货币危机预警模型研究》，《统计与决策》2010 年第 2 期。

杨子晖：《"经济增长"与"二氧化碳排放"关系的非线性研究：基于发展中国家的非线性 Granger 因果检验》，《世界经济》2010 年第 10 期。

杨子晖、温雪莲：《价格国际传递链中的"中国因素"研究——基于非线性 Granger 因果检验》，《统计研究》2010 年第 2 期。

易丹辉：《结构方程模型方法与应用》，中国人民大学出版社

2008 年版。

易文德：《基于 Copula 理论的金融风险相依结构模型及应用》，中国经济出版社 2011 年版。

张记伟：《外汇市场压力下的中国货币政策效果分析》，《世界经济情况》2009 年第 4 期。

张记伟、许少强：《本币升值压力下的汇率政策比较：中国和马来西亚》，《国际金融研究》2009 年第 2 期。

张霖：《外汇储备对人民币汇率压力测度的实证分析》，《统计与决策》2005 年第 1 期。

张伟：《体制转换模型能预测货币危机吗?》，《经济研究》2004 年第 7 期。

张昕：《货币危机的理论综述》，《经济学动态》1999 年第 6 期。

张志波：《金融危机传染与国家经济安全》，上海社会科学院出版社 2007 年版。

赵进文、丁林涛：《贸易开放度、外部冲击与通货膨胀：基于非线性 STR 模型的分析》，《世界经济》2012 年第 9 期。

赵伟、杨会臣：《钉住汇率制度的可持续性：一个基于汇率预期的分析框架》，《世界经济》2005 年第 7 期。

郑振龙：《构建金融危机预警系统》，《金融研究》1998 年第 8 期。

中国人民银行调查统计司：《我国潜在金融风险和对策》，《经济研究参考》2010 年第 7 期。

周兵、靳玉英、张志栋：《新兴市场国家外汇市场压力影响因素研究》，《国际金融研究》2012 年第 5 期。

朱杰：《中国外汇市场压力和中央银行的干预程度：一个经验分析》，《世界经济》2003 年第 6 期。

朱鲁秀：《我国国际收支顺差对宏观经济的冲击研究》，博士学位论文，上海交通大学，2010 年。

朱孟楠、刘林：《中国外汇市场干预有效性的实证研究》，《国际金融研究》2010 年第 1 期。

朱孟楠、刘林、倪玉娟：《外汇市场压力与货币政策——基于中国数据的实证研究》，《山西财经大学学报》2009 年第 4 期。

Abiad, A., "Early-Warning Systems: A Survey and a Regime-Switching Approach", *IMF Working Paper*, 2003, WP/03/32.

Aizenman, J., Lee, J. and Sushko, V., "From the Great Moderation to the Global Crisis: Exchange Market Pressure in the 2000s", Santa Cruz Institute International Economics, Working Paper, 2010, No. 10-18.

Aizenman, J., Lee, J. and Sushko, V., "From the Great Moderation to the Global crisis: Exchange Market Pressure in the 2000s", *Open Economies Review*, Vol. 23, September, 2012.

Alanon, A. and Gomez-Antonio, M., "Estimating the Size of the Shadow Economy in Spain: A Structural Model with Latent Variables", *Applied Economics*, Volume: 37, 2005.

Alvarez-Plata, P. and Mechthild Schrooten, "The Argentinean Currency Crisis: A Markov-Switching Model Estimation", *The Developing Economies*, Volume: 3, March, 2006.

Baig, M. A., Narasimhan, V. and Ramachandran, M., "Exchange Market Pressure and the Reserve Bank of India's Intervention Activity", *Journal of Policy Modeling*, Vol. 25, Nov., 2003.

Bajada, C. and Schneider, F., "The Shadow Economic of the Asia Pacific", *Pacific Economic Review*, Vol. 10, Oct., 2005.

Bekiros, S. D. and Diks, C. G. H., "The Relationship between Crude Oil Spot and Futures Prices: Cointegration, Linear and Nonlinear Causality", *Energy Economics*, Vol. 30, Sep., 2008a.

Bekiros, S. D. and Diks, C. G. H., "The Nonlinear Dynamic Relationship of Exchange Rates: Parametric and Nonparametric Causality Testing", *Journal of Macroeconomics*, Vol. 30, Dec., 2008b.

Bénassy-Quéré, A., Larribeau S. and MacDonald R., "Models of Exchange Rate Expectations: How much Heterogeneity", *Journal of International Financial Markets, Institutions and Money*, Vol. 13,

Apr., 2003.

Berg, A. and Coke, R., "Autocorrelation Corrected Standard Errors in Panel Probits: an Application to Currency Crisis Prediction", *IMF Working Paper*, 2004.

Berg, A. and Pattillo, C., "Predicting Currency Crises: The Indicators Approach and an Alternative", *Journal of International Money and Finance*, Vol. 18, Aug., 1999.

Berg, J. V. D., Candelon, B. and Urbain, J-P., "A Cautious Note on the Use of Panel Models to Predict Financial Crises", *Economics Letters*, Vol. 101, Oct., 2008.

Bielecki, S., "Exchange Market Pressure and Domestic Credit Evidence from Poland", *The Poznan University of Economics Review*, Vol. 5, 2005.

Boinet, V., Napolitano, O. and Spagnolo, N., "Are Currency Crises Self-fulfilling? The Case of Argentina", Department of Economics and Finance, Brunel University, Working Paper, 2002.

Bollen, K. A., *Structural Equations with Latent Variables*, New York: Wiley, 1989.

Bollerslev, T., "Modeling the Coherence in Short-run Nominal Exchange Rates: A Multivariate Generalized ARCH model", *Review of Economics and Statistics*, Vol. 72, Aug., 1990.

Brock, W. A., Dechert, W. D. and Scheinkman, J. A. et al, "A Test for Independence Based on the Correlation Dimension", *Econometric Reviews*, Vol. 15, Issue 3, 1996.

Burdekin, R. C. K. and Burkett, P., "A Re-Examination of the Monetary Model of Exchange Market Pressure: Canada, 1963-1988", *The Review of Economics and Statistics*, Vol. 72, Nov., 1990.

Bussiere, M. and Fratzscher, M., "Towards a New Early Warning System of Financial Crises", *Journal of International Money and Finance*, Vol. 25, Oct., 2006.

Cagan, P., "The Monetary Dynamics of Hyperinflation", *In Studies in the Quantity Theory of Money*, edited by Milton Friedman, Chicago: University of Chicago Press, 1956.

Callen, J., Chan, M. L. and Kwan, C. C. Y., "Spot and Forward Exchange Rates: A Causality Analysis", *Journal of Business Finance and Accounting*, Vol. 16, Mar., 1989.

Chang, R. and Velasco, A., "Banks, Debt Maturity and Financial Crises", *Journal of International Economics*, Vol. 51, June., 2000.

Chaudhuri, K., Schneider, F. and Chattopadhyay, S., "The Size and Development of the Shadow Economy: An Empirical Investigation from States of India", *Journal of Development Economics*, Vol. 80, Aug., 2006.

Chavez-Demoulin, V., Embrechts, P. and Neslehova, J., "Quantitative Models for Operational Risk, Extremes, Dependence and Aggregation", *Journal of Banking & Finance*, Vol. 30, Oct., 2006.

Chen, S. W. and Shen, C. H., "Can the Nonlinear Present Value Model Explain the Movement of Stock Prices", *International Research Journal of Finance and Economics*, Vol. 23, 2009.

Christodoulakis, G. A. and Satchell, S. E., "Correlated ARCH: Modelling the Time-varying Correlation between Financial Asset Returns", *European Journal of Operations Research*, Vol. 139, Jun., 2002.

Connolly, M. and Silveira, J. D. Da., "Exchange Market Pressure in Postwar Brazil: An Application of the Girton-Roper Monetary Model", *The American Economic Review*, Vol. 69, Jun., 1979.

Dell' Anno, R., "The Shadow Economy in Portugal: An Analysis with the MIMIC Approach", *Journal of Applied Economics*, Vol. 10, Nov., 2007.

Dell' Anno, R., Gómez - Antonio, M. and Pardo, A., "The Shadow Economy in Three Mediterranean Countries: France, Spain and Greece, A MIMIC Approach", *Empirical Economics*, Vol. 33, 2007.

Dell' Anno, R. and Solomon, O. H., "Shadow Economy and Unemployment Rate in USA: Is There a Structural Relationship? An Empirical Analysis", *Applied Economics*, Vol. 40, 2008.

Diebold, F. X., Gunther T. and Tay, A. S., "Evaluating Density Forecasts with Applications to Financial Risk Management", *International Economic Review*, Vol. 39, 1998.

Diks, C. and Panchenko, V., "A New Statistic and Practical Guidelines for Nonparametric Granger Causality Testing", *Journal of Economic Dynamics & Control*, Vol. 30, Sep–Oct., 2006.

Eichengreen, B., Rose, A. K. and Wyplosz, C., "Speculative Attacks on Pegged Exchange Rates: An Empirical Exploration with Special Reference to the European Monetary System", NBER Working Paper, 1994.

Eichengreen, B., Rose, A. K. and Wyplosz, C., "Exchange Market Mayhem: The Antecedents and Aftermath of Speculative Attacks", *Economic Policy*, Vol. 10, Oct., 1995.

Eichengreen, B., Rose, A. K. and Wyplosz, C., "Contagious Currency Crises: First Tests", *The Scandinavian Journal of Economics*, Vol. 98, 1996.

Elliott, G. and Ito, T., "Heterogeneous Expectations and Tests of Efficiency in the Yen/Dollar Forward Exchange Rate Market", *Journal of Monetary Economics*, Vol. 43, Apr., 1998.

Engel, C. and West, K. D., "Exchange Rates and Fundamentals", *Journal of Political Economy*, Vol. 113, 2005.

Engle, R., "Dynamic conditional correlation: A Simple Class of Multivariate GARCH Models", *Journal of Business and Economic Statistics*, Vol. 20, 2002.

Esquivel, G. and Larrain, F., "Explaining Currency Crises", John F. Kennedy Faculty Research WP Series, 1998.

Flood, R. P. and Garber, P. M., "Collapsing Exchange – Rate Regimes, Some Linear Examples", *Journal of International Economics*, Vol. 17, Aug., 1984.

Frankel, J. A. and Rose A. K., "Currency Crashes in Emerging Markets: an Empirical Treatment", *Journal of International Economics*, Vol. 41, Nov., 1996.

Frenkel, M., Rülkea, J. C. and Stadtmannb, G., "Two Currencies, One Model? Evidence from the Wall Street Journal Forecast Poll", *Journal of International Financial Markets, Institutions and Money*, Vol. 19, Oct., 2009.

Frey, B. S. and Weck-Hannemann, H., "The Hidden Economy as An 'Unobservable' Variable", *European Economic Review*, Vol. 26, 1984.

Fuertes, A. M. and Kalotychou, E., "Optimal Design of Early Warning Systems for Sovereign Debt Crises", *International Journal of Forecasting*, Vol. 23, Jan-Mar., 2007.

Garcia, C. and Malet, N., "Exchange Market Pressure, Monetary Policy, and Economic Growth: Argentina in 1993-2004", *The Developing Economies*, Vol. 9, Aug., 2007.

Gertler, P. J., "A Latent Variable Model of Quality Determination", *Journal of Business & Economic Statistics*, Vol. 6, No 1, Jan., 1988.

Giles, D. E. A., "Modelling the Hidden Economy and the Tax-gap in New Zealand", *Empirical Economics*, Vol. 24, 1999.

Girton, L. and Roper, D., "A Monetary Model of Exchange Market Pressure Applied to the Postwar Canadian Experience", *The American Economic Review*, Vol. 67, Sep., 1977.

Gochoco-Bautista, M. S. and Bautista, C. C., "Monetary Policy and Exchange Market Pressure: The Case of the Philippines", *Journal of Macroeconomics*, Vol. 27, Mar., 2005.

Goldberger, A. S., "Structural Equation Methods in the Social Sciences", *Econometrica*, Vol. 40, Nov., 1972.

Goldstein, M. A., Kaminsky, G. L. and Reinhart, C., *Assessing Financial Vulnerability*, *an Early Warning System for Emerging Markets*, Washington: Peterson Institute Press, 2000.

Guimaraes, B. and Morris, S., "Risk and Wealth in a Model of Self-fulfilling Currency Attacks", *Journal of Monetary Economics*, Vol. 54, Nov., 2004.

Hamilton, J. D., "A New Approach to the Economic Analysis of Non-stationary Time Series and the Business Cycle", *Econometrica*, Vol. 57, Mar., 1989.

Hamilton, J. D., "Analysis of Time Series Subject to Changes in Regime", *Journal of Econometrics*, Vol. 45, Jul-Aug., 1990.

Hiemstra, C. and Jones, J. D., "Testing for Linear and Nonlinear Granger Causality in the Stock Price - Volume Relation", *Journal of Finance*, Vol. 49, Dec., 1994.

Hodgson, J. S. and Schneck, R. G., "Stability of the Relationship between Monetary Variables and Exchange Market Pressure: Empirical Evidence", *Southern Economic Journal*, Vol. 47, Apr., 1981.

Hu, L., *Essays in Econometrics with Applications in Macroeconomic and Financial Modelling*, New Haven: Yale University, 2002.

Huh, H., "GDP Growth and The Composite Leading Index: A Nonlinear Causality Analysis for Eleven Countries", *Economics Letters*, Vol. 77, Sep., 2002.

Ito, T., "Foreign Exchange Rate Expectations: Micro Survey Data", *American Economic Review*, 1990, Vol. 80, 1990.

Jeanne, O., "Are Currency Crises Self-fulfilling? A Test", *Journal of International Economics*, Vol. 43, Nov., 1997.

Jeanne, O. and Masson, P., "Currency Crises, Sunspots and Markov Switching Regimes", *Journal of International Economics*, Vol. 50, Apr., 2000.

Jie, L., "A Monetary Approach to The Exchange Market Pressure Index under Capital Control", *Applied Economics Letters*, Vol. 19, 2012.

Joe, H., *Multivariate Models and Dependence Concepts*, London: Chapman & Hall, 1997.

Jöreskog, K. G. and Goldberger, A. S., "Estimation of a Model with Multiple Indicators and Multiple Causes of A Single Latent Variable", *Journal of the American Statistical Association*, Vol. 70, 1975.

Kamaly, A. and Erbil, N., "A VAR Analysis of Exchange Market Pressure: A Case Study for the ME NA Region", University of Maryland, College Park, M D., ERF Working Paper, 2000, No. 200025.

Kaminsky, G., Lizondo, S. and Reinhart, C., "Leading Indicators of Currency Crises", IMF Sta_ Papers, Vol. 45, Mar., 1998.

Kaminsky, G., Lizondo S. and Reinhart, C., "Leading Indicatiors of Currency Crises", *IMF Working Paper*, 1997, WP/97/79.

Kauppi, H. and Saikkonen, P., "Predicting U. S. Recessions with Dynamic Binary Response Models", *The Review of Economics and Statistics*, Vol. 90, Nov., 2008.

Keister, T., "Expectations and Contagion in Self-fulfilling Currency Attacks", *International Economic Review*, Vol. 50, Aug., 2009.

Kemme, D. M., Gennady, L., "From Peg to Float: Exchange Market Pressure and Monetary Policy in the Czech Republic", *Review of International Economies*, Vol. 19, Feb., 2011.

Khawaja, M. I., "Exchange Market Pressure and Monetary Policy: Evidence from Pakistan", *The Lahore Journal of Economics*, Vol. 12, Issue 2, 2007.

Kim, I., "Exchange Market Pressure in Korean: An Application of the Girton-Roper Monetary Model", *Journal of Money, Credit and Banking*, Vol. 17, May., 1985.

Kim, Y. S., "Expectations, Learning, and Exchange Rate Dynamics", The Ohio State University, Working Paper, 2004.

Klaassen, F. and Jager, H., "Definition-consistent Measurement of

Exchange Market Pressure", *Journal of International Money and Finance*, Vol. 30, 2011.

Klaassen, F., "Identifying the Weights in Exchange Market Pressure", University of Amsterdam and Tinbergen Institute Discussion Paper, 2012, 2011-030/2.

Kohlscheen, E. W., "Estimating Exchange Market Pressure and Intervention Activity", Banco Central do Brasil Working Papers Series, Number. 9, 2000.

Krolzig, H. M., "Markov - Switching Vector Autoregressions: Modelling Statistical Inference and Application to Business Cycle Analysis", Lecture Notes in Economics and Mathematical Systems, 1997a.

Krolzig, H. M., *Markov Switching Vector Autoregressions: Modelling, Statistical Inference and Application to Business Cycle Analysis*, Berlin: Springer, 1997b.

Krugman, P., "A Model of Balance-of-Payments Crises", *Journal of Money, Credit and Banking*, Vol. 11, Aug., 1979.

Krugman, P., *What Happened to Asia?*, MIT, 1998.

Kumah, F. Y., "A Markov - Switching Approach to Measuring Exchange Market Pressure", IMF Working Papers, 2007, No. 07/242.

Kumah, F. Y., 2011, "A Markov-Switching Approach to Measuring Exchange Market Pressure", *International Journal of Finance and Economics*, Vol. 16, Apr., 2011.

Kumar, M., Moorthy, U. and Perraudin, W., "Predicting Emerging Market Currency Crashes", *Journal of Empirical Finance*, Vol. 10, Sep., 2003.

Kutan, A. M. and Zhou, S., "Has the Link Between the Spot and Forward Exchange Rates Broken Down? Evidence from Rolling Cointegration Tests", *Open Economies Review*, Vol. 14, Oct., 2003.

Li - Gang, L. and Pauwels, L. L., "Do external Political Pressure affect the Renminbi exchange rate?", *Journal of International Money and*

Finance, Vol. 31, Oct., 2012.

Loayza, N. V., "The Economics of the Informal Sector: A Simple Model and Some Empirical Evidence from Latin America", Carnegie Rochester Conference Series on Public Policy, Vol. 45, Dec., 1996.

MacDonald, R. and Marsh, I. W., "Currency Forecasters are Heterogeneous: Confirmation and Consequences", *Journal of International Money and Finance*, Vol. 15, Oct., 1996.

Maltritz, D., Bühn, A. and Eichler S., "Modelling Country Default Risk As a Latent Variable: A Multiple Indicators Multiple Causes (MIMIC) Approach", *Applied Economics*, Vol. 44, 2011.

Mckinnon, R. and Pill, H., "International Overborrowing: A Decomposition of Credit and Currency Risks", *World Development*, Vol. 26, Jul., 1998.

Metzler, L. A., "The Nature and Stability of Inventory Cycles", *The review of Economics and Statistics*, Vol. 23, 1941.

Mougoué, M., "An Empirical Re-Examination of the Dividend-Investment Relation", *Quantitative Finance*, Vol. 8, Issue 5, 2008.

Mouratidis, K., "Evaluating Currency Crises: A Bayesian Markov Switching Approach", *Journal of Macroeconomics*, Vol. 30, Dec., 2008.

Mouratidis, K., Dimitris, K. and Samitas, A., et al, "Evaluating Currency Criese: a Multivatiate Markov Regime Switching Approach", *The Manchester School*, Vol. 81, 2013.

Muth, J. F., "Rational Expectation and the Theory of Price Movement", *Econometrica*, Vol. 29, Jul., 1961.

Nag, A. and Mitra, A., "Neural Networks and Early Warning Indicators of Currency Crisis", Reserve Bank of India Occasional Paper, 1999.

Nelson, R. B., *An Introduction to Copulas*, New York: Springer, 2006.

Obstfeld, M., "Models of Currency Crises with Self-fulfilling Features", *European Economic Review*, Vol. 40, Apr., 1996.

Park, J., "Information Flows Between Non – deliverable Forward (NDF) and Spot Markets: Evidence from Korean Currency", *Pacific – Basin Finance Journal*, Vol. 9, Aug., 2001.

Parlaktuna, I., "Exchange Market Pressure in Turkey 1993 – 2004: An Application of the Girton – Roper Monetary Model", *International Economic Journal*, Vol. 19, Issue 1, 2005.

Patton, A. J., "Modeling Time – Varying Exchange Rate Dependence Using the Conditional Copula", Department of Economics, University of California, San Diego, Discussion Paper, 2001.

Patton, A. J., "Modelling Asymmetric Exchange Rate Dependence", *International Economic Review*, Vol. 47, May., 2006.

Peria, M. S. M., "A Regime – switching Approach to the Study of Speculative Attacks: A Focus on EMS Crises", *Empirical Economics*, Vol. 27, Mar., 2002.

Pontines, V. and Siregar, R., "Fundamental Pitfalls of Exchange Market Pressure – based Approaches to Identification of Currency Crises", *International Review of Economics and Finance*, Vol. 17, 2008.

Qiao, Z., McAleer, M. and Wong, W. K., "Linear and Nonlinear Causality between Changes in Consumption and Consumer Attitudes", *Economics Letters*, Vol. 102, Mar., 2009.

Roper, D. E. and Turnovsky, S. J., "Optimal Exchange Market Intervention in A Simple Stochastic Macro Model", *Canadian Journal of Economics*, Vol. 13, May., 1980.

Rose, A. K. and Spiegel, M. M., "Cross–Country Causes and Consequences of the 2008 Crisis: Early Warning", NBER Working Paper, 2009, No. 15357.

Sachs, J., Tornell, A. and Velasco, A., "Financial Crises in Emerging Markets: the Lesson from 1995", *Brookings Papers on Economic Activity*, Vol. 27, 1996.

Schneider, F., "Shadow Economies Around the World: What Do We

Really Know?", *European Journal of Political Economy*, Vol. 21, Sep., 2005.

Siklos, P. L., Weymark, D. N., "Measuring the Impact of Intervention on Exchange Market Pressure", Department of Economics Vanderbilt University Working Paper, 2006, No. 06-W04R.

Sims, C. A., "Macroeconomics and Reality", *Econometrica*, Vol. 48, Jan., 1980.

Spolander, M., "Measuring Exchange Market Pressure and Central Bank Intervention", Bank of Finland Studies, 1999, E: 17.

Stavarek, D., "Comparative Analysis of the Exchange Market Pressure in Central European countries with the Euro - zone Membership Perspective", MPRA Paper, 2007, No. 3906.

Stock, J. H. and Watson, M. W., "Has the Business Cycle Changed and why?", *NBER Macroeconomics Annual*, Vol. 17, 2002.

Tamgac, U., "Crisis and Self-fulfilling Expectations: The Turkish Experience in 1994 and 2000-2001", *International Review of Economics and Finance*, Vol. 20, Jan., 2011.

Tanner, E., "Exchange Market Pressure and Monetary Policy: Asia and Latin America in the 1990s", *IMF Working Paper*, 1999, No. 3.

Tanner, E, "Exchange Market Pressure, Currency Crisis, and Monetary Policy: Additional Evidence from Emerging Markets", *IMF Working Paper*, 2002, No. WP/02/14.

Tse, Y. K. and Tsui, A. K. C., "A Multivariate Garch Model with Time-varying Correlations", Working Papers Series, 2000.

Tudela, M., "Explaining Currency Crises: a Duration Model Approach", *Journal of International Money and Finance*, Vol. 23, Sep., 2004.

Üvez, R. C. and Aybars, A., "What Happened to Turkish Currency Markets after the 2008 Financial Crisis? Presenting a Model of AMOS Path Diagram", *International Research Journal of Finance and Economics*, Issue

89, 2012.

Weymark, D. N., "Estimating Exchange Market Pressure and the Degree of Exchange Market Intervention for Canada", *Journal of International Economics*, Vol. 39, Nov., 1995.

Weymark, D. N., "Measuring Exchange Market Pressure and Intervention in Interdependent Economies: A Two-Country Model", *Review of International Economics*, Vol. 5, Feb., 1997.

Younus, S., "Exchange Market Pressure and Monetary Policy", the Bangladesh Bank Working Paper Series, 2005, No. WP0603.

Zellner, A., "Estimation of Regression Relationships Containing Unobservable Variables", *International Economic Review*, Vol. 11, Oct., 1970.

Zivot, E., "Cointegration and Forward and Spot Exchange Rate Regressions", *Journal of International Money and Finance*, Vol. 19, Dec., 2000.

后　记

本书在前人研究的基础上，考察了人民币外汇市场压力的测算、波动特征和影响因素，未来仍有一些问题需要进一步完善和探讨。

首先，本书的研究结果表明，我国外汇市场在长期升值这个大背景下，居然可以在外部冲击（亚洲金融危机和国际金融危机）下产生贬值压力，这说明外部因素对我国外汇市场的影响不容忽视。随着经济全球化、金融一体化以及我国资本账户开放的深入，国际资本流动这一外部因素对我国外汇市场压力会产生更大的影响，这是本书需要进一步研究的重要问题。

其次，虽然本书的研究表明汇率预期对我国外汇市场压力具有较大的影响，但预期本身不能直接作用于经济和外汇市场。因此，关于人民币汇率预期对我国外汇市场的作用机制需要深入研究。另外，人民币汇率预期的形成原因以及汇率预期的特征也是重要的研究内容。

最后，本书利用多指标多原因（MIMIC）模型测算的人民币外汇市场压力指数，虽然能够比较准确地反映我国外汇市场压力的变动情况，但仍需进一步改进和检验：比如将该模型用于其他国家或地区，尤其是曾经发生过货币危机的国家；收集更多的导致外汇市场压力变动的原因变量进行检验。

感谢河北经贸大学学术著作出版基金资助！感谢河北省高校人文社会科学重点研究基地"河北经贸大学现代商贸服务业研究中心"项目资助！